规范性文件的司法附带审查

袁 勇 著

Judicial Collateral Review
of
Normative Documents

人 民 出 版 社

序　言

　　规范性文件的司法附带审查是法院在行政个案审判中对规范性文件进行的合法性审查。作为规范性文件监督审查的主要组成部分,它既是行政诉讼法律适用的关键环节,也是法院监督规范性文件制定权的法定方式。根据中共中央《关于全面推进依法治国若干重大问题的决定》,法院通过对规范性文件的附带审查,在我国法治体系建设中可以发挥维护法制统一、监督行政权力、保护私方权益、保障依法裁判的功能。

　　袁勇博士的《规范性文件的司法附带审查》,融入了他主持完成的国家社科基金研究成果,整合了他发表在《法制与社会发展》《政治与法律》和《行政法学研究》等刊物上的文章。他把规范性文件司法附带审查分成四个阶段——启动、判断、裁决、后续处理,并以法院应当发挥的法治体系建设功能作为评价指标,经采用规范分析、案例分析、概念分析等研究方法,提出了各阶段存在的难题,分析了相应难题的成因,论证了解决难题的原理技术、对策建议。

　　首先,该书提出了各阶段存在的主要难题。一是在启动阶段,存在规范性文件识别难、被诉文件与行为的关联性认定难,以及党政联合发文受案难。二是在判断阶段,规范性文件合法性的判断对象、判断依据、判断标准、判断进程,存在分类错乱不清、含义模糊不明、缺乏严格论证之处。三是在裁决阶段,存在法定裁决类型不健全、裁决种类适用不严谨等不足。四是在后续处理阶段,存在规范性文件效力的废除困境。

其次,该书分析了各阶段难题的成因。概而言之,一则在体制机制上,现行附带审查规定没有全面体现,法院应当维护国家法制统一和权威原则,以至于在审查的启动、裁决与后续处理阶段,未能设立健全的启动条件、裁决类型与处理方式。二则在原理技术上,法官们缺少精细的规范性文件识别标准、完整的文件合法性判断理论,以及健全的裁决方案等。三则在审查倾向上,有的法官对规范性文件司法附带审查持消极退避态度,不利于推进审查工作。

最后,该书论证了如何解决各阶段的难题。其一,界定了规范性文件的构成条件与识别标准,提出了判断被诉文件与行为关联性的准则,论证了党政联合发文的可诉性。其二,较为充分地分析了规范性文件合法性的判断对象、判断依据、判断标准,厘定了相关判断顺序,较为完整地构建了规范性文件合法性判断的四联锁要件论,即主体资格、表意活动、程序活动、意向内容内在关联论。其三,提出了改进附带审查裁决类型的方案,论证了法院有权确认重大且明显不合法的规范性文件无效。其四,论证了法院通过识别文件不合法情形并分级裁判,可以根除规范性文件效力的废除困境。

比较而言,该书选题处于行政诉讼法学研究前沿领域。全书问题意识突出,研究方法得当,逻辑架构清晰,内容层次分明,观点简要明确。书中既论证了较为深厚的基础原理,也提出了具有一定可行性的技术方案和对策建议。该书以下成果值得特别一提:一是规范性文件的充要条件(法律效力与普遍规范性文本)论;二是规范性文件合法性判断的四联锁要件论;三是规范性文件合法性的两层(形式、实质)三级(重大、轻微、一般)分类法;四是法院有权确认重大且明显不合法文件无效观。根据前述论点,可以在一定程度上解决规范性文件概念模糊、规范性文件审查思维混乱、附带审查裁决类型残缺等难题。据其所论,法院通过识别文件不合法情形并分级裁判,在逻辑上能够根除规范性文件效力的废除困境。前列观点能否成立,读者阅后自有主见。

总体来看,该书称得上是关于规范性文件司法附带审查的综合研究成果。

当然,仅用一本书,不大可能解决与之相关的所有制度、理论与技术难题。或有下列需要后续研究之处。其一,在制度建构方面,当前急需论证人民法院"关于规范性文件附带审查的若干规定",应当确定什么制定意图、采取何种基本结构、列入何类关键规定等。比如,规范性文件的司法附带审查是否采用启动、判断、裁决与后续处理的四层结构?是否应当明确法院有权确认重大且明显不合法的规章以下规范性文件无效?是否借鉴美国做法,列入规范性文件事先预防诉讼?等等。其二,在原理论证方面,尚存若干规范性文件合法性审查理论难题。比如,合法性的概念究竟是什么?规范性文件的无效情形与可撤销情形有何差别?备案机关作出的涉案规范性文件审查决定,对法院有无拘束力?等等。其三,在实用技术方面,规范性文件合法性的判断方法究竟由几步构成?如何裁决形式上合法但实质上不合法的规范性文件?等等。

袁勇在浙江大学法学院攻读博士学位时,受我指导。他博士毕业后主要从事行政法与行政诉讼法的教学研究工作,曾在新乡市中级人民法院行政庭挂职工作两年,现任河南师大方正律师事务所兼职律师,具有较丰富的行政法律实务经验。或受作者理论与实践积淀影响,该书具有理论思辨与实务技术并重的特点,具备我一直倡导的"中观行政法学"研究风格。

受作者所请,谨作此序!特将此书推荐给行政法学研习者、行政法律工作者,以及关注规范性文件监督审查的人士。

胡建淼

2021 年 9 月 10 日

目　　录

引　　论

我国是面对超大规模治理问题的单一制大国。各类机关常用的治理方式之一是制发规范性文件。广义规范性文件既包括立法类的法律法规规章,也包括非立法类的规范性文件。它们种类繁多、数量庞大,尤其是一些低阶规范性文件存在不合法情形。规范性文件反而成了国家治理的对象。在法治轨道上推进规范性文件治理的法治化和现代化,是推进国家治理体系和治理能力现代化的主抓手之一。相较于其他规范性文件监督审查,法院在行政诉讼中对规范性文件的附带审查(有的也称为"一并审查"),即规范性文件的司法附带审查,具有发现和纠正非法规范性文件的独特功能。本书拟在我国法治体系建设框架内,厘清规范性文件司法附带审查的现状和难题,着重探讨解决难题的对策建议、原理技术;或者说旨在研究,如何进行规范性文件的司法附带审查,方能在法治轨道上更好地推进我国国家治理体系和治理能力的现代化。

一、概念界定

广义规范性文件是指,国家机关或法律法规规章授权的社会组织,针对不特定相对人和抽象事态制发的,初步具有法律成员资格的普遍规范性公文。在行政诉讼中,人民法院审查适用最多的是规范性文件中位阶较低的,规章以下的规范性文件,即俗称"红头文件"的非立法类规范性文件。

为了避免混淆研究对象，本书中的"规范性文件"，在人民法院依诉请附带审查案中，仅指规章以下的规范性文件；在人民法院依职权附带审查案中，或包括行政法规、地方性法规和规章。

所谓人民法院依诉请附带审查是指，2014 年修订的《中华人民共和国行政诉讼法》（简称《行政诉讼法》）新增的，人民法院依当事人诉请，在审理被诉讼行政行为时，一并审查作为该行政行为依据的规范性文件。《行政诉讼法》第 53 条规定，当事人在提起行政诉讼时，对被诉行政行为依据的规范性文件不服的，可以一并请求人民法院进行合法性审查。在当事人诉请满足法定条件后，人民法院就应当审查被诉行政行为所依据的规范性文件。该法第 64 条还规定，人民法院经审查认定，被诉请审查的规范性文件不合法的，不予适用并提出处理建议。最高人民法院在 2018 年颁布的《关于适用〈行政诉讼法〉若干问题的解释》（简称《行诉解释》）第 145 至第 151 条，补充了相关审查规则。前列规定共同设定了规范性文件的依诉请司法审查。

所谓人民法院依职权附带审查是指，人民法院在行政诉讼中对行政行为所依据的各类规范性文件，主动进行的质疑和判断。换言之，在规范性文件依诉请司法附带审查于 2015 年 5 月 1 日实施之前，对于所有被当作行政行为依据的规范性文件，即使没有当事人一并请求人民法院进行附带审查，人民法院为了履行正确适用法律的职责，也都必须依法进行审查。2015 年生效实施的规范性文件的依诉请附带审查，强化了人民法院在规范性文件司法适用中，原本就享有的规范性文件合法性审查权。只不过，这种审查权此前一直隐含在人民法院的司法适用权中。①

人民法院依职权附带审查与依诉请附带审查的不同之处在于，人民法院在依职权附带审查中，没有应对当事人诉请的义务，仅有规范性文件审查权利，即人民法院可以自行决定审查或不审查规范性文件，以及审查到何种程

① 参见余凌云：《论行政诉讼法的修改》，《清华法学》2014 年第 3 期。

度。从发生情境来看,人民法院对规范性文件的依职权附带审查,在每一次行政审判中都必然要进行。人民法院对规范性文件的依诉请附带审查,取决于当事人是否提出诉请,因此在行政审判中,并不必然每次都会发生。

人民法院依职权与依诉请进行的规范性文件司法附带审查,实际上都是规范性文件司法适用的主要组成部分。所谓规范性文件的司法适用是指,人民法院在审理行政案件过程中,经审查涉案规范性文件的合法性,进而选择合法有效的规范性文件规定作为行政裁判依据,作出行政裁判决定的活动。规范性文件司法适用是行政诉讼固有的主干活动;规范性文件的司法附带审查,是人民法院在规范性文件司法适用中,审查认定行政裁判依据的专门审查活动。没有人民法院的规范性文件司法适用权,就没有规范性文件附带审查权;反之则不成立。换言之,在我国行政诉讼制度内,法院并没有独立的规范性文件审查权。该权力是人民法院是在行使规范性文件司法适用权时,附带享有的审查权力。

综上,我国人民法院在行政诉讼中进行的,审查认定行政裁判依据的专项司法活动,既不能仅指"人民法院依诉请附带审查",也不宜简称"规范性文件的司法审查",理应严格地称为"规范性文件的司法附带审查"。

二、研究动因与研究目标

(一)研究动因

本书集中研究规范性文件的司法附带审查,主要出于以下考虑。

其一,人民法院在诉讼中负有正确适用合法有效法律规定的职责。人民法院在行政诉讼中依职权审查规范性文件,应当对行政法规等各类规范性文件进行司法审查。规范性文件的司法附带审查,是规范性文件司法适用不可或缺的组成部分。为了审查认定行政行为依据的合法性,人民法院在每一个行政案件中,都应当依据合法有效的高阶法律规定,依职权审查行政行为所依据的低阶规范性文件是否合法。否则,人民法院将失于履行依法正确司法、维护法制统一的责任。①

　　这意味着,人民法院为了选择适用合法有效的规范性文件,就不得不判断涉案规范性文件的广义合法性(包括合宪性、狭义合法性),并且"有权不适用与宪法和上位法不一致的法律规范"。② 或有人认为,《行政诉讼法》中规定的"依据"法律、法规,意味着人民法院无权审查或拒绝适用法律、法规。此观点并不完全正确。《行政诉讼法》于 1990 年生效实施至今,其中对"依据"法律法规,"参照"规章,以及"参考"规范性文件的刻意区分,在实践中已经被证明是一件"皇帝的新衣"。③ 无论规范性文件,还是行政法规、地方性法规,只要它们本身或其内定规范违法无效,人民法院均不应当将其作为裁判依据。④

　　从"上海东兆化工有限公司诉上海市工商行政管理局静安分局行政处罚案"⑤等案件中可以看出,人民法院根据《立法法》的相关规定,有权对行政法规是否符合高阶法做出合法性判断,不合法的行政法规,不予适用;⑥举重以明轻,行政法规以下的规章和其他规范性文件,也应当受到审查。

　　其二,中共中央十八届四中全会通过的《关于全面推进依法治国若干重大问题的决定》,要求"把所有规范性文件纳入备案审查范围,依法撤销和纠正违宪违法的规范性文件,禁止地方制发带有立法性质的规范性文件"。人民法院在规范性文件司法适用中,无论是依职权审查还是依诉请审查,都有监督审查规范性文件合法性的职权和职责。规范性文件的司法附带审查,不仅是我国规范性文件监督审查机制的重要组成部分,也是明确授权公民、法人或

---

① 参见周汉华:《规范性文件在〈行政诉讼法〉修改中的定位》,《法学》2014 年第 8 期。
② 参见江必新:《司法对法律体系的完善》,《法学研究》2012 年第 1 期。
③ 参见周汉华:《规范性文件在〈行政诉讼法〉修改中的定位》,《法学》2014 年第 8 期。
④ 参见姜明安:《重构不同等级规范性文件在行政诉讼中的地位》,《法制日报》2014 年 1 月 15 日。
⑤ 参见上海市第二中级人民法院(2004)沪二中行终字第 169 号行政判决书。
⑥ 参见章剑生:《依法审判中的"行政法规"——以〈行政诉讼法〉第 52 条第 1 句为分析对象》,《华东政法大学学报》2012 年第 2 期。

非法人组织一并审查请求权的,准许当事人在诉辩情景中进行的规范性文件监督审查制度。该制度是我国行政诉讼立法的重大进步。[①]

人民法院在规范性文件司法附带审查中,除了发现和纠正规范性文件的合法性问题,还有责任做到正确适用合法有效的法律规定、保障宪法和法律权威、维护社会主义法制统一、监督行政立规权力、保障相对人权益。

其三,根据《人民法院组织法》(2018 年修订)第 2 条以及现行《行政诉讼法》的规定,人民法院在行政诉讼架构的"审判权—行政权"关系中,负有维护法制统一、尊严和权威,监督审查行政行为、推进依法行政的权力及相应责任,其中包括对各类规范性文件制定权(行政立规权)的监督审查权力及责任。

综上,从人民法院正确适用法律、维护法制统一、监督行政权力的角度看,在当事人没有诉请人民法院一并审查规范性文件的情况下,人民法院在规范性文件司法适用中,也要依职权审查行政法规、规章以及其他规范性文件的合法性,甚至是合宪性。是故,研究规范性文件的司法附带审查,能够厘清和定位规范性文件的司法附带审查,在法治体系建设中具有不可替代的重要功能。

(二)研究目标

根据中共中央第十八届四中全会《关于全面推进依法治国若干重大问题的决定》,我国法治体系建设包括六大方面的内容:一是健全的法治理论体系;二是完备的法律规范体系;三是高效的法治实施体系;四是严密的法律监督体系;五是有力的法治保障体系;六是完善的党内法规体系。前列内容分布在有权机关立法、行政机关执法、人民法院依法司法、人民自觉守法、党的领导支持等法治体系运作机制之内。

根据前列要点以及中国共产党十九大报告的精神,规范性文件司法附带审查是我国法治体系建设中的重要组成部分。人民法院的规范性文件司

---

① 参见信春鹰:《中华人民共和国行政诉讼法释义》,法律出版社 2014 年版,第 139 页。

法附带审查,担负着必不可少的法治体系建设任务。因为,规范性文件司法附带审查属于行政诉讼,而行政诉讼是人民法院依法行使审判权、监督行政主体行政权力、保障行政相对人合法权益的司法审查活动。在行政诉讼中,人民法院通过规范性文件司法附带审查可以发挥以下四个方面的法治体系建设功能。

一是在法律规范体系法治化方面,规范性文件的司法附带审查,能保障宪法法律权威、监督行政立规权力、维护国家法制统一;以下简称法制统一功能。

二是在监督行政、促进法治政府建设方面,规范性文件的司法附带审查,能产生倒逼行政主体依法行政,尤其是"依法立规"的功能;换言之,人民法院通过规范性文件司法附带审查,既能监督行政主体的具体行政决定权,也能通过规范性文件合法性审查监督行政立规权,从而能较为全面地促进依法行政、推进法治政府建设;以下简称监督行政功能。

三是在保障行政诉讼当事人合法权益方面,规范性文件的司法附带审查,既能实现当事人的规范性文件附带审查请求权,也能通过不予适用和建议处理等方式,避免不合法规范性文件对不特定行政相对人造成的侵害,从而保障行政诉讼当事人的法定权益;以下简称权益保障功能。

四是在行政审判方面,人民法院负有正确适用有效规范,依法公正裁判,实现法律监督机制法治化的功能;以下简称依法裁判功能。

规范性文件的司法附带审查应当发挥的前列功能,也是我国法治体系建设对规范性文件司法附带审查提出的要求、分配的任务。总之,人民法院通过规范性文件的司法附带审查所产生的前列功能,是我国法治体系建设对行政审判的要求。为了发挥法治体系建设功能,人民法院需要把实现前列功能作为规范性文件司法附带审查的法定目标。

综上,在我国法治体系建设的总体框架下,从法治运行的逻辑层次来看,规范性文件的司法附带审查,应当发挥法制统一、监督行政、正确司法与保障相对人权益的功能。它们既是评估规范性文件司法附带审查、法治体系建设功能的指标,①也是评价规范性文件司法附带审查制度的指标。

　　本书的研究目标是,在阐明我国现行的规范性文件司法附带审查制度基础上,厘清它能否产生前述四种法治体系建设功能,能否达到前述四个法治体系建设任务的要求,以及怎样更好地实现前述四个目标、更有效地发挥法治体系建设功能。

　　下文将按前述四个法治体系建设指标,描述、分析、检讨规范性文件司法附带审查的现状,并在四个指标引导下,揭示规范性文件司法附带审查尚存的难题。为了更好地实现前述四个任务的要求,为了更有效地发挥规范性文件司法附带审查的法治体系建设功能,本书的主要目标是着重探讨和论证可以解决规范性文件司法附带审查尚存主要难题的方案、方法或对策。

三、现状概述与尚存难题

　　我国《行政诉讼法》自 1990 年 10 月 1 日起生效以来,迄今已被实施三十余年。2014 年颁布的行政诉讼法修正案,自 2015 年 5 月 1 日生效以来,也已实施六年多。此后,我国《行政诉讼法》又在 2017 年进行了修改。近些年逐渐得到贯彻的裁判文书公开制度,提供了可供实证研究分析的大量裁判文书。在 Alpha 法律智能检索系统(对接中国裁判文书网的商业数据库)内,按下列较严格条件检索,1. 案由:“行政”;2. 全文:同句“行政诉讼法第五十三条”,全文:同句“一并请求”;3. 检索期间:2015 年 5 月 1 日—2020 年 5 月 1 日,检索结果显示共有适用现行《行政诉讼法》第 53 条的规范性文件附带审查案件3555 件。

　　其中,2015 年共 384 件、2016 年共 621 件、2017 年共 622 件、2018 年共917 件、2019 年共 756 件、2020 年 1 月 1 日至 5 月 1 日共 245 件。从地域分布来看,当前行政案例主要集中在北京市、浙江省、辽宁省,分别占比 17.33%、

---

① 　参见关保英:《法治体系形成指标的法理研究》,《中国法学》2015 年第 5 期。

13.31%、8.10%;宁夏回族自治区审结了 5 件。其中北京市的案件量最多,达到 616 件。当前的审理程序分布状况。一审案件有 1422 件,占总数量的 40%;二审案件有 1907 件,占总数量的 53.64%;再审案件有 223 件,占总数量的 6.27%;执行案件有 1 件。在所有 3555 件案件中,全部驳回的有 658 件,占比为 46.27%;驳回起诉的有 488 件,占比为 34.32%;全部/部分支持的有 194 件,占比为 13.64%。

经总结前述案例,参照规范性文件司法附带审查在行政诉讼过程中的展开顺序,特别是根据《最高人民法院关于适用〈中华人民共和国行政诉讼法〉的解释》(以下简称《行诉解释》)第十一部分关于"规范性文件一并审查"的专项规定,规范性文件司法附带审查(包括规范性文件的依职权附带审查)的流程大体上可分成四个基本阶段,即启动阶段、判断阶段、裁决阶段、后续处理阶段。① 下面按这四个阶段,概述规范性文件司法附带审查的现状与尚存难题。

(一)启动阶段的现状与难题

《行政诉讼法》在 2014 年被修订之前,规范性文件司法附带审查蕴含在行政审判之中,规范性文件合法性判断蕴含在规范性文件司法附带审查之内,当事人并不享有诉请人民法院附带审查规范性文件合法性的请求权。此前的规范性文件司法附带审查,基本上是人民法院在行政诉讼中,依职权审查选用规范性文件。2014 年通过的《行政诉讼法》修正案,设立了规范性文件附带审查制度,赋予了行政诉讼当事人(以下简称:当事人)诉请人民法院附带审查规范性文件合法性的请求权。在此情况下,如果当事人诉请人民法院附带审

---

① 关于划分规范性文件司法附带审查阶段的观点,参见《最高人民法院关于适用〈中华人民共和国行政诉讼法〉的解释》(法释 20181 号),第 145—151 条;李成:《行政规范性文件附带审查进路的司法建构》,《法学家》2018 年第 2 期;王春业:《实证视角下规范性文件一并审查制度研究》,中国政法大学出版社 2019 年版。

查规范性文件,则人民法院就负有义务依诉请启动相应程序,包括审查当事人诉请是否满足启动条件。

由于规范性文件的依职权附带审查是规范性文件司法适用内在固有的组成部分,即使当事人未诉请人民法院附带审查相关规范性文件,人民法院也应当依职权主动审查相关规范性文件的合法性和有效性。是故,在当事人未诉请人民法院附带审查相关规范性文件的情况下,人民法院仍然既应当依职权启动规范性文件司法附带审查,也应当有责任启动。只不过,人民法院在依职权启动规范性文件合法性判断时,法官们享有很大的裁量权,因此人民法院依职权对规范性文件进行的司法附带审查,在启动阶段并不存在突出难题。

但在当事人诉请人民法院附带审查规范性文件合法性方面,存在下列限制因素:一是现行《行政诉讼法》第53条与第64条,仅做了简略规定;二是理论上尚未明确界定"规范性文件"概念及其识别标准;三是在当前行政诉讼,一些法官采取消极退避的审查态度。以上及其他相关因素相互作用,导致法官们在规范性文件的依申请司法附带审查中,倾向于从下列三个环节,严格审查当事人的附带审查请求。

一是当事人的起诉是否符合行政案件受理条件;二是当事人诉请审查的规范性文件是不是规范性文件;三是当事人诉请审查的规范性文件是不是被诉行政行为依据。前述三个环节的审查结论中,只要有一个是否定性的,当事人的附带审查请求就会被否定。这意味着,当事人的附带审查请求,未能成功启动规范性文件合法性审查。相应地,人民法院也就不再负有告知当事人后续合法性判断结果的义务。这种结果,客观上能让法官们摆脱因审查规范性文件合法性带来的专业技术压力,以及制度风险与职业安全方面的顾虑。

在前述制度与实践现状之上,根据已公开的相关案件与现有理论观点来看,在规范性文件司法附带审查的启动阶段,尤其是人民法院在依诉请附带审查案件的启动阶段,存在下列较为突出的难题。

第一,规范性文件鉴别难。法官、律师、行政官员以及法学研究者等法律人,对"规范性文件"的概念存在较大分歧。他们尚未对规范性文件究竟是什么达成共识。当前仍然缺少一种能够精确鉴别普遍规范性文件和一般行政处分决定的标准,以至于法官们在审查中大多各持己见,进而导致了相异的裁判。

第二,被诉规范性文件与行政行为的关系认定难。根据《行政诉讼法》第53条的规定,当事人诉请人民法院附带审查的规范性文件,必须是同案中被诉行政行为的依据。如果不是同案被诉行政行为依据的,人民法院将不能在审查被诉行政行为合法性时,附带审查被当事人诉请审查的规范性文件。是故,当事人诉请附带审查的规范性文件与被诉的行政行为是否存在"依据与被依据"的关联,是规范性文件附带审查案件的关键启动条件。

第三,法官从严解释"规范性文件",还导致是否应当审查党政机关联合发文、行政机关与其他国家机关的联合发文,是否属于当事人一并诉请审查之规范性文件范围的实务难题。

(二)判断阶段的现状与难题

前文已论证,无论当事人是否启动附带审查程序,人民法院在维护法制统一、监督依法行政、正确适用法律以及保障相对人权益的法治体系建设要求下,都应当依职权审查行政行为所依据之规范性文件的合法有效性。所以,规范性文件司法附带审查中的规范性文件合法性判断,是人民法院依职权审查适用与依诉请审查适用的共有阶段。

该阶段处于承上启下的关键环节,也是法律规定、行政审判,以及当下理论研究的密集区域。按行政诉讼法的规定,在规范性文件司法附带审查案件中,人民法院只能进行合法性审查,不能进行合理性审查。但因司法附带审查还包括实质合法性审查。规范性文件的司法附带审查主要是,法院在行政诉讼中对规范性文件的形式与实质合法性附带审查;在法官审查思维层面,即规范性文件合法性判断。此类判断在理论上,可分成判断对象、判断依据、判断标准、判断进路或方法等方面,其中存在诸多难题。

其一是判断对象概念错乱。规范性文件合法性判断的首要难题是,如何鉴别规范性文件,尤其是怎样解决介于普遍规范性文件与具体行政决定之间的一般行政处分决定,是否应当受到附带审查的难题。有学者认为,我国现行立法与司法解释、现有人民法院判决,以及关于规范性文件备案审查与附带审查的研究成果,已经提出了某些关于规范性文件合法性判断对象的观点,但由于现行法规定的判断对象既粗略又错乱;行政案例中认定的附带判断对象有失严谨,而且现有研究成果,既未厘清规范性文件合法性判断的准确对象,也未阐明现有分类方法的理论根据,所以现有的规定、标准与观点,并未能全面厘定规范性文件合法性判断的准确对象。①

其二是判断依据混沌不明。规范性文件合法性判断是审查者依据法律判断被审规范性文件合法性的活动。审查者必须找到相应法律作为裁判依据。否则,即使认定了判断对象也难以得出审查结论。但"法律"是一个指称模糊、极难厘清的抽象概念。②《立法法》《法规规章备案条例》等仅列举了权限、程序、高阶规定等不甚明了的判断依据类型。在行政审判中,法官大多以"不抵触上位法规定"或"不违反上位法规定",笼统地断定系争个案中的判断依据,③仍需在理论上阐明规范性文件合法性的判断依据是什么。仅有个别文章在论证规范性文件合法性判断标准时,顺带提出了"四类相联锁立规规范"观,即关于立规行为的四类规范——立规主体资格规范、立规表意活动规范、立规程序活动规范、立规内容限制规范,是规范性文件合法性判断依据体系的观点。④

---

① 参见袁勇:《规范性文件合法性审查的准确对象探析》,《政治与法律》2019 年第 7 期。

② 参见张文显:《法哲学范畴研究》,中国政法大学出版社 2001 年版,第 26—30 页。

③ 参见王春业:《论规范性文件附带审查中的"内容"审查标准》,《江汉论坛》2020 年第 1 期。

④ 参见袁勇:《行政规范性文件的司法审查标准:梳理、评析及改进》,《法制与社会发展》2019 年第 5 期。

其三是现有判断标准,在审查中难以被操作和适用,在审查后难以被评价和监督的难题。当下行政诉讼法学者研究最多的问题,即规范性文件合法性的审查判断标准。有学者认为,现有的规范性文件的司法审查标准系从经验中总结出的,规范性文件不合法的五种情形,即《立法法》第 96、97 条等规定的广义规范性文件①不合法情形,特别是《行诉解释》第 148 条明确列举的五种规范性文件不合法情形,即超越权限的、违背法定程序的、违反高位规定的、无依据损益的,以及抵触高阶规定的情形。由于缺失理论基础、缺乏严格论证,"五情形标准"分类混乱不清、含义模糊不明,已不顺应审查工作的实用性要求。②

其四是缺少明晰的审查顺序导致的审查进程难题。规范性文件司法附带审查涉及判断对象(规范性文件)的鉴别、判断依据(相应高阶立规规范)的获取,以及判断标准的选择适用问题;其间涉及颇为复杂的法律解释、法律推理与法律论证难题。从关于规范性文件司法附带审查的现有案例中,几乎看不出法官们是按什么顺序、进路、套路或方法来鉴别对象、获取依据,以及展开推理论证。这表明在当前的规范性文件司法附带审查中,规范性文件合法性判断大体上仍处于无章法的任意操作层面,仍未达到体系性规范化作业阶段。

(三)裁决阶段的现状与难题

人民法院在规范性文件司法附带审查中,某规范性文件合法性判断的结果有两种:不合法、合法。按现行《行政诉讼法》第 64 条之规定,作为行政行为依据的规范性文件不合法的,人民法院应当不予适用;另按《行诉解释》第 149 条之规定,人民法院经审查认为,行政行为所依据的规范性文件合法的,应当作为认定行政行为合法的依据;经审查认为规范性文件不合法的,不作为

---

① 参见黄金荣:《"规范性文件"的法律界定及其效力》,《法学》2014 年第 7 期。
② 参见袁勇:《行政规范性文件的司法审查标准:梳理、评析及改进》,《法制与社会发展》2019 年第 5 期。

认定行政行为合法的依据,并在裁判理由中予以阐明。

根据前两条规定以及行政审判实践,人民法院在规范性文件司法附带审查中,仅有质疑、判断、选择适用规范性文件的权力,并没有确认被审规范性文件无效的权力,也没有改变或撤销不合法规范性文件的权力。人民法院享有的仅是行政审判权中的法律适用权,相对于规范性文件制定机关的上级行政机关,以及规范性文件制定机关所在区域的人大及其常委会而言,人民法院并不享有完整的规范性文件合法性判断权。

然而,人民法院在某些案件的规范性文件司法附带审查中,会确认被审规范性文件存在重大且明显违法情形。不过通常认为,人民法院的审查权仅限于行政审判权之法律适用权的维度,人民法院无权对外公开宣告规范性文件无效。这种情况,同人民法院在我国法治体系建设中所担负的法制统一功能、监督行政功能相背。依据我国宪法及相关组织法规定,采用法教义学中的解释论与立法论方法,可以较好地论证解决方案,改变当前的不合理情形。

(四)适用后续阶段的现状与难题

在规范性文件司法附带审查结束之后,现行法还设立了后续处理制度。根据《行政诉讼法》第64条、《行诉解释》第149条及第150条之规定,人民法院在规范性文件司法附带审查中,审查认定被审规范性文件不合法的,有以下后续处理方式:一是向规范性文件制定机关提出修改或者废止该规范性文件的司法建议;二是抄送规范性文件制定机关的上级主管监督机关以及规范性文件的备案审查机关;三是报送上级人民法院进行备案。设定以上三种后续处理方式的目的,是在试图废除不合法规范性文件继续在法律上存在的可能性,也是在弥补人民法院无权确认某些不合法规范性文件无效,也无权改变或撤销之的困境。

前三种做法符合《行政诉讼法》第53条与第64条的立法目的,能够产生人民法院维护法制统一、深入推进依法行政、保护潜在相对人合法权益免受不合法规范性文件侵害的权益保障功能。但难题在于,司法建议权仅是"建议"权。人民法院的司法建议权并不具有强制性,受行政机关承认与遵从的程度不高;抄送规范性文件制定机关的上级主管监督机关,经由它们监督规范性文件制定机关废除规范性文件的方式,也难以达到预期效果。因为规范性文件制定机关通常会把影响较大的规范性文件,向上一级主管机关或所属人民政府请示汇报过,并且得到过上级主管机关的批准或同意。在这种情况下,人民法院的抄送基本上不会产生如期效果。① 只要前述有权废除不合法规范性文件效力的机关(文件制定机关、涉案文件的备案审查机关、其他上级主管行政机关),在行政裁判生效后,不按人民法院的建议及时废除不合法规范性文件的效力,就会造成不合法规范性文件效力的废除困境。

诸如报送上级人民法院,包括最高人民法院备案的方式,也是在人民法院系统内"关起门"做事。在现代信息技术系统辅助推送下,尽管能更有效地避免本级或下级人民法院,再次适用已被判定为不合法的规范性文件,但整个人民法院系统仍然不能对外公开宣告某规范性文件无效力。这种"内部操作"既不能及时废除不合法规范性文件的效力,也不利于广大社会成员知道相关文件是不合法规范性文件,从而起不到防止它再次被相关行政主体适用的效果。

综上,人民法院在判断规范性文件不合法后,进一步提出的司法建议不具有法律上的强制力;抄送与报备仅是事实上的,无法律上约束力的协调沟通活动。以上三种方式,尽管在一定程度上,有助于发挥规范性文件司法附带审查应有的,维护法制统一、监督依法行政、保障相对人权益的功能,但非直接、有效的方式。

---

① 参见王春业:《实证视角下规范性文件一并审查制度研究》,中国政法大学出版社 2019 年版,第 149—154 页。

四、研究方案与主要结论

上一部分揭示的难题,可归结为三大方面:其一,在规范性文件司法附带审查制度方面,现行规范性文件司法附带审查制度同宪法、人民法院组织法、行政诉讼法,以及其他规范性文件监督审查制度存在不协调之处;关于规范性文件司法附带审查的启动、判断、裁决与后续处理的规定,仍然存在不合理、不恰当、不健全之处。其二,在规范性文件司法附带审查中表现为,法官们缺乏鉴别规范性文件的精细标准,缺少确切实用的判断标准,且规范性文件司法附带审查的裁决类型不合理、不规范;而后续处理中的建议处理方式,常常会导致规范性文件效力的废除困境。其三,在规范性文件司法附带审查态度方面,不少法官对规范性文件司法附带审查中的合法性判断,持消极退避态度。

概言之,规范性文件的司法附带审查,在启动、判断、适用以及后续处理阶段存在的难题,有的是现行立法不健全、可操作性差造成的,有的是相关理论研究粗陋残缺造成的,有的则是法官出于多方面的压力而消极退避造成的。① 在访谈中,某省高级人民法院的一位法官曾表示,学者们在理论上研究规范性文件附带审查,只要能自圆其说即可,但法官们在审理案件时必须考虑多方面的、复杂的现实影响。

从理性"经济人"的角度看,法官们在审查工作中有不少难处,不宜要求他们单方冒进,轻率扩大规范性文件审查范围,加强规范性文件审查力度。前列难题的解决,首先需要在制度方面,建立健全规范性文件司法附带审查机制;同时还需要为法官们提供更健全、更精致实用的规范性文件司法附带审查理论和技术。因为缺乏专业技术能力的法官,将难以深入有效地进行规范性文件合法性判断,也难以有效发挥规范性文件司法附带审查的法治体系建设功能。

---

① 参见王庆廷:《隐形的"法律"——行政诉讼中其他规范性文件的异化及其矫正》,《现代法学》2011 年第 2 期。

（一）研究方案

为了实现前列研究目标,本书将从立法者、适用者与研究者的多重角度着眼,基于现行立法规定、审判案件与理论成果,通过采取扩大解释和目的论扩张等法律方法,先系统梳理和解释现行的规范性文件司法附带审查制度,尝试在现行法律体系内,尽可能积极地扩张规范性文件司法附带审查的合法制度空间。其次基于真实裁判案件和调查研究材料,定位法官消极对待规范性文件司法附带审查的根源,然后在我国法治体系建设的总方向引导下,在法政策学(立法论)层面,提出改进规范性文件司法附带审查制度的建议。最后也是本书阶段性成果着重完成的,尝试为法官们提供更加务实致用、精致周全的规范性文件司法附带审查理论与技术。

为了完成前三层研究任务,正文中将使用的具体研究方法,包括但不限于:

1. 案例分析法。通过右裁判文书网等案例网上,查阅相关案例,结合案例具体分析司法附带审查的现状、问题、基准、机制与方法。

2. 实证调查法。通过调查访谈的形式,向法官了解他们适用规范性文件的态度、策略等。

3. 比较研究法。分析比较我国与美国、德国等国家和地区的规范性文件司法附带审查或同类司法审查制度与理论。重点比较分析司法附带判断对象、司法附带审查基准、司法附带审查考虑的因素与司法附带审查方法。

4. 规范分析法。采用法律解释方法、法教义学体系化方法,分析、描述司法附带审查制度的构成状况,阐明司法附带审查制度的运作机理,分析评判现行制度的不足之处。

5. 概念分析法。通过语义分析、语用分析和逻辑分析等方法,厘清规范性文件合法性判断的构成要件,架构规范性文件司法附带审查的基本概念结构。

（二）主要结论

本书通过运用前列方法,从法律解释、制度建议与理论建构三方面切入,已初步解决了前文列出的难题,得出了下列主要结论。

1. 启动阶段各难题的解决方法

（1）界定了规范性文件的概念。规范性文件是初显具备法律成员资格的普遍规范性文本,其充要成分是普遍规范性文本与法律成员资格。根据某文本是否具有普遍规范性语义和法律效力,即可判断它是不是规范性文件。根据规范性文件的两种基本成分,可以鉴别规范性文件与非规范性文件,还可以把规范性文件划分成典型规范性文件与跨界规范性文件、正常规范性文件与病态规范性文件。

（2）界分了一般行政处分文件。一般行政处分文件是行政主体制定和发布的介于普遍规范性文件与具体行政决定之间的跨界决定;它们是行政主体制定和发布的含有下列个别性一般规范的文件:相对人特定、适用条件与规范结果都具有普遍性的规范,相对人不特定、适用条件与规范结果皆特定的一般性规范,等等。对于既非规范性文件又非典型具体行政决定的文件,只要它们直接影响了普遍相对人权益,就应当按具体行政行为办理;只要被作为行政行为依据多次适用,就按规范性文件办理。

（3）论证了党政联合发文属于规范性文件审查范围。凡行政行为的依据是党政机关联合发文的,一律按照与之具有同位阶的规范性文件审查适用;这既是中共中央十八届三中全会与四中全会决定的要求,是宪法序言最后一段的规定,也是中国共产党章程《总纲》最后一段给出的命令。一切国家机关和社会组织均要在宪法法律范围内活动,党的地方组织制定规范性文件行为也不例外。

（4）论证了被诉规范性文件与被诉行政行为关联性的确认原则。人民法院依诉请附带审查规范性文件合法性的,应当在裁量权范围内按照行政依据自决原则、行政依据案卷排他原则、可依据性原则、兼顾法制统一原则,采用宽松判断标准,判断被诉请审查的规范性文件所依据的被诉行政行为,是否符合行政案件受理条件,是不是规范性文件,是不是行政行为依据。这是因为,《行政诉讼法》设立规范性文件依诉请附带审查的目的,并不单是为保障相对人权益,也是为了让人民法院经由监督和控制行政立规权力,发挥维护法制统一、保障宪法和法律权威的法治体系建设功能。

2. 判断阶段各难题的解答方案

(1)厘清了合法性判断对象。根据规范概念论与言语行为论,该类审查的准确对象并非规范性文件的合法性,而是由语义和语力结合成的语用观规范的合法性。语用维度内的规范合法性判断对象,是被审规范性文件内语义观规范的合法性,以及生成被审规范性文件效力的立规行为要件的合法性。前者包含规范的适用条件、规范模式及规范内容的合法性;后者包括立规主体资格、立规意图表示、立规实体行为条件,以及立规程序的合法性。①

(2)明确了合法性判断依据。规范性文件合法性判断必然要依据某些法律规定,但学者们尚未厘清其判断依据是什么。根据权能规范论与言语行为论,规范性文件合法性的判断依据是设定立规权能与规定立规行为的立规权规范,包括立规主体资格规范、立规内容限制规范、立规程序规范与立规表意活动规范。这些规范分属构成性规范与调整性规范。它们虽然具有不同的规范功能,但均由规范条件、规范模式与规范内容构成,而且前列规范之间存在内在相互关系,能构成一个联锁性规范体系。我国现行立法在一定程度上也规定了前列规范,它们构成了一套规范性文件合法性判断的法律依据体系。审查者根据该体系内的各类规范,可以更高效、更全面地认定判断对象、发现判断依据。

---

① 参见袁勇:《规范性文件合法性审查的准确对象探析》,《政治与法律》2019 年第 7 期。

（3）改进了规范性文件合法性判断标准。现有的规范性文件的司法审查标准，系从经验中总结出的规范性文件不合法的五种情形。由于缺失理论基础、缺乏严格论证，"五情形标准"分类混乱不清、含义模糊不明，已不顺应审查工作的实用性要求。根据言语行为理论、意向性理论等原理，可厘定合法性判断的对象、依据及两者的契合处，并界定规范性文件的合法性本质论。现有审查标准可进而改成立规意向事态实例标准——如果立规事实整体上是/不是四类相联锁立规规范强制性意向事态的完整实例，那么它们所构成的规范性文件合法/不合法。"五情形标准"可随之重构成四类相联锁的标准，即立规地位标准、立规意向标准、立规程序标准、立规内容标准。①

（4）厘定了合法性判断顺序。在规范性文件合法性判断的诸类型中，整体审查与部分审查、有效性审查与兼容性审查、抽象审查与具体审查、形式审查与实质审查之间，在法理上存在一定的先后关系。根据被审对象的特点、审查内容的特性，及其在法律逻辑与法律论证中的层次，规范性文件合法性判断的逻辑顺序应当是：先整体审查后部分审查、先规范有效性审查后规范兼容性审查、先抽象的形式审查后具体的实质审查。只有按此顺序审查才有可能做到审查工作不重复、审查内容无遗漏。规范性文件的合法性判断应按前列逻辑顺序渐进而为。

3. 裁决阶段各难题的解决方式

首先在理论上界分了抽象形式合法性判断与具体实质合法性判断。人民法院在抽象形式合法性判断层面，确认规范性文件具有重大且明显不合法情形的，应当在判决中对外公开确认其在法律上无效力，或不具有法律成员资格。

其次在法理上主张，人民法院在抽象形式合法性判断层面，确认规范性文件有一般不合法情形的，应当在判决中对外公开确认其违法，不具备法律成员

① 参见袁勇：《行政规范性文件的司法审查标准：梳理、评析及改进》，《法制与社会发展》2019 年第 5 期。

资格,并判决不予适用。

最后认为,人民法院在抽象形式合法性判断层面,确认规范性文件有轻微不合法情形的,应当在判决中对外公开确认其轻微违法之处,但承认其具有法律成员资格,承认其可以作为有效的行政行为依据。

4.后续处理阶段的规范性文件效力废除困境及其解决方案

规范性文件司法附带审查后续处理阶段中的规范性文件效力废除困境是指,人民法院在裁判生效后,要求规范性文件制定机关等有权机关废除不合法规范性文件的效力,但后者不予废除,从而导致的人民法院否定某规范性文件效力,但制定机关肯定某规范性文件效力的对立情境。具体是指,人民法院按现行法的规定有权在行政裁判中不适用不合法规范性文件(含规范性文件内的不合法规定),但无权废止、改变或撤销不合法规范性文件,只能在裁决生效后,向规范性文件制定机关及其主管机关送交处理意见,而后再由规范性文件制定机关等有权机关废除不合法规范性文件的法律效力;这就会导致有权机关不废除规范性文件效力,而人民法院主张废除该规范性文件效力的困境。

学者们从法教义学、法政策学的多种角度提出了诸多解除规范性文件效力废除困境的建议。比如,把司法建议权改成司法命令权、建立不合法规范性文件人民法院内部公告制、提升规范性文件附带审查人民法院的管辖级别、交由上级人民法院提出处理建议或司法建议、交由与规范性文件制定机关同级的人大常委会处理,等等。但现有建议要么仅改良了现有后续处理机制,不能从根本上解除困境;要么在理论上能有效解除困境,但须重新立法才能实行。

规范性文件合法性判断可分成两个层面:抽象—客观—形式要件层面的合法性判断、具体—主观—实质依据层面的合法性判断。人民法院在前一个层面的合法性判断中认定被审规范性文件存在重大、明显或确定不合法情形,就应该直接确认该规范性文件无效;但在后一个层面的合法性判断中,人民法院认定被审规范性文件中被作为行政行为依据的规定,在被审个案中实质上不合法的,则仅能提出处理建议,提示规范性文件制定机关做出调整,以免再出现实质不合法案件。是故,建议全国人大常委会单独或联合最高人民法院发布规范性文件,明确人民法院对重大、明显且确定不合法的规范性文件,应当直接做出确认无效的裁决。为了监督人民法院的确认规范性文件无效权,规范性文件制定机关不服人民法院确认无效裁决的,可以向该人民法院同级的人大常委会申请裁决。

五、研究价值与后续课题

《行政诉讼法》第 6 条规定:"人民法院审理行政案件,对行政行为是否合法进行审查。"从司法三段论推理的角度看,行政主体做出行政行为的大前提是某条普遍性行政法规范;小前提是经过确认的,适用于该条大前提的,有行政证据证明的特定案件事实;结论则是将小前提置入大前提推论出的行政决定。据司法三段论可见,行政行为若要合法,其大前提、小前提及结论,都应当符合法律规定。规范性文件司法适用是人民法院确认和审查,被诉行政行为所依据之规范性文件合法性,并依法选择相应裁决方式的司法活动。在司法三段论中,规范性文件司法附带审查是行政行为合法性判断必不可少的关键组成部分。

(一)研究价值

本书根据现行规范性文件司法附带审查制度和规范性文件司法附带审查实践,把规范性文件司法附带审查分成启动、判断、裁决、后续处理四阶段(或四部分),然后通过规范分析、案例分析和社会分析的实证研究方法,分别描述了规范性文件司法附带审查前列四部分的现状、揭示了其中仍然存在的难题、分析了这些难题的成因,并有针对性地提出了解决难题的若干方法、方案或建议。本书有下述研究意义。

1.现状解析价值

本书采用法律解释方法,较为深入系统地实证分析了我国现行的规范性文件司法附带审查制度,较为深入地分析了现行《行政诉讼法》设立的规范性文件附带审查制度,较为深入完整地描述了我国规范性文件司法附带审查的真实情形。通过书中搜集并分析的大量规范性文件司法附带审查案例可知,我国规范性文件司法附带审查制度,特别是给法官设定审查义务的依申请附带审查制度,在不少案例中遭到法官们的消极退避处理。这种现象反映出现行的规范性文件依申请司法附带审查制度,仍然存在不少模糊缺漏之处。在我国地方人民法院嵌入地方社会体制的国情下,由于法官们并不普遍具备相应的专业能力,而且面临较大压力,他们难以具备维护国家法制统一、保障中央政府畅通、监督行政立规权力、保障相对人权益的充分能力。

2. 制度改进价值

本书在社会实证分析的基础上,采用法教义学和法政策学的理论框架与方法,提出了改进规范性文件司法附带审查制度的若干建议。

(1)最高人民法院可以发布司法政策性或规范性文件,公布典型案例或指导案例,指明在规范性文件司法附带审查中,法官们应当持有的积极进取的审查态度,并且阐明规范性文件司法附带审查能够发挥和实现维护国家法制统一、保障中央政令畅通、监督行政立规权力、预防潜在大规模行政纠纷的重要功能。为了发挥规范性文件司法附带审查的法治体系建设功能,法官们应当对规范性文件司法附带审查中的规范性文件附带审查,采取积极进取的态度。

(2)最高人民法院可以采取发布司法解释或公布指导案例的方式,第一,明确党政联合公文属于规范性文件附带审查范围,但只能在行政行为所依据之规范性文件的名义下审查;第二,释明被诉规范性文件与行为关联性的裁判基准——实质依据标准和产生实际影响标准。第三,推介更加健全严整的规范性文件合法性判断标准,比如本书第二章论证的规范性文件合法性判断"四联锁标准"。

（3）建议全国人大常委会单独或联合最高人民法院发文，明确规定人民法院在审查中，对重大且明显不合法的规范性文件，除了有权不予适用外，还有权确认它们的整体或部分无效。这样可以更好地废除法官们明知被审规范性文件重大且明显不合法，但却遮遮掩掩，不能公开确认此类规范性文件无效的法律困境。若不公布此类决定，法官们在审判中将仍然不能更有力地维护国家法制统一，而是只能选择提出司法建议，并交由有权机关处理。

3.理论建构价值

从法律思维与法律方法角度看，规范性文件司法附带审查机制由内外两重机制构成。其外在机制是审查机关、审查程序等构成的审查管理制度，其内在机制是审查标准、审查方法等构成的审查思维机制。前者是促动后者的法制条件，后者是施行前者的智识条件。在实证研究中发现，粗陋的规范性文件司法附带审查机制，会助长法官们消极退避行为。然而，细密的规范性文件司法附带审查机制，一是难以设计制定，二是可能会过度束缚法官们的审查活动。

这意味着，仅仅依靠设计规范性文件司法附带审查外在机制，并不能解决实践中的判断对象的确认、判断依据的获取、判断标准的确定，以及审查顺序的安排等原理、概念与方法上的理论难题。为了解决前述难题，本书着重论证了规范性文件合法性判断的四联锁要件论。

（二）后续课题

初看上去，规范性文件司法附带审查只不过是行政审判活动的一个组成部分。但因我国行政法与行政诉讼法学者对相关法理论研究不足，而且我国各地区的法官们的审判业务水平差别较大，各地区行政审判外部环境的助益与干预情况差别也较大，以致我国现行规范性文件司法附带审查制度在不同地方的行政审判中往往呈现出多样化的特点。

在研究这一复杂多样的对象时，本书偏重于采用法律解释、案例梳理、概念分析和逻辑分析方法,并未在法政策学(立法论)层面,充分论证所提制度改进建议,也未详尽预测相关建议在实践中可能遇到的各种难题、可能在理论上遭到的反对意见。在后续研究中仍要着重论证,怎样才能提出建立健全我国的规范性文件司法附带审查制度的详细可行建议,还需要密切关注新出现的规范性文件司法附带审查案例,进一步验证本书构架的规范性文件司法附带审查原理。

最后,规范性文件的司法附带审查制度,是我国整个规范性文件监督制度和法制统一维护制度的构成部分。为了避免见山是山、见水是水,只见树木不见森林的研究局限,为了满足我国法治体系建设对法制统一工作的总体要求,在后续研究中,还需要把规范性文件司法附带审查,置入整个规范性文件监督审查制度内,研究规范性文件司法附带审查与其他规范性文件监督审查的协作关系。

第一章　启动阶段的现状、难题与对策

《行政诉讼法》2014 年修正案增设了规范性文件的依诉请附带审查制度。该制度自 2015 年 5 月 1 日实施以来,在人民法院依职权审查规范性文件之上,增设了人民法院应当事人诉请附带审查规范性文件合法性的活动(简称附带审查)。自此,在我国行政诉讼法内,共有两类规范性文件法附带审查——人民法院依诉请审查、人民法院依职权审查。

这两种审查在启动阶段的主要不同是:只要当事人诉请人民法院附带审查被诉行政行为所依据的规范性文件,人民法院就负有应对当事人诉请的义务;当事人没有诉请附带审查的,法院则无应对当事人的义务。两者在启动阶段的共同之处是:人民法院必须鉴别被诉行政行为所依据的公文是不是规范性文件,必须认定涉案规范性文件与被诉行政行为之间是否存在关联。换言之,人民法院必须准确判断被告提供的规范性文件是不是行政行为依据。

第一节　启动阶段的制度与实践现状

人民法院依职权审查的启动条件,长期以来一直隐含在法律适用活动中,但没有被明确列举或规定。现行《行政诉讼法》第 53 条却明确规定了,规范性文件依诉请附带审查案件的两个启动条件:一是请求被审的规范性文件必须是规章以下规范性文件;二是被诉规范性文件必须是被起诉行为的行政依据,即被诉规范性文件与行为必须具有关联性。本章以规范性文件依诉请附带审查案件的启动条件为直接研究对象,但其研究结论可用于审视人民法院依职权附带审查的启动条件。

由于现行《行政诉讼法》第 53 条,既未明确"规范性文件"究竟是什么,也未列明被诉规范性文件在什么情形下是被诉行政行为的"依据",人民法院在附带审查案件中,为了规避可能的压力与风险,有的会严格审查当事人的附带审查请求,是否满足现行《行政诉讼法》第 53 条规定的启动条件。人民法院从严适用附带审查启动规则的结果,会导致人民法院把"裁量利益归于被告"。这意味着,人民法院在可支持也可不支持当事人诉请的情况下,通常会采取消极态度,做出不支持当事人诉请的裁定。

有学者从"中国裁判文书网"中,获得了 651 件关于规范性文件附带审查的案例,时间跨度是 2015 年 5 月 1 日至 2020 年 2 月 10 日。其中,因为单独提起附带审查请求,或者附带审查请求不符合法定条件被驳回的共有 213 件,约占总数的 32%,包括:(1)当事人未在法定期限内提出附带审查请求,且无法定认可的正当理由的案件约有 22 件;(2)人民法院在案例中认为当事人诉请附带审查的不是规范性文件的,约有 104 件,其中含有党委发文性质的规范性文件约有 21 件。尤其是,人民法院以被诉规范性文件和行为无关联为由,拒绝附带审查的案件共有 205 件,占到总数的 31%。在 651 件案例中,共有 107 件诉请被人民法院认可,其中被人民法院认定,被诉规范性文件有不合法情形的案件,仅 13 件,所占比例不到总数的 2%。①

还有学者,获取了 947 件规范性文件附带审查案件,并梳理出了人民法院未启动规范性文件附带审查的 8 种类型:(1)被诉规范性文件与行为缺乏关联性的,共 276 件,占总数的 32%;(2)被诉行政行为不符合行政案件受理条

---

① 参见卢超:《规范性文件附带审查的司法困境及其枢纽功能》,《比较法研究》2020 年第 3 期。

件,共 186 件,占总数 22%;(3)被诉规范性文件不属于附带审查请求范围,而是属于法规、规章、国务院规范性文件以及党委规范性文件等的,共 178 件,占总数的 21%;(4)当事人单独直接起诉规范性文件的,共 121 件,占总数的 14%;(5)当事人未在法定期间提起附带审查,共 37 件,占总数的 4%;(6)请求审查的规范性文件不明确或不具体的,共 14 件,占总数的 2%;(7)在行政赔偿案件中提出附带审查的,共 14 件,占总数的 2%;(8)其他情形,如行政机关提出审查请求等,共 24 件,占总数的 3%。①

基于前述分析数据、结合人民法院实际处境与法官审查态度看,当前的规范性文件司法附带审查大体上呈现出对当事人"严"字当头、对被告宽松要求的情形。

1. 严格审查受案条件,即审查被诉行政行为是否满足行政案件受理条件,包括被诉行政行为是否属于行政案件受案范围、起诉人是否具备当事人资格、是否列明正确的被告、是否在法定期间内起诉、是否经过法定前置程序,等等。

2. 严格确认规范性文件属性,即严格审查当事人诉请附带审查的规范性文件是不是"规范性文件";从现有行政判决书来看,一是人民法院普遍认定行政机关与同党委联合发布的规范性文件,不属于被附带审查文件范围;②二是行政主体发布的一般行政处分文件也不属于可以被附带审查的规范性文件范围。③

---

① 参见江国华、易清清:《行政规范性文件附带审查的实证分析——以 947 份裁判文书为样本》,《法治现代化研究》2019 第 5 期。

② 参见青海省海东市中级人民法院(2018)青 02 行初 71 号行政判决书,浙江省高级人民法院(2019)浙行终 788 号行政判决书,江苏省南通市中级人民法院(2019)苏 06 行终 19 号行政判决书,四川省成都市中级人民法院(2015)成行初字第 719 号行政裁定书,四川省高级人民法院(2016)川行终 247 号行政裁定书。

③ 参见"修某英与四川省内江市卫生和计划生育委员会卫生行政其他一案"的一审、二审及再审裁判书,即四川省内江市东兴区人民法院(2016)川 1011 行初 10 号行政判决书,四川省高级人民法院(2017)川行申 614 号行政裁定书,四川省内江市中级人民法院(2016)川 10 行终 42 号行政判决书。

3. 从严认定被诉行政行为与规范性文件的关联性,即严格审查当事人诉请附带审查的规范性文件是不是被诉行政行为的依据;某些判决书显示,如果被诉请附带审查的规范性文件没有被诉行政行为"直接依据""直接适用""明确适用",某些人民法院就认定被诉请审查的规范性文件同被诉行政行没有关联。① 最高人民法院在"全某某诉大冶市人民政府及大冶市东岳路街道办事处房屋行政拆迁补偿协议一案"再审裁定书中写道:"按照《中华人民共和国行政诉讼法》第五十三条规定的精神,提请附带审查的规范性文件必须是被诉行政行为内容的直接依据。"②

在 2015 年 5 月 1 日至 2018 做出的 907 份行政判决中,人民法院仅以当事人诉请附带审查的规范性文件不是被诉行政行为依据的理由,就做出了334 件不支持当事人附带审查请求的判决;其中,2015 年公布的 174 件关于当事人附带审查请求的行政判决书中,人民法院以当事人诉请附带审查的规范性文件不是被诉行政行为依据,做出了 126 件不支持当事人附带审查请求的判决,其比例高达 72.4%。③

4. 严格适用附带审查请求期间,即严格要求当事人应当在起诉时诉请附带审查,最迟也应当在开庭审理前;各人民法院基本上都认定,当事人在法庭调查期间提出的附带审查请求,属于超过法定期间情形;它们还通常不考虑当事人是否具有在法庭调查期间提出附带审查请求的"正当理由"。

经设定全文:"解释第一百四十六条",案由:"行政",作检索条件,在Alpha 法律智能检索系统中检索,共得到 157 份明确适用《行诉解释》第 146

---

① 参见最高人民法院(2019)最高法行申 129 号,"曹某某诉浙江省宁波市鄞州区人民政府房屋行政补偿案"行政裁定书;最高人民法院在"芦某某因诉北京市海淀区民政局政府信息公开及北京市海淀区人民政府行政复议案"再审裁定书中表明:"提请审查的规范性文件必须是被诉行政行为的直接依据"。——参见最高人民法院(2018)最高法行申 9963 号行政裁定书,最高人民法院(2017)最高法行申 5919 号行政裁定书。

② 参见最高人民法院(2017)最高法行申 5919 号行政裁定书。

③ 参见王春业:《实证视角下规范性文件一并审查制度研究》,中国政法大学出版社 2019年版,第 62 页。

条的裁判文书(2020 年 5 月 1 日前)。前述 157 份裁判文书的 153 份都不支持当事人或上诉人的附带审查请求,比例高达 97%。《行诉解释》第 146 条明确规定:"公民、法人或者其他组织请求人民法院附带审查行政诉讼法第五十三条规定的规范性文件,应当在第一审开庭审理前提出;有正当理由的,也可以在法庭调查中提出。"以上显示出,人民法院主要是把《行诉解释》第 146 条,当作拒绝当事人一并请求的依据。人民法院不支持当事人"逾期"的理由是:当事人或上诉人未在第一审开庭审理前提出,或者在法庭调查期间提出但无正当理由,或者在上诉时才提出。①

需要说明的是,在当事人未诉请附带审查的规范性文件中,人民法院仍然负有正确适用合法规范、维护法制统一、监督行政立规、保障当事人合法权益的法定功能。由于无须应对当事人的附带审查规范性文件请求,人民法院也就没有明面上的义务及压力,也就可以依职权在规范性文件司法附带审查中,自由地裁量是否审查相关规范性文件的合法性,以及自行决定审查的强度等。其结果是,人民法院将不再面临附带审查是否符合法定期间的问题,也无须明面答复被审规范性文件是否合法的问题,无须刻意规避规范性文件的附带审查问题。

不过,人民法院为了正确适用合法有效的法律规范,仍然需要鉴别作为行政行为依据的规范性文件是何类规范性文件,是规范性文件,还是一般行政处分文件;仍然需要审查行政主体适用的行政行为依据是否合法正确。

综上,无论当事人是否提出了附带审查规范性文件合法性的诉请,人民法院都应当鉴别作为行政行为依据的规范性文件,是不是合法有效的规范性文件;都需要审查作为行政行为依据的规范性文件规定,是不是合法正确的行政行为依据。只不过,人民法院在单独的依职权规范性文件司法附带审查中,享

---

① 参见福建省厦门市中级人民法院(2020)闽 02 行终 28 号行政判决书,浙江省丽水市中级人民法院(2020)浙 11 行终 10 号行政判决书,济南铁路运输人民法院(2019)鲁 7101 行初 36 号行政判决书。

有更多的司法裁量权。鉴于在当事人诉请附带审查规范性文件合法性的行政案件中,人民法院的规范性文件司法附带审查活动更加全面,显示出的问题也更加突出,下面着重分析依诉请规范性文件司法附带审查的启动难题及其成因。

第二节　启动阶段的难题及其成因

《行政诉讼法》2014 年修正案第 53 条与第 64 条增设的规范性文件的附带审查制度,其立法意图是想借助行政相对人的自利动力,通过行政审判来监督规范性文件制定权,预防和废除不少行政机关,特别是基层行政执法机关,擅自和恣意制定各类违法"红头文件"的乱象,以达到维护国家法制统一、保障宪法法律权威、建设我国法治体系的目标。该制度明显是在加强人民法院的规范性文件合法性判断权。但是,当法官们面对拥有较高事实性权威的,高级别的规范性文件制定机关时,他们普遍感到在审判中面临着较大压力和职业风险。

一方面,涉案规范性文件的内容涉及各行各业,而且往往涉及行政管理中的科技事务,比如环境保护行政执法标准等,法官们往往没有科技能力对这类规范性文件作判断;另一方面,我国的人民法院大多是嵌入当地政治、经济和社会治理活动之中的"单位型"人民法院。① 人民法院除了保障相对固定不变的宪法法律权威,维护国家法制统一,保障中央政令畅通,还会受到地方党政各方面的影响。

即使《领导干部干预司法活动、插手具体案件处理的记录、通报和责任追究规定》(2015)禁止领导干部个人干预司法活动,但人民法院不可能不受到相关组织的影响。特别是在规范性文件司法附带审查中,法官们发现某个在

---

① 参见卢超:《规范性文件附带审查的司法困境及其枢纽功能》,《比较法研究》2020 年第 3 期。

当地具有重大或普遍影响的规范性文件存在整体不合法之处，并且依法应当认定成整体上不合法的情况下，不但主审的法官，甚至管辖此类案件的人民法院都不会轻举妄动，通常都不会采取同本级或上级党委或政府"对着干"的姿态。

综上，无论是在专业能力上，还是在可能产生的制度风险上，人民法院以及法官们缺少积极进取地受理并判断被诉规范性文件合法性的态度。通过群案分析和访谈发现，人民法院及法官们，对规范性文件附带审查持有普遍的消极退避态度。① 这种基本态度极大地影响了人民法院及法官，在整个规范性文件司法附带审查中的基本立场、活动取向或司法策略。

一、司法附带审查受理难及其成因

在消极退避附带审查的态度或策略下，只要现行实体法与程序法规范并没有明确规定行政相对人、行政诉讼起诉人或当事人的权益；换言之，只要现行实体法和程序法规定赋予了人民法院裁量权，比如当事人认为自己有"正当理由"在法庭调查期间针对某涉案规范性文件提出附带审查请求，由于是不是"正当理由"等属于裁量事项，那么法官们就消极地把裁量利益分配给当事人，积极地把裁量利益分配给被告。此即当前，在某些行政审判中，实际上被实行了的或被实行着的"裁量利益归于被告"潜规则。这是法官消极退避的审判态度及其司法策略的具体体现。

在"裁量利益归于被告"作用下，再加上行政案件事实类型复杂多样、行政实体法和行政程序法（含行政诉讼法的）规定有粗陋（实际上也不可能制成完全健全完整的行政法规范体系）的事实，差不多每一个行政案件在行政诉讼受理阶段的各个方面，都存在任由人民法院自由裁量的空间。如果人民法院（具体工作人员是主管行政立案的立案庭法官）看到，当事人在起诉状中列明诉请附

① 参见陈运生：《规范性文件附带审查的启动要件——基于1738份裁判文书样本的实证考察》，《法学》2019年第11期。

带审查某规范性文件,立案法官就会给予充分注意。尽管现行法规定的是立案登记制而非以前的立案审查制,减少了行政案件立案难,但这并不能完全排除立案法官从严适用相关规则。即便当事人的附带审查请求通过了立案,行政审判庭的法官在以下方面,仍然拥有广泛且有充分否定作用的裁量权。

（一）限缩解释行政案件受案范围

现行《行政诉讼法》采用概括列举、肯定列举与否定列举的方式,相对明确地确定了那些属于行政案件受案范围的行政行为。但因行政案件的类型极其复杂多样,对于行政处罚、行政强制、行政许可、行政给付等模式化和法典化的,行政行为以外的行政活动类型,法官为了免于在规范性文件合法性判断中面临压力和风险,按常理就会采取限缩解释行政诉讼受理范围条款,从而把"裁量利益归于被告",也把轻松和安全留给自己。

（二）从严要求当事人起诉资格

现行《行政诉讼法》及《行诉解释》采取的当事人资格认定标准,大体上仍然是"法定权益受行政行为实际影响"标准。至于当事人在系争案件中是否具有"法定权益",以及这种权益存在之后,是否受到可诉性行政行为的"实际影响",都不易明确认定,从而存在大量裁量余地。在"裁量利益归于被告"的策略下,法官按常理就会从严要求附带审查请求人的当事人资格。其结果将会排除不少规范性文件附带审查案件。

（三）从严审查其他行政案件受理条件

在前列行政实体法与行政诉讼法相交织引发的裁量事项之外,在当事人是否"知道或应当知道"被诉行政行为的起诉期间计算,在当事人所列被告是否正确,在证明被诉行政行为(作为或不作为)是否事实上存在等方面,人民法院在不同程度上都享有司法裁量权。当这种裁量权同法官的消极退避态度相结合的时候,"多一事不如少一事"的"明哲保身"行为就会频频发生。这就导致附带审查制的立法意图难以实现,规范性文件司法附带审查的法治体系建设功能难以产生。

例如,有学者统计出,在2015年公布的174件关于当事人诉请附带审查的行政判决书中,人民法院以当事人诉请审查的规范性文件不是被诉行政行为依据为由,就做出了126件不支持当事人附带审查请求的判决,其比例高达72.4%。① 前列数据表明,在行政诉讼中,人民法院在认定被诉规范性文件与行为的关联性上严格限缩裁量权力,并不利于人民法院通过附带审查规范性文件的合法性,而产生法治体系建设功能。

二、被诉规范性文件属性的鉴别难题及其成因

被诉规范性文件属性的鉴别难题是指,附带审查请求人在起诉时,不但难以分清作为行政行为依据的规范性文件是不是规范性文件,甚至连规范性文件制定机关和人民法院,也难以断定被诉请附带审查的规范性文件是不是规范性文件。经过分析规范性文件附带审查案例可发现,被诉规范性文件属性鉴别难题有以下几类。

(一)普遍规范性文件的鉴别难题

规范性文件乃是成文法制的初始组成单位和单行法源。我国法制体系就由上百万规范性文件组成。② 无论规范适用工作者还是备案审查工作者,他

---

① 参见王春业:《实证视角下规范性文件一并审查制度研究》,中国政法大学出版社2019年版,第62页。

② 2020年3月7日,在中国知网"中国法律知识资源总库""全选"栏目内检索,结果显示共有各级各类规范性文件1084395件。其中包括:法律736件、行政法规及法规性规范性文件7286件、地方性法规及规范性文件23992件、部门规章及规范性文件129164件、地方政府规章及规范性文件882655件、司法解释及规范性文件5414件。它们与其他海量规范性文件组成了我国的法制体系。

们先处理的往往是规范性文件而非规范。规范性文件既是我国法学内的常用概念，①也是党政机关规范性文件中的常用词语。② 法律人在广义、狭义和最狭义上，广泛地使用规范性文件的概念。③ 但这个常用的概念，使用者虽然多，界定者却很少。

或有人主张，通说的规范性文件定义——行政机关针对抽象事件和不特定相对人制定和发布的，具有普遍约束力的能被反复适用的公文——可以作为规范性文件的通用定义。某些关于规范性文件监督审查的公文，也都采用了这个定义。④ 但有学者指出，通说的规范性文件定义，涵盖面相当有限，并不能用于确定某些行政机关公文——涉及外部相对人权益的内部公文，表面上普遍适用但仅针对特定相对人的行政机关公文，弱规范性但对外影响大的政策性行政机关公文等——是不是应当受审的规范性文件。⑤

例如，在"修某某与四川省内江市卫生和计划生育委员会卫生行政其他一案"的一审、二审及再审判决书中，该案一审人民法院四川省内江市东兴区人民法院在一审判决书中认定，涉案的四川省卫生和计划生育委员会发布的《关于做好医师资格遗留问题有关工作的通知》（"301 号规范性文件"）属于规范性文件，支持当事人修某某的附带审查请求，并确认该规范性文件部分不

---

① 近年来，学者们在法律适用和监督审查方面，加强了对规范性文件的研究。2020 年 2 月 25 日，在中国知网上选择"文献"并选择"全文"，然后输入"规范性文件"检索，显示有 613713 篇文献提及或使用了"规范性文件"。

② 参见《中共中央关于全面深化改革若干重大问题的决定》（2013），《中共中央关于全面推进依法治国若干重大问题的决定》（2014），《各级人大常委会监督法》（2006）第五章，《行政诉讼法》（2014 年修订）第 53 条与第 64 条，等等。

③ 广义规范性文件是指法律、行政法规、地方性法规、规章以及其他各类规范性文件；狭义规范性文件则是法律、法规和规章以外的其他规范性文件；最狭义规范性文件仅指规章以下的行政规范性文件。

④ 参见最高人民法院《关于适用〈行政诉讼法〉的解释》第 2 条第 2 款，国务院办公厅《关于加强规范性文件制定和监督管理工作的通知》（国办发 201837 号）第 1 段。

⑤ 参见刘松山：《备案审查、合宪性审查和宪法监督需要研究解决的若干重要问题》，《中国法律评论》2018 年第 4 期。

合法。①

但是,该案二审人民法院内江市中级人民法院却认定,川卫办发〔2014〕301 号规范性文件虽涉及全省范围,人数较多,但该规范性文件系为解决医师资格历史遗留问题开展的,一次性的医师资格认定补办和省医师资格考试工作,不具有反复适用性,不属于规范性文件,故被上诉人在原审提出对川卫办发〔2014〕301 号规范性文件的合法性进行附带审查缺乏法律依据,本院对川卫办发〔2014〕301 号规范性文件的合法性不予审查。原审判决认定川卫办发〔2014〕301 号规范性文件属于规范性文件,并对其合法性进行附带审查和在判决主文中做出判决,属于适用法律错误,二审人民法院予以纠正。②

不过,该案再审人民法院四川省高级人民法院裁定:"301 号规范性文件是一次性使用的,即在特定的时间内一次性认定和一次性考试,不具有反复适用性,因此 301 号规范性文件不属于规范性文件。在本案中,301 号规范性文件应作为本案被诉行政行为的依据予以审查。"③

在前三个裁判中,一审人民法院认为"301 号规范性文件"是规范性文件;二审人民法院认为不是规范性文件,并撤销了一审判决;而再审人民法院认为,"301 号规范性文件"虽然不是规范性文件,而是在特定时间内一次性使用的规范性文件,应作为被诉行政行为依据审查。前案中的"301 号规范性文件",实质上属于面向不特定相对人一次使用的一般行政处分决定。

行政法学通说的规范性文件定义,仅列举了规范性文件若干表面特点,该定义存在五点缺陷。

1."抽象事件"用法错误。事件是关于事情过去发生,或正在发生的范畴,而规范性文件是立规主体意向的未来事态集;事件不属于将来的可能世

---

①　参见四川省内江市东兴区人民法院(2016)川 1011 行初 10 号行政判决书。
②　参见四川省内江市中级人民法院(2016)川 10 行终 42 号行政判决书。
③　参见四川省高级人民法院(2017)川行申 614 号行政裁定书。

界,不宜被称是立规意向内容。①

2."不特定对象"不是规范性文件的特别之处,有的个别化一般规范性文件,也针对不特定对象。②

3."能被反复适用"是次生的表象,不能同抽象事态和不特定相对人相并列。只要抽象事态和不特定相对人在具体案中特定化,它们构成的规范就应当被反复适用,③因此"反复适用"也不能同前两个要点相并列。

4."普遍约束力"中的"普遍"也是抽象事态和普遍相对人共同衍生的现象,不宜把"普遍"同抽象事态和普遍相对人并列。

5."普遍约束力"中的"约束力"通常是指法律规定在实践中被人承认和遵从而产生的作用力;法律上的作用力与法律效力是两个概念,前者仅是规范性文件通常具有但非必然具有的性质;只有法律效力才是规范性文件的必要构成条件。初显具有充足法律效力的规范性文件,就具备法律成员资格。

总之,现有的规范性文件朴素观点,并未揭示规范性文件的关键方面,尚未完整指出规范性文件的独特性质。由于存在模糊和错乱之处,现有的规范性文件通说定义,实际上起不到准确鉴别规范性文件的作用。这就难免会在规范性文件附带审查案件中造成鉴别难题。

---

① See Alvin Plantinga, The Nature of Necessity, Oxford: Oxford University Press, 1974, p. 44. [美]约翰·R.塞尔:《意向性:论心灵哲学》,刘叶涛译,上海人民出版社 2007 年版,第 1、9 页;韩林合:《分析的形而上学》,商务印书馆 2013 年版,第 181—189 页。

② 我国台湾《行政程序法》(2001)第 92 条第 2 款内规定,"前项决定或措施之相对人虽非特定,而依一般性特征可得确定其范围者,为一般处分"。参见[德]哈特穆特·毛雷尔:《行政法学总论》,高家伟译,法律出版社 2000 年版,第 196—203 页;刘莘:《论一般行政处分》,《公法研究》2009 年卷,第 11—18 页。

③ 有学者认为,规范的基本结构是:如果行为模式 T,那么规范效果 R;据此结构蕴含的规范性,行为模式涵盖的事实出现多少次,规范效果就应当被反复实现同样次数。参见陈景辉:《合规范性:规范基础上的合法概念——兼论违法、不法与合法的关系》,《政法论坛》2006 年第 2 期。

（二）普遍规范性文件、一般行政决定与具体行政决定的区分难题

在不少案例中，行政诉讼当事人直接诉请人民法院审查某些普遍规范性文件；因为不符合《行政诉讼法》第 53 条之规定，而被人民法院认为不属于行政案件受案范围，因而被裁定驳回起诉。① 尽管在立规程序与规范性文件形式上易于区分规章与规范性文件，但人民法院仍然难以区分具有规章制定权的机关所制定的规范性文件是不是规范性文件。有的人民法院把当事人主张的规范性文件认定成规章，并拒绝进行合法性判断。②

由于既缺少可操作性区分标准，又面临多方面的压力，人民法院把不少针对不特定相对人，但适用条件具体和规范结果特定，因而并不能普遍反复适用的一般行政决定③都当成了规范性文件，并以此类决定不是具体行政行为、不属于行政案件受案范围为由，裁定驳回了当事人的直接起诉；④然而，在当事人把一般行政决定当成规范性文件，并诉请人民法院附带审查之际，人民法院却又认为此类行政决定不具有反复性、普遍适用性，因此裁定不支持当事人方提出的附带审查请求。⑤

---

① 参见最高人民法院（2017）最高法行申 1846 号行政裁定书，最高人民法院（2018）最高法行申 11124 号行政裁定书。

② 参见山东省青岛市中级人民法院（2017）鲁 02 行终 656 号行政判决书，福建省连城县人民法院（2018）闽 0825 行初 29 号行政判决书。

③ 我国台湾"行政程序法"（2001）第 92 条第 2 款内规定，"前项决定或措施之相对人虽非特定，而依一般性特征可得确定其范围者，为一般处分"。参见［德］哈特穆特·毛雷尔：《行政法学总论》，高家伟译，法律出版社 2000 年版，第 196—203 页；刘莘：《论一般行政处分》，《公法研究》2009 年卷，第 11—18 页。

④ 参见最高人民法院（2018）最高法行申 1127 号"朱广义等诉郑州市人民政府道路更名案"行政裁定书，江苏省高级人民法院（2017）苏行终 310 号行政判决书，峨眉山市人民法院（2016）川 1181 行初 18 号行政判决书。

⑤ 参见上海市奉贤区人民法院（2016）沪 0120 行初 40 号行政判决书，安徽省芜湖市鸠江区人民法院（2016）皖 0207 行初 17 号行政判决书，广西壮族自治区南宁铁路运输人民法院（2018）桂 7102 行初 100 号行政判决书。

由上可见,在我国行政法与行政诉讼法理与实践中,并没有就介于普遍规范性文件与具体行政决定之间的一般行政决定达成通识。人民法院把既非普遍规范性文件又非具体行政决定的一般行政决定,一方面当成了当事人直接起诉之外的、行政案件受案范围之外的不可诉行政决定;另一方面,在当事人诉请附带审查此类决定时,又把一般行政决定认定为,不符合《行政诉讼法》第 53 条所规定之"规范性文件"。这就人为地增加了规范性文件的认定难度。

(三)党政联合发文是否属于附带审查请求范围的难题

《行政诉讼法》第 53 条规定的附带判断对象是行政机关制定的规范性文件,既不包括国务院制定的行政法规、发布的具有普遍规范性的决定或命令,也不包括国务院部门规章和地方政府规章,只包括规章以下的规范性文件。在不少行政案例中,人民法院非但认定法律、行政法规、地方性法规和规章不属于附带审查请求范围,而且还认定行政主体同其他国家机关或政党组织联合制定的规范性文件也不属于《行政诉讼法》第 53 条所规定之"规范性文件"。①

例如,在"海东市某某养殖专业合作社与互助土族自治县人民政府行政处罚案"②,"胡某某诉庆元县人民政府地质灾害避让搬迁安置资格行政确认案"③,"杨某某与海安市人力资源和社会保障局不履行法定职责案"④等案件中,主审人民法院均在裁判文书认定,地方党委及相应政府联合发布的规范性

① 参见青海省海东市中级人民法院(2018)青 02 行初 71 号行政判决书,浙江省高级人民法院(2019)浙行终 788 号行政判决书,江苏省南通市中级人民法院(2019)苏 06 行终 19 号行政判决书,四川省成都市中级人民法院(2015)成行初字第 719 号行政裁定书,四川省高级人民法院(2016)川行终 247 号行政裁定书。

② 参见青海省海东市中级人民法院(2018)青 02 行初 71 号行政判决书。

③ 参见浙江省高级人民法院(2019)浙行终 788 号行政判决书。

④ 参见江苏省南通市中级人民法院(2019)苏 06 行终 19 号行政判决书。

文件,不属于《行政诉讼法》第53条规定的"规范性文件"。

在"廖某某诉四川省都江堰市人民政府行政其他案"中,四川省成都市中级人民法院与四川省高级人民法院均认为,该案中的《中共都江堰市委、都江堰人民政府〈关于进一步稳定和完善农村土地承包关系〉的通知》(都委发〔1998〕44号),是地方党委和政府共同制定的指导性规范性文件,不属于行政案件受理范围①。最高人民法院再审时认为:"44号规范性文件是在一定区域内普遍适用的规范性文件,属于规范性文件。"但因廖某某直接起诉44号规范性文件,没有起诉行政行为却要求审查44号规范性文件,不符合规范性文件附带审查规定的要求,最高人民法院裁定驳回了廖某某的再审申请。②

考虑到,在新一轮党政合署办公的改革中,同级党委和政府协商进行社会治理、联合发布普遍规范性文件的情形,只会越来越多。如果各级各地人民法院都采取字义上的严格解释,拒绝附带审查作为行政行为依据的党政联合发布规范性文件的合法性,那么规范性文件附带审查制度的适用范围只会逐渐萎缩,以至于失去原本设想的应用功能。这种特殊情况,在一定程度上造成了规范性文件附带审查萎缩的难题。其实,根据中国共产党的党内法规以及我国宪法的规定,解决当前出现的这个党政联合发文问题并不难。

三、规范性文件与行政行为关联性的确认难题及其成因

根据《行政诉讼法》第53条的规定,行政相对人诉请人民法院附带审查规范性文件的,必须具备两个基本条件:其中之一是,只能针对规范性文件提起附带审查请求;另一个是,被诉请附带审查的规范性文件,必须被该案被告在行政执法中当成了被诉行政行为的依据。这就是当事人一并请求人民法院审查规范性文件合法性必备的,被诉规范性文件和行为的"关联性"要件。之

---

① 参见四川省成都市中级人民法院(2015)成行初字第719号行政裁定书,四川省高级人民法院(2016)川行终247号行政裁定书。

② 参见最高人民法院(2017)最高法行申6805号行政裁定书。

所以称其为"关联性"确认难题,是出于以下两方面的缘由。

一方面,在当前的行政审判体制下,人民法院及法官并没有积极进取地附带审查规范性文件合法性的动机、能力以及健全的激励机制。法官通常会严格审查当事人诉请附带审查的规范性文件,是否同被诉行政行为存在明显的关联。譬如是否存在"直接适用"或"明确依据"的情形。[①] 如果达不到直接、明显的程度,人民法院就会认定当事人诉请一并进行合法性审查的规范性文件,同被诉行政行为无关联,并不具备《行政诉讼法》第53条设定的"行政行为依据"条件,即规范性文件与行为必须相关联之要件。

另一方面,在规范性文件附带审查制度实施以后,被行政行为主体直接执行或依据的,实际上是所在人民政府或上一级行政机关制定的,效力位阶较低但内容更切实具体的规范性文件。位阶较低的规范性文件通常都会有高阶法律依据。相对而言,高阶规定的现实针对性、具体化程度和可操作性,通常较低;但行政行为主体可以选择,只在具体行政决定文书中引用较笼统的高阶法律依据的策略,目的就是为了故意隐藏自己实际上所执行的规范性文件。这种做法同人民法院采取的"直接""明确"的关联性认定做法相结合,就可以使大量的较低级别的规范性文件,不会成为当事人诉请人民法院附带审查的对象。

第三节　启动难题的解决对策

综上,在规范性文件司法附带审查过程中,当事人诉请附带审查的行政案件,出现了三类难题:当事人诉请附带审查案件受理难、被诉规范性文件属性鉴别难,以及被诉规范性文件和行为的关联性确认难。这些难题的成因,并非

[①] 参见最高人民法院(2019)最高法行申129号,最高人民法院(2018)最高法行申9963号行政裁定书,最高人民法院(2017)最高法行申5919号行政裁定书,最高人民法院(2017)最高法行申7732号行政裁定书。

仅仅由于行政诉讼法及相关司法解释的规定不健全,毕竟立法通常难以健全,健全的立法基本上是理想。附带审查案件三大难的主要促成因素,主要是由于相关基础原理和技术研究滞后,法官的科技能力不足,并且忌惮审查和否定规范性文件带来的制度风险与职业危机,以及中央和地方在经济社会发展政策上的不完全一致等。前列司法制度、社会经济以及政治体制方面的宏大背景,恰是左右规范性文件附带审查制度运作的实际情境。如果想要切实地解决当事人诉请附带审查案件的启动难题,就不应当无视或忽略前列情境。尽管认清前列情境,并非解决难题的充分条件;但不了解及不正视前列情境,将难以有的放矢地解决附带审查启动难。

一、司法附带审查案件受理难的解决方案

当事人诉请人民法院附带审查规范性文件的行政案件,给人民法院施加了应当处理当事人诉请的义务。这种义务去除了法官在依职权审查中,可以自行决定是否审查相关规范性文件的特权。又由于法官审查规范性文件时面临着审判压力、制度风险、复杂社会效果、政治经济效应等因素,因而倾向于从严审查当事人诉请附带审查案件的启动条件。

(一)建议最高人民法院制发多类司法政策指导性文件

为了提升法官的规范性文件合法性判断能力、化解或缓解他们可能遭遇的制度风险,最高人民法院有必要发布关于规范性文件附带审查的司法政策性文件。

1. 为了阐明规范性文件附带审查制度的重要功能,此类政策性文件应当声明,规范性文件司法附带审查中的规范性文件合法性判断,并非单独解决行政争议的行政诉讼活动。在我国全面深入推进依法治国,建设我国法治体系实践中,其中的规范性文件附带合法性审查制度,还具有保障宪法法律权威、保证中央政令畅通、维护社会主义法制统一、化解和预防大规模行政纠纷的法

治建设功能、国家治理现代化推进功能。

2. 为了弘扬规范性文件附带审查制度的立法意图,此类政策性文件最好表明,各级各地人民法院的法官,应当全面准确地领会《行政诉讼法》修正案增设规范性文件附带审查制度的立法意图;明确提示法官们要转变消极退避的审查态度,应当适当从宽行使规范性文件附带审查案件的司法审查裁量权。

3. 为了统一各地各级人民法院的司法裁量基准,此类政策性文件最好载明,地方各级人民法院的上级人民法院,包括最高人民法院,对于涉及规范性文件附带审查的行政案件都应当在上诉审和审判监督程序中,对当事人采取适当从宽的司法裁量基准,以便借助各级人民法院之间的审级监督力量。

(二)建议最高人民法院尽快出台"关于规范性文件附带审查的若干规定"

为了提高规范性附带审查案件启动条件的可操作性和健全程度,提议在司法解释中应当明确地、有意识地设定若干可操作的规则,列明法官确认当事人附带审查请求是不是满足法定的条件或情形;否则在整体情境难以变迁的情况下,法官出于减轻压力、"明哲保身"的考虑,仍然难以借助当事人、律师、上级法官等方面的协同作用去除之。该司法解释关于解决附带审查受理难的规则,首先应当确立凡是当事人诉请附带审查规范性文件合法性的行政案件,为了产生规范性文件附带审查制度的重要功能,实现监督行政立规、维护法制统一的立法意图,各级各地人民法院都应当适当采取宽松的审查基准,放宽此类案件的受理条件。或许应当包括以下几个方面的具体内容。

1. 从宽解释行政诉讼的受案范围,只要不是被有效立法明确排除的行政行为,都应当认为属于行政案件受案范围;

2. 放宽当事人资格认定标准,法官在认定当事人资格时,不应当再采用严格的"法律上利害关系标准",更不应当采取"法律明确规定的权利标准";应当采取近两年,在某些行政案例中适用的"保护规范标准",把某些法律规整、整个法律体系给予当事人保护的权益,都应当看成构成当事人资格的肯定条件。①

3.延长《行诉解释》第146条规定的当事人诉请一并请求的期间。人民法院可以参考《行政复议法实施条例》第26条规定的附带审查提起期间。该条规定,申请人在对行政行为提出复议申请时,尚不知道该行政行为所依据之规范性文件的,可以在行政复议机关做出行政复议决定前向行政复议机关提出对该规定的审查申请。当事人在行政诉讼中,提请规范性文件附带审查的期间,也按前款设定的期间办理,从法院维护法制统一的角度看,可能更加正当。

为了避免大量规范性文件附带审查申请因超期,因而被人民法院判定;建议修订后的规则明确规定:公民、法人或非法人组织按《行政诉讼法》第53条的规定,一并请求人民法院审查规范性文件的,可以在第一审人民法院裁判生效前提出。

(三)建议最高人民法院及时发布相关指导案例或典型案例

为了及时调整规范性文件附带审查案件的整体走向,最高人民法院可以采取发布指导案例、"规范性文件附带审查年度案例"以及指导案例的方式,对外公开那些论证说理充分,又具有代表性和典型性的行政案件,以便统一规范性文件附带审查案例裁判基准,提高基层法官行政审判业务能力。

二、规范性文件识别难的解决方法

如果说规范性文件附带审查受理难题,主要是行政诉讼法规则不健全导致的难题,那么规范性文件属性认定难,则主要是相关研究落后导致的理论难题。这意味着,修改法律、出台解释或发布案例,并不是解决规范性文件属性

---

① 参见耿宝建:《主观公权利与当事人主体资格——保护规范理论的中国式表述与运用》,《行政法学研究》2020年第2期。

认定难的有效方式。若要解决这个难题,就需要在理论上阐明:规范性文件究竟是什么?

(一)规范性文件的概念界定

规范性文件是具有初显法律成员资格的普遍规范性文本,其充要成分是普遍规范性文本与初显法律成员资格。其中,普遍规范性文本的确认要件有四个:其一,某文本有一个以上的句子能表示,"相对人"在"给定条件下"该当"做某事"的意义;其二,"相对人"是开放词类指称的不特定相对人;其三,"给定条件"是开放词句描述的普遍情形;其四,"做某事"是开放词句限定的普遍事态。任何一个文本内,如果有一个以上的句子,满足前四个要件,那该文本就是普遍规范性文本,否则就不是。

确认普遍规范性文本是否具有法律成员资格的要件也有四个:其一,制定主体有权能;其二,主体的表意活动真诚、真实且明确;其三,立规主体的行为程序合法;其四,规范性文件内的所有规范性语义,同立规实体行为规范相一致。任何一个文本只要具备前四个要件,就具有了不能被推翻的法律成员资格,因此也就具有了法律成员资格;否则,该文本就不能成为有效力的规范性文件。

前两组条件构成了规范性文件命题的次级真值条件,可据之界分规范性文件。下面仅据之界分规范性文件与非规范性文件、典型的与跨界的规范性文件、正常的与异常的规范性文件,并解决已知的规范性文件识别难题。首先是规范性文件与非规范性文件。根据规范性文件命题的识别条件可断定:

1. 既含有普遍规范性吾义,又具有法律成员资格的文本,才是规范性文件;

2. 既未含有普遍规范性语义,也没有法律成员资格的文本,是规范性文件以外的东西;

3. 虽然含有普遍规范性语义,但无法律成员资格的文本,是普遍规范性文本但非规范性文件;它们可能是关于立规的建议稿、草稿和表决稿、已失效的规范性文件,或者是不违法但无法律效力,却有实践作用力的法外规范性公文(如地方法院发布的指导意见)等;

4. 虽有法律成员资格,但无普遍规范性语义的文本,通常是含有个别性规范的公文,包括:典型的个别性公文,如具体行政决定、司法裁判文书等;非典型的个别性公文,即发布个别性一般规范的公文,此类规范包括:相对人特定、适用条件与规范结果皆普遍的规范,相对人不特定、适用条件与规范结果皆特定的规范,以及相对人不特定、适用条件特定、规范结果普遍的规范。

其次是典型规范性文件与跨界规范性文件。典型规范性文件是含有明确的普遍规范性语义,并明显具有法律成员资格的文本;例如,《民法典》《刑法》《学位条例》以及《禁止非法捕食野生动物决定》等。跨界或边缘(borderline)的规范性文件,是指构成其普遍规范性文本或法律效力的若干要件,具有某些个别规范性或非规范性特征的文件。除了发布个别性一般规范的公文,它们包括但不限于下面拟识别的文件。

1. 涉及外部相对人权益的普遍性政策文件。"相对人 A 在条件 C 下该当 Φ"的表达式,可能含有高度模糊和开放的词语,以至于被用来发布适用条件和规范结果皆不明确的政策。[①] 政策也有指使人该当何为的规范性意义,普遍性政策文件也是规范性文件。只不过,这类文件并未明确到可操作的程度,通常既不能被用于明确指引人的行为,也难以被用来确定地评价人的行为。但这并不排除有权机关仍有可能强制执行它们。如果有权机关强制执行了它们,那就实际上影响了相对人权益,它们也就成了应当受审的规范性文件。

2. 表面上普遍适用但实际上仅针对特定相对人的定向适用文件。立规主体为了消除特定相对人的诉权,有可能设计出表面上针对普遍相对人,其实只

---

① Manuel Atienza & Juan Ruiz Manero, A Theory of Legal Sentences, Ruth Zimmerling (trans.), Dordrecht: Kluwer Academic Publishers, 1998, pp. 163-164.

能适用于特定相对人的"规范性文件"。只要能确认或推定立规主体故意制成的是定向适用文件,那这类文件就不能再算作规范性文件,而是个别规范性文件。

3. 涉及外部相对人权益的内部规范性文件。立规主体为了规避规范性文件监督审查,有可能发布字面上适用于立规主体及其下属组织的内部规范性文件。无论立规主体故意制定名义上"内部"但实际上对外的文件,还是过失导致内部规范性文件含有影响外部相对人的规定,只要某规范性文件含有能适用于外部相对人的普遍性语义观规范,该文件就是应当受审的外部规范性文件。

最后是正常规范性文件与异常规范性文件。正常规范性文件就是达到普遍规范性文本的四个确认要件、满足法律效力四个构成要件的文本。异常规范性文件是指初看上去是规范性文件,但因存在不合法情形,最终应当被确认无效,被改变、撤销,或者被确认轻微违法但有效的初显(prima facie)规范性文件。一方面,按照规范性文件的构成要件,异常规范性文件的成因可分成四类:1. 立规主体无权能;2. 立规主体的表意不真诚、不真实和(或)不明确;3. 立规程序违背既定程序规范;4. 立规意向内容背离立规限制性规范。

另一方面,据不合法成因的性质,异常规范性文件的不合法情形可分三级:

1. 重大且明显不合法情形,包括立规主体表面上有但实际上无立规资格,立规主体有一般主体资格但对整个文件内容无管辖权,立规主体无真诚立规意图或发布虚假立规意图造成的文件,以及违背主要程序规则(表决、公开等)制作的文件。具有前列情形的初显规范性文件,都应当被确认无效。

2. 一般不合法情形,包舌违反一般立规程序规范,若干立规意向内容超越管辖范围、背离高阶立规限制性规范,无事实根据滥用立规权能等。前列情形经认证属实后,就应当撤销整个文件或改变、撤销文件的不合法部分。

3.轻微不合法情形,是指前两种不合法情形以外,立规行为违背某些细枝末节高阶规范的情形。轻微不合法情形并不妨碍文本具有法律成员资格。所谓瑕不掩瑜,轻微不合法的初显规范性文件,终归是规范性文件。

(二)一般行政决定的界定与司法审查

对于那些相对人特定、适用条件与规范结果皆普遍的规范性文件;例如,本地的冷冻库所有人,应当清除自家冷冻库蒸汽外泄造成的结冰。[1] 还有那些发布相对人不特定、适用条件特定,但规范结果普遍的规范性文件。例如,凡在2001年"春运"期间购买铁路客运车票的人,都应当多支付上调的票款。[2] 由于前两类规范性文件规定的规范,在既定条件或期间内能被相关行政主体不止一次地执行;换言之,它们是能多次成为具体行政行为执法依据的具体行政决定以外的一般行政决定。一般行政决定含有介于普遍规范性与个别性规范之间的、个别性一般规范的特殊种类规范性文件。

对于这类决定,德国和我国台湾的法院,通常准予公民、法人或其他组织直接起诉之。但我国人民法院既认定它们不属于能被直接起诉的行政行为,也不认为它们是当事人可能一并诉请合法性审查的规范性文件。为了避免一般行政决定再处于司法审查范围之外,最高人民法院可以通过发布司法解释或指导案例的方式,明确如下裁判要旨:

其一,凡是被行政机关作为具体行政行为依据的公文,无论是普遍规范性文件还是一般行政决定,公民、法人或其他组织可以向人民法院提请附带审查该公文的合法性。

其二,凡是仅能被行政机关实施一次的行政决定,无论该决定的行政相对

---

① 参见吴庚:《行政法之理论与实用》(增订八版),中国人民大学出版社2005年版,第209页。

② 参见北京市高级人民法院(2001)高行终字第39号"乔占祥诉(原)铁道部铁路旅客票价管理案"行政判决书;刘莘:《论一般行政处分》,《公法研究》2009年卷,第2—5、11—18页。

人是否特定,受到该决定实际影响的公民、法人或其他组织,可以直接针对该决定向人民法院提起行政诉讼;人民法院应当认定此类决定属于行政案件受案范围。例如,郑州市政府把"祭城路"改称"平安大道"的决定,可谓是面向不特定相对人,仅让他们接受一次,且只产生一次结果的一般处分。① 这类决定应当放宽行政诉讼法上的"实际影响"认定标准,肯定其可诉性,准许受到实际影响的不特定相对人中的任何个人或组织提起行政诉讼。

(三)规章以下的党政联合发文属于司法审查范围

当前,人民法院普遍认定党政联合发布的规范性文件,不属于《行政诉讼法》第53条所规定之规章以下的"规范性文件",因此不属于当事人诉请一并进行合法性审查的范围。而认为党政联合发文属于司法审查范围的主张,有以下几种。

第一,行政主体把党政联合发文作为行政行为依据,创立、改变或消灭相对人法律地位(权利、义务、责任等),影响相对人合法权益的情形,除了党委这一主体之外,同行政主体所依据的单纯规范性文件并无别的不同。

第二,通常情况下,在法律体制内,特别是在司法体制内,人民法院作为国家司法机关并不宜直接依据,也不宜直接评价党委决定或规范性文件。按此推理,行政机关作为国家机关也不宜直接依据党委决定或规范性文件。至于党政联合发文,可以看作得到党委同意或支持的规范性文件。既然行政主体依据此类规范性文件影响了相对人合法权益,人民法院就可以仅审查行政机关制定规范性文件的权力。

第三,人民法院面对党政联合发文,仅公开评价行政立规行为的合法性,不评价党委的相关活动,既符合按党和国家的制度,分别治理党和国家事务的传统,也不应当受到相关党委的反对。因为《中华人民共和国宪法》(2018)序

---

① 参见最高人民法院(2018)最高法行申1127号"朱广义等诉郑州市人民政府道路更名案"行政裁定书。

言最后一段明确指出,各政党都必须以宪法为根本的活动准则,并且负有维护宪法尊严、保证宪法实施的职责。

尽管人民法院审查某个党政联合发文的合法性并不一定直接依据宪法,但按照整个法律体系都是建立在宪法基础之上,都应当符合宪法的法律体系观。人民法院在审查所有规范性文件的合法性时,从体系解释的角度看,都会涉及相关宪法规定。所以执政党的党委作为党的组织,也负有维护宪法尊严、保障宪法实施的职责。人民法院在行政机关名义下附带审查党政联合发文的合法性,也是按宪法规定审查相应党委是否履行了保障宪法实施的职责。

不仅宪法如此规定,《中国共产党章程》(2017)也有同类规定。《中国共产党章程》的《总纲》部分规定:"党必须在宪法和法律的范围内活动。党必须保证国家的立法、司法、行政、监察机关,经济、文化组织和人民团体积极主动地、独立负责地、协调一致地工作。"《中国共产党章程》第3条第4项规定:中国共产党党员自觉遵守党的纪律,首先是党的政治纪律和政治规矩,模范遵守国家的法律法规。《中国共产党章程》第32条第7项规定,党的基层组织的基本任务之一,是监督党员干部和其他任何工作人员严格遵守国家法律法规。按照《中国共产党章程》第32条的规定,党的领导干部、地方党组织,都应当在宪法范围内活动,都应当保证宪法法律实施,都应当支持司法机关依法履行职责。

综上,人民法院审查作为行政行为依据的规范性文件是否合法,按《中国共产党章程》的要求,不但不应当受到党委的反对,而是应当得到肯定与支持。党委及党的领导干部支持人民法院审查党政联合发文,也是中共中央十八届四中全会决定的要求;该决定指出,任何组织和个人都必须尊重宪法法律权威,都必须在宪法法律范围内活动,都必须依照宪法法律行使权力或权利、履行职责或义务,都不得有超越宪法法律的特权,都必须维护国家法制统一、尊严、权威,切实保证宪法法律有效实施;一切违反宪法的行为都必须予以追究和纠正。

据前所论,并根据国家司法机关不审政治问题的原则,在行政诉讼中,对于党政联合执行或党政联合发文引发的行政案件,人民法院只需要将与党组织联合行动的行政机关作为行政诉讼被告,只能审查行政主体的行政行为,只能审查党政联合制发规范性文件的行政机关。综上可知,行政机关把党政联合发文作为行政行为依据的,现行国法与党规允许人民法院,在行政机关所制定规范性文件的名下,将其纳入当事人诉请法定附带审查之规范性文件的范围。①

为了保障人民法院在行政诉讼中,能够有胆识、有能力审查有强大事实权威支持的行政决定或规范性文件,还为了尽可能减少人民法院嵌入并受制于地方政治、经济和社会的运作之中,也为了增加人民法院维护国家法制统一、保障宪法法律权威、保障中央政令畅通、依法监督行政的应有效果,我国应当按照《全面深入推进依法治国家若干重大问题的决定》的精神和要求,坚定不移地推进司法改革,特别是进行行政审判体制改革。就解决前列难题而言,建制独立于地方的专门行政人民法院,或许是值得考虑的行政诉讼体制改革方向。

三、规范性文件与被诉行政行为关联性认定难的解决方式

在不少行政案例中,出现了人民法院不易认定,当事人诉请一并审查的规范性文件与被诉行政行为是否存在关联性的难题。比如,行政行为依据的规范性文件,是直接、完整的依据还是间接、部分的依据?是依据规范性文件规定的形式还是依据规范性文件实质上影响相对人权利义务的规定?作为证据提交的规范性文件能不能认定成行政行为依据?在行政诉讼中当事人提出是依据,被告给予承认的或者默认的规范性文件,能不能认定成依据?被告明确否认依据了当事人诉请的规范性文件,但该规范性文件规定在案件中实际上

① 参见黄先雄:《党政合设合署与行政诉讼制度的回应》,《中外法学》2020 年第 2 期。

影响当事人合法权益的,是否应当认定成依据?① 这些问题看似复杂,不过,只要按照行政执法和行政审判的基本原则加以限定,就可以确定解决规范性文件与行为是否有关联的基本原则。

1. 行政依据自决原则。行政主体在行政执法过程中,有权自行决定选择执法依据,这是行政主体享有的行政自决权和首次判断权。即使行政主体在行政执法过程中选择了错误的、不适当的或不合法的行政行为依据,人民法院也不应越位代其更正,而后审查相关行政行为的合法性。

简而言之,行政主体在行政执法过程中选定的行政行为依据是什么规范性文件,当事人诉请人民法院附带审查的规范性文件,人民法院在规范性文件司法附带审查中进行合法性审查的规范性文件,就应是行政主体作为行政行为依据的规范性文件。根据《行政诉讼法》第 34 条之规定,被告应当提供做出该行政行为所依据的规范性文件;被告不提供的,当事人提供的且被告承认或默认的,人民法院可以对其进行合法性判断;被告不提供,当事人及人民法院均查找不到该规范性文件,人民法院可以认为被诉行政行为无规范性文件作为依据,从而判定其没有法律依据,而判决撤销之。

2. 行政依据案卷排他原则。这是行政依据自决原则在行政诉讼过程中的沿用或转化形式。其意是指,一方面,只有行政主体在行政执法过程中选定的写入行政决定文书中的规范性文件,才是当事人可诉请附带审查的规范性文件,也是人民法院能进行合法性判断的规范性文件;另一方面,行政主体在行为完结前认定的依据,在行政行为实施完毕,做出行政决定后,不得再擅自更改、增减原行政行为的依据。

据此原则,即使当事人行政诉讼中提出某规范性文件是被诉行政行为依据,而且被告给予承认的或者默认的,但只要该规范性文件并非被告在做出行

---

① 参见王春业:《实证视角下规范性文件一并审查制度研究》,中国政法大学出版社 2019年版,第 48—61 页。

政行为时所依据的规范性文件,人民法院也不应当认定被诉行政行为与该规范性文件存在关联性。否则就不是在审查原行政行为及其依据是否合法,而是在审查新行政行为及其依据是否合法。而这严重违背了案卷排他原则,违反了在同一案件中行政诉讼标的应当同一的基本原理。

3. 可依据性原则。由于规范性文件种类和内容极其丰富多样。被诉行政行为引用的可能不止一个规范性文件内的一条规定,甚至引用也可能是多个规范性文件的若干规定,或者若干规定的适用条件部分或者规范结果部分。对于此类复杂多样的情况,在规范性文件司法附带审查中可以适用可依据性原则,即当事人诉请的被诉行政行为的依据,在行政案件中确实是设立、变更或消灭当事人权利义务等法律地位的直接依据、完整依据,或者是构成行政行为规范必要组成部分的依据等等。只要被告行政决定文书或行政案卷材料记录了,被告在做出行政行为时依据若干规范性文件的若干规定或其规定的组成部分,设立、变更或消灭相对人(即当事人)法律地位的,人民法院就应该认定该若干规范性文件同被诉行政行为具有关联性。

简而言之,只要某规范性文件提供了行政行为可依据的内容的,该规范性文件同被诉行政行为在个案中就具有关联性。即使被告事后更改、删减或不予承认,或者被告虽然没有在证据或依据目录中列出,但行政决定书中作为依据的,人民法院都应当认定前述规范性文件与行为间有关联性。

4. 兼顾法制统一原则。人民法院在规范性文件司法附带审查中审查行政行为所依据之规范性文件的合法性,除了审查认定被诉行政行为的合法性,解决行政争议、保障当事人诉权,在我国法治体系建设中,特别是《行政诉讼法》设立规范性文件的附带审查制度后,人民法院还负有通过该制度来维护国家法制统一、保障中央政令畅通、监督行政立规权力、预防和化解潜在大规模社会矛盾的重要功能。

人民法院及法官们应当认识到最高国家权力机关的立法意图,应当领会或落实中共中央十八届四中全会决定的精神,应当去除规范性文件司法附带审查仅限于解决个案争端的可能成见,应当改变消极退避的态度,每当发现涉案规范性文件有影响国家法制统一、对抗中央政令情形时,都应当采取宽松的关联性认定标准,把相关规范性文件纳入审查范围。

第二章　判断阶段的难题、原理与方法

　　前章论述了规范性文件司法附带审查启动阶段的现状和难题,并据其成因,提出了相应的解决办法。本章仅研究如何判断规范性文件合法性的问题,不再涉及学者们在"规范性文件附带审查"的名下,通常论及的附带审查启动条件(规范性文件属性、文件与行为的关联性,以及行政案件受理)等问题。①

　　下文中的"规范性文件合法性判断",既包括人民法院在规范性文件司法附带审查中依职权进行的合法性判断,也包括人民法院依当事人诉请,在规范性文件司法附带审查中一并进行的合法性判断。此类合法性判断,相当于法官思维活动层面的狭义"规范性文件合法性审查"。为了避免本书书名与该章标题错位,以下将其统称为"规范性文件合法性判断"。

　　规范性文件合法性判断是人民法院依职权审查与依诉请审查的共有阶段。无论当事人是否启动了附带审查程序,人民法院在维护法制统一、监督依法行政、正确适用法律的法治体系建设任务要求下,都应当判断作为行政行为依据之规范性文件的合法性。该阶段处于承上启下的关键环节,也是当前规范性文件附带审查研究的前沿、热点领域。

　　整体上看,行政法与行政诉讼法学者大多是在制度层面,先采用法律解释

---

　　①　参见陈运生:《规范性文件附带审查的启动要件——基于 1738 份裁判文书样本的实证考察》,《法学》2019 年第 11 期。

和比较研究方法得出结论,然后在法政策学层面,进而论证如何改进现有的规范性文件合法性审查制度。但从法律思维与法律原理角度看,规范性文件合法性审查机制由内外两重机制构成。其外在机制是以行政机关为行为主体的,由审查机关、审查管理程序阶段等构成的审查制度安排;其内在机制则是判断对象、判断标准、判断思维方式、判断思维方法等构成的法官的审查思维机制。前者是促动后者的法制条件,后者是施行前者的智识条件。本章的"规范性文件的合法性判断",属于规范性文件审查的内在机制,不属于规范性文件审查的外在机制。

宪法学、立法学以及行政法学者偏重于研究如何完善规范性文件合法性判断外在机制。[①] 但徒法不能以自行,即使规范性文件合法性审查的外在机制已完善,若没有健全的判断思维机制,审查者(包括法官)仍难以完成工作。规范性文件合法性判断思维机制仍是由大前提、小前提及结论构成的,演绎推理三段论中的涵摄模式,[②]仍是规范性文件合法性判断的基本思维形式。本章将论述其中的大前提是特殊的判断标准,其小前提则是判断对象与判断依据构成的关系情形,其结论是根据判断标准判定前两者关系情形,所得出实然性断言。

由上可见,规范性文件合法性判断基本上是审查官员的思维领域,属于高度倚重法律概念与法律方法的法律思维活动。相对于规范性文件司法附带审查的启动阶段,以及后来的裁决阶段而言,规范性文件合法性判断并不依赖具体法律规则的规定。规范性文件的启动阶段、裁决阶段,则高度敏感于法律规定的启动方式、机制或程序等。是故,关于相关的启动与裁决研究属于规范性文件司法附带审查外在机制(或审查制度)的研究。相对而言,规范性文件合

---

① 参见林来梵:《合宪性审查的宪法政策论思考》,《法律科学》2018 年第 2 期;林彦:《法规审查制度运行的双重悖论》,《中外法学》2018 年第 4 期;王春业:《从全国首案看行政规范性文件附带审查制度完善》,《行政法学研究》2018 年第 2 期。
② 参见雷磊:《为涵摄模式辩护》,《中外法学》2016 年第 5 期。

法性判断的主要研究内容不是制度,而是法理层面的概念、模式、方法或标准等。

或由于行政法与行政诉讼法学者擅用法律解释方法,擅长制度分析和比较研究,当前关于规范性文件司法附带审查的研究基本上仍处于解释法条、概括现象、总结经验以及比较借鉴的层面。但对规范性文件合法性判断中必须处理的判断对象、判断依据、判断标准,以及各种判断类型的先后顺序等问题,并没有得到较为深入、系统地研究。总体上看,现有研究成果存在若干不足。

其一,判断对象错乱。规范性文件司法附带审查的首要难题,是在鉴定应当受审规范性文件之后,如何界分规范性文件的合法性要件,也就是如何确定具体的可操作的规范性文件合法性判断对象。我国现行法定的判断对象类型——是否超越权限、是否违反高阶法规定、是否违背法定程序等——既粗略又错乱;现有行政案例中列举的合法性四要件——主体资格、制定权限、规范性文件内容与制定程序——也未准确划分规范性文件的合法性要件。① 其中的错乱之处在于,不但把"主体资格"混淆成了"权限",还把无主体资格错当成了对权能的限制。

其二,判断标准可操作性差,在审查后不具有可评价性。现有的规范性文件的司法审查标准系从经验中总结出的,规范性文件不合法的五种情形——超越权限的、违背法定程序的、违反高阶法规定的、无依据损益的,以及抵触高阶法的情形;但因缺失理论基础、缺乏严格论证,"五情形标准"分类混乱不清、含义模糊不明,已不顺应判断工作的实用性要求。②

其三,判断依据不精确。《立法法》《法规规章备案条例》《行诉解释》等

---

① 参见袁勇:《行政规范性文件合法性审查的准确对象探析》,《政治与法律》2019 年第 7 期。

② 参见袁勇:《行政规范性文件的司法审查标准:梳理、评析及改进》,《法制与社会发展》2019 年第 5 期。

规范性文件,仅列举了权限、程序、高阶法规定等不甚明了的判断依据类型。理论上,很少有学者明确系统地阐明规范性文件合法性判断的依据是什么。①

　　其四,判断进路不明了。规范性文件司法附带审查涉及判断对象(规范性文件)的鉴别、判断依据(相应高阶立规规范)的获取,以及判断标准的选择适用问题;其间涉及颇为复杂的法律解释、法律推理与法律论证难题。从现有的关于规范性文件司法附带审查的案例中,几乎看不出法官们是按什么进路、套路或方法来鉴别对象、获取依据,以及展开推理论证。

　　当前关于规范性文件合法性判断原理研究,比较薄弱。下面拟参考和根据相关研究成果,②主要采用逻辑分析方法,先在第一节界定"规范性文件合法性"的基本概念构造,是由"两种实体、一重关系"构成的关系情形。其两种实体分别是规范性文件与相应法律,一重关系是规范性文件契合或不契合相应法律的关系。随后论证,规范性文件合法性判断有必要先厘定判断对象,再获取判断依据,然后还须依据一般判断标准区分不同判断类型,按照相应判断顺序逐层进行。若不如此进行合法性判断,可以在理论上断定,相关合法性判断将缺失若干关键方面。

　　后续四节将分别研究规范性文件合法性判断的对象、依据、标准,规范性文件合法性的判断类型与判断顺序。整体上看,本章关于规范性文件合法性判断的研究成果,可概括为六点:一是界定了一个关键概念——规范性文件;二是分清了两类适用类型:依职权规范性文件司法附带审查与依诉请规范性文件司法附带审查;三是划分了规范性文件司法附带审查本身的三个阶段:启动、判断与裁决;四是厘定了规范性文件合法性判断的四个要件——立规主体资格、立规表意活动、立规实体内容与立规程序活动;五是提出了规范性文件

①　参见袁勇:《行政规范性文件的司法审查标准:梳理、评析及改进》,《法制与社会发展》2019年第5期。
②　参见王留一:《论行政规范性文件司法审查标准体系的建构》,《政治与法律》2017年第9期;袁勇:《规范性文件合法性审查的准确对象探析》,《政治与法律》2019年第7期;袁勇:《行政规范性文件的司法审查标准:梳理、评析及改进》,《法制与社会发展》2019年第5期;等等。

合法性具体判断标准的五步构建法;六是论述了规范性文件合法性的六步判断法。

第一节　规范性文件合法性判断的概念构造

规范性文件司法附带审查中的规范性文件合法性判断,是一种在行政诉讼中进行的,蕴含在人民法院法律适用权中的合法性判断。"规范性文件合法性"的概念限定了,如果没有规范性文件和广义上的法律,或缺少两者之一,或存在两者但两者无关系,就都不可能构成规范性文件合法性,甚至于,即使两者有关系,倘若不能断定其关系的属性,也不能形成"规范性文件合法性"的概念。

可见,规范性文件合法性蕴含了规范性文件、法律以及两者的关系,是两种实体和一重属性构成的二元关系情形。既然是关系情形,或许通过观察就能概括出它们的独特性以作为判断标准。但是,概括现象法并不可靠。比如通过观察水的表象,可以概括出水有透明无味的特性。但据此并不能断定,任一时空中透明无味的东西都是水。更何况,规范性文件合法性情形并非水那样的物理性实体或自然种类概念,而是依赖于社群成员共同承认的制度化情形。①

若不站在参与者立场上采取内在观点(或不极端外在观点),②就不大可能完整地认知规范性文件的合法性。是故,为了更加准确地断定规范性文件合法性判断的基本概念构造,实有必要采取概念分析和逻辑分析的方法,在逻辑形式层面先界定规范性文件合法性的基本结构。

---

①　参见[美]约翰·R.塞尔:《社会实在的建构》,李步楼译,上海人民出版社 2008 年版,第8—13、85 页。

②　参见[英]哈特:《法律的概念》,张文显等译,中国大百科全书出版社 1996 年版,第86—89 页。

一、规范性文件合法性的逻辑结构

独特性是某事物内在固有的,而其他事物不具有的独特属性,所以根据某事物的独特性就可以鉴别该事物。相应地,如果能揭示规范性文件合法性的独特性,也就可以界定规范性文件合法性。本章故而探讨,怎样才能揭示规范性文件合法性的独特性并据以厘定规范性文件合法性。为了摆脱直觉经验和纷乱观点的困扰,在厘定规范性文件合法性时,有必要先在逻辑上厘定规范性文件合法性的必要构成部分。

"规范性文件合法性"显示出,规范性文件合法性判断的对象是规范性文件合法/不合法的二元属性;该内容必不可少的成分是规范性文件(记作 T)、相关的法(记作 L),以及 T 契合/不契合①L 的二元关系(记作 R)。前三者的关系可记作 R(T,L)。这凸显了 R 是一种 T 合/不合 L 的二元关系。根据个体构成之整体的性质伴生于个体基础性质的哲学观,②若要厘定 R 的独特性,需要先认定构成 R 的个体,即 T 和 L 的性质。又因 T 契合/不契合 L,隐含着 T 与 L 必有契合之处,且因 T 合/不合 L 的属性 R,预设了合法性的概念。是故,若要确定规范性文件的合法性,就必须先厘定判断依据 L、厘清判断对象 T,并认定前两者的契合之处,随之才能揭示规范性文件合法性的独特性,而后才能准确认定规范性文件合法性。

二、规范性文件合法性判断的关键要件

首先,基于规范性文件合法性的逻辑结构,即 R(T,L),可以直观地断定,规范性文件合法性判断必不可少的首要要件是规范性文件;规范性文件是规范性文件合法性判断的对象。审查者(如法官)断定不了规范性文件合法性

---

① "规范性文件合法性"中的"合法"通常指符合法律,本书采用"契合"而不用"符合"。因为构成性规范仅有符合或背离之说,调整性规范(即行为规范)只有违反或遵从之谓。

② 参见韩林合:《分析的形而上学》,商务印书馆 2013 年版,第 300—335 页。

判断准确的、可操作的对象,他们就不大可能通过眼光"在事实与规范间往返流转"来获取相应的法律依据,因此也将难以做出判断。本章第二节将展开论述规范性文件合法性的判断对象,并主张其判断对象由四类要件构成。

其次,从 R(T,L) 中还可以直观地看到,规范性文件合法性判断的另一个必不可少的要件,是审查者据之评价,判断对象是否满足其所设定条件的判断依据。即便审查者鉴定并析出了可操作的判断对象,如果找不到相应的、明确的判断依据,那将也不易得出明确的判断裁决。有必要说明的是,在我国制定的法律体系内,作为判断依据的,创立规范性文件制定行为的实在法规范(简称立规规范)并不是判断标准。这样主张主要是因为,立规规范的直接功能是指引立规行为,而非评断立规行为及其结果(规范性文件)的合法性。

至少从内容上看,立规规范直接限定的是将来应当被实现的抽象事态,但判断标准评判的恰是已经发生了的,成为事实的立规行为。是故,立规规范并非立规行为及其所制成规范性文件合法性的直接判断依据。它们起不到规范性文件合法性判断标准的功能。本章第三节将展开论述规范性文件合法性的判断依据,并主张判断依据是由四类相联锁规范构成的立规规范体系。

再次,从 R(T,L) 中还可以看出,判断对象与判断依据之间的契合或不契合的二元关系情形 R,才是规范性文件合法性判断的确切标的。审查者在确定判断对象、获取判断依据,并且断定某对象与其依据之间存在二元关系情形 R 之后,还需要借助一定的标准来判断特定的 R 究竟是合法情形,还是不合法情形。这种标准作为判断标准,不是作为判断依据的法律规范,而是判断对象契合或不契合判断依据的内在固有的独特性,即通常所说的"本质特点"。本章第四节将展开论述规范性文件合法性的判断标准,并主张一套由立规主体资格、立规表意活动、立规意向内容与立规程序构成的四联锁标准。

最后,规范性文件合法性的判断对象具有多样性,判断依据具有不同程度的抽象性,前两者构成的合法性情形也有整体与部分、初显与终局、抽象与具体、形式与实质之别。在规范性文件司法附带审查中,审查者按照一定的顺序和方法依次展开判断,能最大限度地保障判断活动,既不重复也无遗漏,而且能避免出现先得裁决被后来裁决否定的情况。本章第五节将展开论述规范性文件合法性的判断顺序,并主张按照先整体后部分、先有效性后兼容性、先抽象形式判断后具体实质判断的顺序,依次开展规范性文件合法性判断工作。

第二节　规范性文件合法性判断的对象

我国《行政诉讼法》及相应司法解释虽然确立了规范性文件附带审查制度,但受研究滞后等制约,[①]该制度多年来并未完全发挥应有的,保障宪法法律权威,保障中央政令畅通,维护国家法制统一的功能。中共中央近年来先后强调要"完善规范性文件合法性审查机制""依法撤销和纠正违宪违法的规范性文件",要"落实合法性审查""加强宪法实施和监督,推进合宪性审查工作,维护宪法权威"。[②]

时至今日,无论在政治和法律上,还是在理论与实践中,规范性文件的合法性审查(含合宪性审查)都是一个急待加强研究的中国特色法制课题。需要逐步构建起理论框架和话语体系,为更好开展审查工作提供指导。[③]

尽管该课题有诸多问题有待解决,但必须解决的首要问题是:规范性文件合法性判断的准确对象究竟是什么? 这是因为,在实务上,审查者确定不了准确的判断对象,就无从查找准确的判断依据与判断标准,就难以得出正确的判

①　例如,因法教义学未提供健全的司法审查标准等因素,规范性文件司法审查权的运行实效严重受限。参见余军、张文:《行政规范性文件司法审查权的实效性考察》,《法学研究》2016年第2期。

②　引文分别出自《中共中央关于全面深化改革若干重大问题的决定》(2013),《中共中央关于全面推进依法治国若干重大问题的决定》(2014),《中共中央 国务院印发〈法治政府建设实施纲要(2015—2020年)〉》(2015),《习近平在中国共产党第十九次全国代表大会上的报告》(2017)。

③　参见沈春耀:《全国人民代表大会常务委员会法制工作委员会关于十二届全国人大以来暨2017年备案审查工作情况的报告》,2017年12月27日,见 Http://www.npc.gov.cn/npc/xinwen/2017-12/27/ content _2035723.htm。

断裁决;在研究中,只有厘定了规范性文件合法性判断的准确对象,才能解决相应的判断依据与判断标准等问题,才能建构较为完整的规范性文件合法性判断理论。

一、现状、问题及研究思路

尽管我国现行立法与司法解释,现有人民法院判决,以及关于规范性文件审查的研究成果,提出了某些关于规范性文件合法性判断对象的观点,但根据它们并不能全面厘定规范性文件合法性判断的准确对象。

首先,现行法规定的判断对象既粗略又错乱。根据现行《立法法》第96条与第97条,以及《行诉解释》第148条等规范性文件的相关规定,规范性文件的不合法情形包括违反高阶法规定、超越权限、违背程序、相抵触等。

从中或能得知,规范性文件合法性判断的对象包括被审规范性文件是否符合高阶法规定、是否符合制定权限、是否依照制定程序,以及同高阶法是否相一致。但前列情形常被认为均属于同高阶法相抵触的情形。这导致前列概念之间存在较为严重的混乱。因被审规范性文件超越高阶法规定的权限规则与程序规则,也是不符合高阶法规定的情形,所以前两者不能和后者并列。另外,下位法不符合高阶法的情形仅限于立规规范与其相应的被立规范之间,而下位法抵触高阶法规定的情形则仅限于内容同域、事项同类且适用条件相重合的同阶规定之间,二者在概念上并非重合,而是全异关系。① 是故,现行关于规范性文件合法性判断的规定,并未规定准确的判断对象。

其次,行政诉讼实务中认定的判断对象并不严谨。有人从人民法院判决中分析出,规范性文件合法性判断的三个层面是制定权限、制定程序与规范内容;②还有人分析出,人民法院采用的规范性文件判断标准由三部分构成:制

---

① 参见袁勇:《法的违反情形与抵触情形之界分》,《法制与社会发展》2017 年第 3 期。
② 参见李成:《行政规范性文件附带审查进路的司法建构》,《法学家》2018 年第 2 期。

定主体的身份和权限、制定程序,以及规范性文件的内容。① 根据前列分析,人民法院在行政诉讼中所针对的判断对象是被审规范性文件的制定主体、制定权限、制定程序与规范性文件内容。《行政诉讼法》修订后的全国首例规范性文件附带审查案一审判决书,就载明人民法院从制定主体、制定权限、规定内容、制定程序入手判断被审规范性文件的合法性。② 人民法院在行政诉讼中的判断对象,比现行法规定的更为详细,但仍然未分清制定权限同规范性文件内容的关系等问题。

最后,现有研究成果,尚未厘清规范性文件合法性判断的准确对象,也未阐明现有分类方法的理论根据。多数立法学研究者,主张把"相抵触"作为规范性文件合法性的判断标准,把下位法规定的规则、原则与精神列成判断对象;③多数规范性文件附带审查研究者,沿用行政行为的合法要件论,把规范性文件合法性判断的对象罗列为主体、权限、内容、程序的合法性。④ 不过,学者们迄今尚未根据相关原理阐明,为什么要把制定主体、制定权限、规定内容与制定程序并列成规范性文件合法性判断的对象?

综上,规范性文件合法性判断的对象似乎应当确定为被审规范性文件的制定主体、制定权限、规范性文件内容与制定程序的合法性;然而,当前关于规范性文件合法性判断对象的研究,既不能断定前列分类是否严整——相互排斥、联合穷尽地——列举了判断对象,也未能分清制定主体、制定权限、规定内

---

① 参见陈运生:《行政规范性文件的司法审查标准——基于 538 份裁判文书的实证分析》,《浙江社会科学》2018 年第 2 期。

② 参见"华源医药股份有限公司诉国家工商行政管理总局商标局商标行政纠纷案"行政判决书,北京市知识产权人民法院(2015)京知行初字第 177 号;参见朱芒:《规范性文件的合法性要件——首例附带性司法审查判决书评析》,《法学》2016 年第 11 期。

③ 参见苗连营:《论地方立规工作中"不抵触"标准的认定》,《法学家》1996 年第 3 期;李步云、汪永清主编:《中国立规的基本理论和制度》,中国法制出版社 1998 年版;张春生主编:《中华人民共和国立法法释义》,法律出版社 2000 年版。

④ 参见王红卫、廖希飞:《行政诉讼中规范性文件附带审查制度研究》,《行政法学研究》2015 年第 6 期;程琥:《新〈行政诉讼法〉中规范性文件附带审查制度研究》,《法律适用》2015 年第 7 期。

容与制定程序的结构层次,更未阐明认定前列对象的理论基础。

规范性文件的合法性判断,显然是判断规范性文件是否符合法律规定。如果不对规范性文件及其构成部分有较为全面的了解,如果不对规范性文件应当符合之法律规定有较为羊细的认识,那就必然不能较为全面、详细地认定该类规范性文件合法性判断的对象。根据通说的法律构成要素论,规范性文件的基本构成部分是各类规范,规范性文件应当符合之法律规定也属于规范范畴。这就决定只有基于系统的规范理论,如规范概念论、规范结构论、规范关系论等,才能深度厘定规范性文件合法性判断的准确对象是什么。当前的研究成果之所以未能深入系统地厘定规范性文件合法性判断的对象,原因或是研究者囿于立法规定、限于直觉经验、困于某些不健全的法学理论,以至于未能把规范性文件合法性判断问题置入规范理论领域加以研究。

笔者认为,规范性文件合法性问题是规范理论领域的特殊问题,只有基于规范理论及相关基本原理才能深入、系统地解决规范性文件合法性判断的对象等基本问题。下文根据规范定义论、规范类型论、规范结构论,以及语言哲学中言语行为(Speech acts)的组成部分论、构成层面论与做成要件论等原理论,拟证立下列命题:规范性文件合法性判断的对象并非规范性文件的合法性,也不限于规范性文件内语义观规范的合法性,而是作为立规结果的语用观规范的合法性。语用观概念的规范蕴含语义与语力两部分,其语力部分生成于立规行为(指立规行为及其他规范性文件制定行为),故规范性文件合法性判断的准确对象包括语义观规范要件的合法性,以及立规行为要件的合法性。

为了证成前列命题,本章采用逻辑分析与语言分析方法,首先阐明规范性文件不足以成为准确的判断对象;然后厘清语义学上的规范个体是合法性判断的准确但不完整对象;随后论证规范的语用观概念,是立规行为的命题内容与语力的结合体,并证明立规行为是一种法律上的言语行为;最后论证立规行为的合法性单向决定立规结果合法性的原理,分析做成言语行为的必要条件,并在其基础上厘定立规行为合法性判断的准确对象,即立规行为要件——立规主体资格、立规意思表示、立规实体行为、立规程序——的合法性。

二、规范性文件的整体合法性与部分合法性

"规范性文件合法性判断"这个词已经明确显示,规范性文件合法性判断的对象是规范性文件的合法性。"规范性文件"是我国官方规范性文件——如《行政诉讼法》《关于全面深化改革若干重大问题的决定》——中所使用的术语,它指的是规定不特定的人和事并在将来被反复适用的规范性文件,包括立规类规范性文件与非立规类规范性文件。根据《立法法》《行政诉讼法》的规定,前两类规范性文件均要在规范性文件司法附带审查中受到合法性判断。

"规范性文件合法性判断"蕴含整体合法性判断与部分合法性判断。为了避免判断工作无的放矢、对象不明或者残缺不全,审查者必须首先厘定准确的被审对象。"规范性文件的合法性"能否成为准确的判断对象,是一个值得探讨的理论问题。但因"规范性文件"指称的对象并不准确,导致该概念不具有可操作性,造成"规范性文件的合法性"不足以成为准确的被审对象。

首先,实践中被审的通常是规范性文件内,若干规范个体而非规范性文件的合法性。一方面,审查者完全可以只判断规范个体,即规范性文件中某一条或若干条规范。按法理学通说,法律的基本构成要素是概念、规则与原则;规则与原则作为规范也是立规类与非立规类规范性文件的主要构成部分。尽管规范在法律体系中同其他规范有内部关系或外部关系之分,[1]但每一条规范都有独立的逻辑结构与规范功能,因而均能被发现并分离出来而成为被判断的对象。

国外有学者认为,概念并不具有指引人行为的完整功能,只有规范才是最基本且最重要的法律单元。如果一个给定的法律要件不是规范,那它或许是

---

[1]　参见[英]约瑟夫·拉兹:《法律体系的概念》,吴玉章译,中国法制出版社2003年版,第29页。

规范的组成片段。① 据此,规范性文件合法性判断中被判断的最基本对象是成条的规范个体;其他非规范的法律构成要素应当解释成规范的组成部分才有被判断的意义。是故,无论主张规范是规范性文件的构成要素之一,还是主张规范是规范性文件的唯一构成要素,在理论上均可能只判断规范的合法性而不判断规范性文件的合法性。

另一方面,在实践中也确实只需要大量判断规范个体。行政诉讼中的规范性文件附带审查,受当事人诉讼请求及审查行政行为(依据)合法性原则的限制,人民法院通常拒绝对规范性文件进行整体上的合法性判断,一般仅判断作为行政依据的规范个体的合法性。② 而且,由于造成规范性文件整体不合法的情形——制定主体不适格、制定程序不合法、规范性文件形式不合法等——易于被预防或避免,而规范性文件内规范的不合法情形则难以事先被避免,所以规范性文件整体不合法的概率,要远远小于规范不合法的概率。

据此可推定,规范个体合法性判断的数量远大于规范性文件合法性判断的数量。况且,即使是在对规范性文件进行全面监督的备案审查工作中,审查机关也需要遵循"部分构成整体"哲学诠释学准则,也要从构成规范性文件的各规范入手进行合法性判断。可见,把"规范合法性"作为被判断的对象或许更加符合规范性文件合法性判断的实际情形。

其次,规范整体的合法性判断可以取代规范性文件的合法性判断。或有人反对上一部分的裁决。其理由可能是,如果规范性文件的制定主体无资格、整体上超越制定权限或者制定程序违法等情形造成规范性文件不合法的,根据"整体决定部分"的准则,被审规范性文件内的所有规范也都应当被认定为不合法。但前段关于规范合法性判断的观点,仅能理解为规范性文件构成部

① Torben Spaak, "Norms that Confer Competence", Ration Juris, Vol. 16 No. 1 March 2003, p. 90.

② 参见王春业:《从全国首案看行政规范性文件附带审查制度完善》,《行政法学研究》2018 年第 2 期。

分的合法性判断,并不包含规范性文件整体的合法性判断,所以将"规范性文件合法性判断"改称"规范合法性判断",将遗漏对规范性文件进行整体合法性判断。

或有人提出,只要将规范性文件合法性判断分成整体合法性判断与部分合法性判断,就可以不但保留"规范性文件合法性判断"这一词语,而且还能明确划分规范性文件的被审对象。这种整体合法性判断与部分合法性判断的二分观,在逻辑上不但可以将规范性文件的被审对象划分成两部分,而且还能告诉人们规范性文件合法性判断的完整对象由规范性文件的整体合法性与部分合法性构成。

但请注意,"规范性文件的部分合法性判断"同"规范性文件的合法性判断"一样,二者的最大缺陷是其所指称的对象并不准确。若不借助规范理论这一法律构成理论的基本理论,"规范性文件整体合法性判断"与"规范性文件部分合法性判断"这两个术语,在实践中既不能告知审查者应当判断什么,更不能指引审查者寻找相应的判断标准。尽管存在根本缺陷,但前列观点仍能提醒人们,仅把"规范性合法性判断"理解为对"规范个体合法性"的判断,显然存在某种疏漏。

不过,如果"规范合法性判断"能蕴含规范整体合法性判断,就能弥补上部分论证的疏漏。下文基于言语行为理论将证明,因为同属于一个规范性文件的若干规范个体,都是由同一立规主体、行使同一立规行为、经过同一立规程序制定的,所以只需要判断被审规范个体与其他在同一个规范性文件中的规范个体的共同合法性要件,就可以断定它们所构成的规范整体的合法性。

这种层面的规范合法性判断可称为对同一规范性文件内的所有规范个体共同构成的规范整体的合法性判断。使用"规范整体合法性判断"这个术语,既可显示出规范合法性判断的被审对象是规范,也可以将所谓的规范性文件整体合法性判断纳入规范合法性判断概念之内。更为重要的是,采用"规范合法性判断"的概念,可以把规范合法性判断纳入规范关系理论,乃至法律体系理论之中,从而搭建规范合法性判断理论、规范理论、法律体系理论的理论关联,以便扭转规范性文件合法性判断研究长期缺乏规范理论基础的困境。

最后,规范个体合法性的完整判断涵盖"规范性文件整体合法性判断"的对象。规范个体合法性的完整判断项目包括前述规范整体合法性判断的项目。因为,同一规范性文件中的规范个体,均是同一立规主体、实施同一立规行为、经过同一立规程序而制定出来的。下文将根据言语行为理论论证,根据立规行为单向决定立规结果合法性的原理,若要全面判断作为立规结果的规范个体的合法性,就不能不判断生成这种结果的前期过程各构成项目的合法性。

是故,规范个体本身的合法性判断相当于狭义上理解的规范个体合法性判断、规范性文件构成部分的合法性判断;规范个体立规行为及其相关项目的合法性判断,则相当于对规范个体所构成整体的合法性判断、规范性文件的整体合法性判断。若无特别交代,下文均在规范个体完整合法性判断的意义上使用"规范合法性判断"这一术语。

综上,"规范性文件合法性审查",作为官方规范性文件中的术语,能够概括性地指称,并在法制维护活动中,发现和纠正不合法规范性文件与不合法规范的活动,但其作为严格意义上的理论工具,却有指称含混模糊之不足。若不加辨析地使用这个术语,将不利于审查者准确认定规范合法性判断的对象,也不利于研究者把规范合法性判断纳入规范理论,以及法律规范体系维护理论的领域。使用"规范合法性判断"一词,既能包含规范性文件的整体合法性判断与部分合法性判断,也能将规范合法性判断论置入法律体系维护论的领域。

两相比较,"规范性文件合法性判断"所指的准确对象其实不是规范性文件的合法性,而是规范的效力要件与内容要件的合法性。职是之故,下文有时在规范个体完整合法性的概念上,指称规范性文件合法性判断的对象,尤其是指在规范性文件司法附带审查中进行的规范性文件合法性判断。

三、语义学维度内的准确判断对象

根据上部分的裁决,在规范性文件司法附带审查中,规范性文件合法性判断的对象,通常是规范个体的效力部分与内容部件构成的完整合法性。合法性是规范在法律体系中的一种属性,所以对规范的理解必然决定对规范合法性的认识。当前关于规范合法性判断的研究并未基于规范理论,因而存在诸多尚未解决的难题。为了探析规范合法性判断的准确对象,解决规范合法性判断论尚存的诸多难题,就必须厘清规范是什么,包括规范的定义是什么,可分成哪些类型,具有什么样的一般构成要件,等等。

国内外学者界定了两大类规范概念。一类是规范的本质论概念。这是通过概括规范的独特性并采取属加种差的方法界定的概念。如国内法理学者主张的,法律规范概念是指由国家制定或认可并由国家强制力保障实施的行为准则和标准。① 另一类是从语言学的角度,通过分析规范的语言表达形式、使用语言做出规范的情形而厘定的概念。

从语言学角度界定的规范概念,可分成两类:一个是通过分析规范的表达形式而界定的规范的语义观概念,即规范是表述当为(Ought to)观念的规范语句的意义;②另一个是通过刻画语言的使用情形而厘定的规范的语用观概念。③ 根据语言的使用行为即言语行为的原理,规范表达主义者认为,规范是一种语言被规定性使用的结果,④或者是一种意志行为的意义,经由该行为特

---

① 参见沈宗灵主编:《法理学研究》,上海人民出版社 1990 年版,第 195 页;张文显主编:《法理学》,高等教育出版社 2018 年版,第 115—116 页。

② Robert Alexy,A Theory of Constitutional Rights,Julian Rivers(trans.),Oxford:Oxford University press,2002,pp. 21-22.

③ Carlos E.Alchourrón & Eugenio Bulygin,"the Expressive Conception of Norms",in New Studies in Deontic logic:Norms,Actions and the Foundations of Ethics,Risto Hilpinen(ed.),Dordrecht:Reidel Publishing Company,1981,p. 95.

④ Carlos E.Alchourrón & Eugenio Bulygin,"the Expressive Conception of Norms",in New Studies in Deontic logic:Norms,Actions and the Foundations of Ethics,Risto Hilpinen(ed.),Dordrecht:Reidel Publishing Company,1981,p. 95.

定的行为被命令、允许或者授权。①

　　尽管前述规范的独特属性指明了法律规范区别于其他规范的某些特征，但未界定明确的规范含义，也未厘定准确的规范类型，②或可选择语言学进路下界定的两种规范的概念，即规范的语义观概念与语用观概念。为了厘定规范合法性判断不可或缺的一个准确对象——语义维度的规范合法性，在此先厘清规范的语义观概念。

（一）规范的语义观概念

　　语义学是研究语言符号与其所指对象之关系的学科。③ 有学者认为，静态的规范可被看作形而上的、抽象的、不依赖于语言形式的、命题一样的概念实体，就像命题能被语句描述出来成为描述语句的意义一样，这种意义上的规范也可以用语句表述出来。④ 从语义学的角度来看，不但规范与规范语句不同，而且规范与规范语句可以分开；规范语句是表述规范的语言形式；任何规范都可以用一个或多个规范语句表达出来。⑤ 例如"禁止在室内吸烟""在室内不得吸烟""不准在室内抽烟"，表达的均是同一规范。从语义学角度看，规范就是指规范性语言组成的语句（规范语句）所表示的意义（内容）；所谓规范语句就是不同于单纯陈述语句的、具有规范性意义的语句，例如"禁止在室内吸烟"；这种规范性意义即应当、禁止或可以做某事，⑥或者在 C 条件下 X 被

---

　　① Hans Kelsen, Pure Theory of Law, Max Knight（trans.）, Berkeley: University of California Press, 1967, pp. 4-5.

　　② 参见袁勇：《法律规范冲突研究》，中国社会科学出版社 2016 年版，第 48—53 页。

　　③ George Yule, Pragmatics, Oxford: Oxford University Press, 1996, p. 4.

　　④ Carlos E. Alchourrón & Eugenio Bulygin, "the Expressive Conception of Norms", in New Studies in Deontic logic: Norms, Actions and the Foundations of Ethics, Risto Hilpinen（ed.）, Dordrecht: Reidel Publishing Company, 1981, p. 95.

　　⑤ Robert Alexy, A Theory of Constitutional Rights, Julian Rivers（trans.）, Oxford: Oxford University press, 2002, pp. 21-22.

　　⑥ Carlos E. Alchourrón, "Conflicts of Norms and the Revision of Normative Systems", *Law and Philosophy*, Vol. 10, No. 4,（Nov., 199_）, p. 415.

当成 Y。[①]

需要注意的是,尽管所有规范必然要通过规范语句表述出来,但决定一个语句是不是规范语句的,并不是这个语句含有的语言标记(如含有"应当")。尽管表述规范的语句通常含有模态词(如"应当"),但不含有这些词的语句也能表述出规范,甚至不用语句也能表示规范(如红绿灯、交通警察的手势等)。这就清楚表明,规范的观念先于规范的语言形式,即规范的观念既先于规范语句表述的意义,也先于语言形式被用于发布规范。因此,依赖规范的观念来确定一个表述是否被用作了表示规范的语句或被用作了发布规范的语言形式。

不过,虽然不能根据语言形式的逻辑研究进行规范的概念研究,但每一条规范都能通过道义语句来表达。[②] 据此可以把道义模态(Deontic modes)作为帮助认知规范的标准。[③] 道义模态是指含有强制性的(即人们必须做)、被准许的(即人们被准许做)、被禁止的(即人们必须不做)之类概念的逻辑势态。[④] 这些模态是决定行为规范根本特性的核心要素,[⑤]其类别共有五个:必需的(或应当的)、禁止的(或不得的)、准许的(或允许的)、无须的(或免为的)、任意的。[⑥] 含有前两个模态的规范是强制性立规范,含有后三个模态的规范是非强制性立规范;其中,必须规范与准许规范是具有独特功能的最基本

①　Alf Ross, Directives and Norms, London: Routledge and Kegan Paul Ltd. 1968, p54; John R. Searle, *Speech Acts: An Essay in the Philosophy of Language*, New York: Oxford University press, 1969, pp. 33-41.

②　G. H. Von Wright, *Norm and Action: a Logic Enquiry*, London: Routledge & Kegan Paul Ltd, 1963, pp. 102-103; Robert Alexy, *A Theory of Constitutional Rights*, translated by Julian Rivers, Oxford: Oxford University press, 2002, p. 22.

③　Robert Alexy, *A Theory of Constitutional Rights*, translated by Julian Rivers, Oxford: Oxford University press, 2002, p. 22.

④　G. H. Von Wright, "Deontic Logic", *Mind*, 1951, VoL. LX, No. 237, pp. 1-4.

⑤　G. H. Von Wright, *Norm and Action: a Logic Enquiry*, London: Routledge & Kegan Paul Ltd, 1963, pp. 70-72.

⑥　Paul McNamara, "Deontic Logic", *in Handbook of the History of Logic* (Volume 7), Dov M. Gabbay & John Woods (Eds.), North Holland: Elsevier, 2015, pp. 197-207.

的独立规范类型,其他规范均可在逻辑上转换成前两种规范。① 前列含有道义模态的规范也被称为道义规范,这种规范规定的是人开放或封闭条件下的行为模式,其功能仅是调整人的行为,因此也被称为行为规范(Conduct norms)、调整性规范。

　　然而,自霍菲尔德提出权力的概念之后,②特别是哈特在《法律的概念》中界定了三类次要规则(尤其是作为权力规则的改变规则)之后,③学者们逐渐认识到,除了调整人行为的道义规范之外,还有一种非道义规范。这类规范并不调整人的行为,而是设定在 C 条件下 X 当成 Y,其功能是构成原先不存在的制度性事实,因而可称为构成性规范(或规则)。④ 在法律体系中,构成性规范的典型是授予权力的规范,即授权规范;它们可分成:直接授权规范与间接授权规范。前者的一般结构是:如果 p 在 c 中以正确的方式做出 a,那么 p 就改变了规范(或地位);⑤后者的一般结构是:如果 p 在 c 中以正确的方式做出意图改变规范或地位的行为 a,那么 q(如人民法院)应当遵从该规范或承认该地位。⑥

① G.H.Von Wright,"Deontic Logic:A personal View",*Ratio Juris.* Vol. 12 No. 1 March 1999, pp. 32-35;Eugenio Bulygin & Carlos E.Alchourrón,"Permissory Norms and Normative System",In *Eugenio Bulygin*,*Essays In Legal Philosophy*,Carlos Bernal et.al.(Eds.),Oxford:Oxford University Press, 2015,pp. 325-336.

② Wesley Newcomb Hohfeld,*Fundamental Legal Conceptions as Applied in Judicial Reasoning*, New Haven:Yale University Press,1923,pp. 50-60.

③ H.L.A.Hart,*The Concept of Law*,third edition,Oxford:Oxford University Press,2012, pp. 80-83.

④ Alf Ross,*Directives and Norms*,London:Routledge and Kegan Paul Ltd. 1968,p. 54;John R. Searle,*Speech Acts:An essay in the Philosophy of Language*,New York:Oxford University press,1969, pp. 33-41;Eugenio Bulygin,"On Norms of Competence",*Law and Philosophy*,Vol. 11,No. 3,(1992), pp. 205-216.

⑤ Neil MacCormick & Ota Weinberger,*An Institutional Theory of Law:New Approaches to Legal Positivism*,Dordrecht:D.Reidel Publishing Company,1986,p. 65.

⑥ Torben Spaak,"Norms that Confer Competence",*Ration Juris*,Vol. 16 No. 1,March 2003, pp. 94-95.

（二）语义观规范的构成要件

如上所述,在语义维度内,根据规范作用的不同,可以把规范划分成调整性规范(即道义规范、行为规范)与构成性规范(即非道义规范,其典型是授权规范)。前者是调整自然行为或制度行为的规范;后者是设立制定事实的规范。行为规范的完整结构由适用条件、当为要求(或称为道义模态)与规范内容构成;[1]其道义模态由道义模态词表示、适用条件与规范内容由描述语句表示,可用符号表示成 $q \to Op$(或标记为 $T \to OR$);[2]在道义逻辑中,道义模态词表征的道义算子(Deontic operators)算定的描述句,所表示的规范结果(即 Op 或 OR),也称作规范后件。$q \to Op$ 也被记作 $O(q \to p)$,并且可简化成 Op。[3]

授权规范及其他构成性规范并不包含明确的道义模态,其实质结构是在特定制度中,X 在 C 条件下被当成 Y。不过,构成性规范并非自然科学意义上的因果法则,它们之所以具有规范性,是因为它们是一种要求受其作用的所有人,在其条件存在后都必须承认其规范结果的对世规范。构成性规范的基本结构仍然是凯尔森所揭示的规范基本结构,即"如果存在条件 A,则应当成就结果 B(Ought to be B)"。[4] 所有构成性规范均隐含着一个应当(或必须)的道义模态。

是故,构成性规范同行为规范一样,在语义维度内均可以在逻辑上分成两部分:描述性部分与规范性部分;前者是对实体、事态或行为的陈述;后者是明

---

① Aulis Aarnio, *the Rational as Reasonable*: *A treatise on Legal Justification*, Dordrecht: D. Reiedal Publishing Company, 1986, pp. 61−67;

② 参见[德]考夫曼:《法律哲学》,刘幸义等译,法律出版社 2003 年版,第 153 页;[德]卡尔·拉伦茨:《法学方法论》,陈爱娥译,商务印书馆 2003 年版,第 150 页。

③ Pablo E. Navarro & Jorge L. Rodríguez, *Deontic logic and legal system*, New York: Cambridge University Press, 2014, pp. 122−123.

④ Hans Kelsen, "Causality and Imputation," *Ethics*, Vol. 61, No. 1, (Oct., 1950), p. 6.

示的或隐含的道义算子算定的描述性部分所产生的具有规范性意义的部分。① 只不过,构成性规范的描述性部分被称为规范主体、行为条件、行为及行为模式、立规相对人等,其规范性部分则被称为构成结果或规范结果。是故,构成性规范也具有"如果…那么…"的基本结构,具体而言是:如果 X 在 C 条件下,那么它应当被当成 γ,也可以记作 O(X in C→Y)。前列结构式同样可简化成 Op。

(三)语义层面上规范性文件判断的准确对象

根据规范的语义观概念,所有规范均是或均能表示成规范语句表示的意义,该意义的基本结构可以用 Op 表示("O"表示规范性要件、"p"表示描述性要件)。② 语义维度内规范合法性判断的对象显然是且仅是规范性文件内的规范语句所表示的规范。这种被作为判断对象的规范,理论上包括调整性规范(即行为规范、道义规范)与构成性规范(非道义规范)。前者包括强制性立规规范(必须规范与禁止规范)与非强制性立规规范(准许规范、无须规范与任意规范);后者包括授权规范与纯粹构成性规范。③

根据语义维度内的调整性规范的构成要件论,调整性规范的基本构成要件是适用条件、规范模式与规范内容。据此,无论是对强制性立规规范的合法性判断,还是对非强制性立规规范的合法性判断,均可再细分成对其适用条件、规范模式与规范内容的合法性判断。当然,根据表述它们的描述性语句所含词语所表述的意义或概念,还可以再细分到构成句子的词语之含义合法性

---

① Eugenio Bulygin, "Norms and Logic: Kelsen and Weinberger on the ontology of norms", In *Legal Reasoning*, Vol. I, Aulis Aarnio & Neil MacCormick (eds.), England: Dartmouth Publishing Co., 1992, pp. 429–430.

② Carlos E. Alchourrón & Eugenio Bulygin, "the Expressive Conception of Norms", in *New Studies in Deontic logic: Norms, Actions and the Foundations of Ethics*, Risto Hilpinen (ed.), Dordrecht: Reidel Publishing Company, 1981, p. 97.

③ Manuel Atienza & Juan Ruiz Manero, *A Theory of Legal Sentences*, Ruth Zimmerling (trans.), Dordrecht: Kluwer Academic Publishers, 1998, pp. 59–63.

的判断。一般而言,备案审查基本上就是在进行前述规范语句所表示意义的审查。但在规范语句的词语含义模糊或有歧义的情况下,就需要结合具体案件进行具体判断。①

根据语义观构成性规范的要件,构成性规范的基本结构由规范前件(X在条件 C 下)、规范后件(Y)构成。据此,对构成性规范的合法性判断可再细分成对其前三类基本构成要件的合法性判断。就授权规范而言,其规范前件是行使权力的各种必要条件,包括规范主体、行为条件、行为模式、行为内容等;其规范内容是应当被立规行为改变了的规范或地位。被立规行为改变的"规范",在语义维度内可能是任一类调整性规范,也可能是任一类构成性规范。这表明授权规范是关于规范的元规范。对构成性规范的合法性判断也可以在特定情况下深入细化到对表述立规行为必要条件之描述性词语意义的判断,但对授权规范内容的判断,因其后件是规范,则又递归到语义维度内之规范合法性判断的层面。

四、言语行为论域内的准确判断对象

根据规范的语义观概念及其构成要件,尽管可以厘定规范合法性判断在语义维度内的准确对象,但此类对象只是规范性文件内的规范语句所表示的规范之合法性、仅是规范性文件某个部分的合法性、仅是规范个体本身的合法性。因此,前述语义维度内的规范合法性判断的对象,仅相当于学者们普遍提到的"规范内容"的合法性,并不包括规范性文件的整体合法性或者规范整体的合法性。由是观之,语义维度内的规范合法性判断对象仅限于规范语义内

---

① 例如,在"方才女诉淳安县公安局消防行政处罚行政争议案"中,对于"其他社会公众活动场所"这一不确定概念,人民法院在语义上无从对其进行抽象审查,只能对其进行具体审查。人民法院结合具体案情认定,居住出租房屋同时设置 10 个以上(含)出租床位用于出租,且租赁期限在 3 个月以内的,或者集中设置出租床位出租的,该居住出租房屋可以视为《治安管理处罚法》第 39 条规定的"其他供社会公众活动的场所"。参见浙江省杭州市淳安县(2015)杭淳行初字第 18 号行政判决书。

容的合法性,并不包含学者们大多已经认识到的主体、权限与程序合法性等对象。为了厘定规范合法性判断的全部准确对象,还需要根据相关理论进一步分析。

根据常识,规范性文件是特定个人或组织立规行为的产物,或者说是立规行为的结果——立规结果;而制定主体资格、制定权限与制定程序的合法性问题则属于立规行为合法性层面的问题。因此,若要突破立规结果的语义层面进行合法性判断,更准确地讲,若要突破规范性文件内含语句意义的语义维度,就必须解析立规行为的合法性。从语言哲学的角度看,立规行为是一种言语行为。① 下文拟融合规范理论与言语行为理论,并通过解析立规行为各层面的合法性,进一步厘定规范合法性判断的准确对象。

（一）规范的语用观概念

规范的语义观概念所界定的仅是规范语句所表达的、无效力的规范。这种概念既不涉及规范是如何产生的,也不涉及规范为何有拘束力,因而是一个解释力相当弱的概念。② 西方学者大多在规范表达观(The expressive conception)下持有另一种规范概念。他们认为,规范是特定主体使用语言表达出来的,应当被看作是语言规定性使用的结果,其实质就是命令;而命令的独特性是一种语言使用活动,视使用者的意图是命令还是禁令,其结果才会出现相应的强制做某事或强制不做某事的规范。③ 该观点尽管有模糊之处,但可用于区分规范概念下的不同性质的规范。

---

① John R.Searle, *Speech Acts: An essay in the Philosophy of Language*, New York: Oxford University press, 1969, pp. 22-33.

② Robert Alexy, *A Theory of Constitutional Rights*, Julian Rivers (trans.), Oxford: Oxford University press, 2002, p. 21.

③ Carlos E.Alchourrón & Eugenio Bulygin, "the Expressive Conception of Norms", in *New Studies in Deontic logic: Norms*, Actions and *the Foundations of Ethics*, Risto Hilpinen (ed.), Dordrecht: Reidel Publishing Company, 1981, pp. 96-100.

例如,"禁止在室内吸烟"这个句子,既能在适当条件下被用于针对特定相对人(如甲对其子)发布一条个别命令,也能被写入某个规范性文件中(如某市制定的《控烟条例》)发布一条一般规范。相对于规范的语义观概念,这是一种在语用学维度内界定的概念。语用学是研究语言使用,如言语行为、指示、隐喻等问题的学科。① 从语用学的角度看,语言表达观下的规范概念以言语行为理论为基础,②可谓是在语用学维度内界定的概念,可称为规范的语用观概念。

言语行为理论是语用学及语言哲学的主要理论之一。言语行为是指说者经由说某些事而做意图之事的行为,即说者经由说 X 而对听者做成意图的Y。③ 例如甲经由说"禁止在室内吸烟"而意图对其在家的儿子下达一个命令或者个别规范。这个规范就是甲意图,经由说"禁止在室内吸烟"而发布的。下面拟选取相关言语行为理论证明下列观点:立规行为是一种言语行为,语义观规范是立规行为的内在固有结果,语用观概念的规范是语义与语力相结合而形成的概念。

首先是言语行为的基本类型论。语言哲学家塞尔把言语行为划分成五类:断言、指令、承诺、表情与宣告。其中,指令(Directives)是说者要求听者做某事的行为,包括命令与要求;宣告(Declaratives)是说者在满足既定制度条件的情况下宣告某种事态,就会造成与说者意图相一致的后果的行为。④ 他明确指出:"颁布法律既有宣告的情形(命题内容变成了法)也有指令的情形(法律在意图中是指令)。"⑤他说的"颁布法律",在法学中即广义上的制定法律,

①　Stephen C.Levinson,*Pragmatics*,England:Cambridge University Press,1983,p. 27

②　Ota Weinberger,"the Expressive Conception of Norms-An Impasse for the Logic of Norms",*Law and Philosophy* 4 (1985),p. 169.

③　J.L.Austin,*How to do things with words*,Oxford:Oxford University Press,1962,p. 12.

④　John R.Searle,*Speech Acts:An essay in the Philosophy of Language*,New York:Oxford University press,1969,pp. 12-28.

⑤　John R.Searle,*Expression and Meaning:Studies in the Theory of Speech Acts*,England:Cambridge University Press,1979,p. 28.

也可称为立规行为。根据塞尔的观点,可以将立规行为理解为:立规主体在满足既定制度条件的情况下宣告某规范性文件是规范性文件,并要求人们遵从规范性文件所规定之指令的言语行为。

其次是言语行为的构成层面论。任一言语行为由三类截然不同的行为构成:其一是发语行为(Utterance acts),即说出或发布一些词或句;其二是命题行为(Propositional acts),即指称或预测某些事物;其三是语行行为(Illocutionary acts,或译为以言行事行为),即表示陈述、提问、命令与承诺等意图并产生相应语力的行为。① 例如,甲对其子发布禁烟命令的行为也可解析成三类:发语行为即针对其子说出"禁止在室内吸烟";命题行为即借由发语指称"禁止在室内吸烟"的命题内容;语行行为即经由说"禁止在室内吸烟"而意在对其子发布命令。有权机关制定一般规范的行为也可以解析成前三类:发语行为即发布文本;命题行为即通过文本中的语句表达出命题内容;语行行为即经由发布文本而意在宣告文本为人们应当遵从的规范性文件。

最后是言语行为的组成部分论。塞尔主张,言语行为在逻辑上可分成命题内容与语力两部分;言语行为的典型形式可用 F(p) 表示("F"表示言语行为的语力要件、"p"表示言语行为的命题内容),语力是话语在语行行为这个层次上的功能。② 据此观点,立规行为的命题内容是所制定规范性文件中的规范语句或其他语句表述的命题内容;立规行为的语力是宣告文本中的规范语句所表示的命题为法规范或准法规范并要求遵从之的力量。在此意义上,立规行为是一种蕴含宣告的指令(要求遵从某规范性文件规定的同时也宣告了该规范性文件是有效力的规范性文件),若用"!"表示指令,就可以用"!"替

---

① John R.Searle, *Speech Acts:An essay in the Philosophy of Language*, New York:Oxford University press, 1969, pp. 12-26.

② John R.Searle, *Speech Acts:An essay in the Philosophy of Language*, New York:Oxford University press, 1969, p. 31.

换"F",从而将指令记作!（p）①。

根据前述观点可以断定立规行为是一种言语行为。然而,立规行为同语义观规范是何关系? 立规行为同语用学上的规范又是何关系? 根据言语行为的三个构成方面与言语行为的两个组成部分,可以认定语义观规范是立规行为蕴含的内在固有结果（Results）。规范与立规行为的关系不是一棵苹果树与该树上的一个苹果那样能被截然分开的物体关系,而是人们从不同角度看到的不同范畴。

同样根据前述原理,语用观规范则是规范语句的意义与立规行为的语力相结合而形成的有效力的个体。例如,甲对其子发布的"禁止在室内吸烟"的命令是三个方面（发语行为、命题行为与语行行为）合成的整体。语用观规范就是"禁止在室内吸烟"的语义再加上甲的语行行为语力。比如,"禁止在室内吸烟"的语义,仅是无效力的规范性语义。假如,甲对其未成年儿子小乙说:"禁止在室内吸烟! 这是家规"。小乙问:"您凭什么能立家规?"甲回:"我有管教未成年子女的服务性权威,也有民法总则授予的监护权。"小乙信服之。在此情境中,"禁止在室内吸烟"的意义,就被甲的发令行为变成了一条语用观规范。

对比可知,语义观规范是脱离特定语用情境的,无涉效力的、单纯认知信息上的语义;语用观规范是在特定语用情景中,依赖于先在制度条件的,蕴含效力的、在实践中能产生作用力的制度性实体。如果硬要从中析出一条孤立的语义观规范（禁止在室内吸烟）,那么该言语行为的语力将无法体现,其后果是把甲做出的禁止在室内吸烟行为,撕裂成不完整的且无拘束力的语义观规范。

根据言语行为的组成部分论,仅有命题内容而没有语力,显然做不出一个

---

① John R.Searle, *Speech Acts: An essay in the Philosophy of Language*, New York: Oxford University press, 1969, p. 31.

有效的指令;反过来,仅在发语行为中经由"要求""命令"等指令性动词表达的语力而没有明确的命题内容,显然也做不成一个完整的指令。因此,只有将命题行为与语行行为的意义相结合,才有可能做成完整的言语行为、才有可能成功做出一条既有意义又有效力的语用观概念的完整规范。

尽管制定规范性文件的行为(即立规行为)相对于制定个别规范的行为更加复杂,但前者仍然是一种法律上的言语行为。一个完整的立规行为通常生成一个规范性文件内的一批一般规范;该批规范的不同命题行为通常表述不同的命题内容。但这批规范的语力,却由同一个立规的语行行为产生,并同等地与各个命题内容相结合。尽管规范性文件制定行为具有这种特殊性,但其内各个命题内容仍然要与同一立规行为的语力相结合,才能构成完整的语用观规范。参照指令的标记法,制定一条规范的行为可记作:!(p),经由颁布规范性文件而成批制定规范的立规行为可记作:!(p1,P2,p3,……,Pn),等于!p1+!p2+!p3+……+!pn。

综上,语用观规范是由立规行为的命题内容与行为语力相结合而形成的整体。因其是立规行为形成的结果,可简称为立规结果。立规结果的载体通常是规范性文件,而规范性文件的主体构成部分是规范。上一部分已经论述了语义观规范的合法性判断对象。根据言语行为的构成层面论与规范的语用观概念,立规结果(规范性文件)中的规范,在语义上完全等同于立规行为的命题内容,即立规主体使用语句所表述的规范性意义。

根据前列命题可以得出两个裁决:第一,语义学维度内的规范性文件合法性判断的对象就是立规行为的命题内容。这意味着,立规行为命题内容合法性同立规结果中的具有一致性,立规行为的命题内容不合法的,立规结果中的必然有相同的不合法情形。同理,废除立规行为命题内容的不合法之处,也就是在废除将来之立规结果中的不合法之处。这是应当在语义学维度内事前判断立规草案合法性的根本原因。

第二,立规结果除了规范性语句的语义,还有立规行为的语力,以及前两者相结合的语用观概念上的规范。根据言语行为的组成部分论,若没有规范性文件中的语句作为载体,立规行为的语力将随立规行为的结束而消逝得无影无踪、无迹可查,因此立规行为的语力不能单独成为规范性文件合法性判断的对象。故规范合法性判断的对象,除了语义观规范,仅剩下前者同立规行为的语力相结合而形成的语用观概念的规范。

(二)立规行为单向决定立规结果合法性原理

至此可以断定,规范合法性判断的完整对象是包含语义观规范与立规行为语力的语用观概念的规范。前文已经在语义学的维度内分析了规范合法性判断的准确对象,即语义观规范合法性判断的准确对象。接下来的问题是,如何确定语用观规范合法性判断的准确对象?因为语行行为所表示的语力需要和命题内容相结合才有完整意义,所以不能单独对立规行为的语力进行审查。

或有人提出,既然立规结果在语义维度内同立规实体行为的内容相等同,那么能不能主张规范合法性判断工作,只需要判断静态立规结果的合法性,无必要判断动态立规行为的合法性?答案是,在理论上必须判断立规行为的合法性,否则将不能完整判断立规结果的合法性。

在立规行为结束但立规结果静态存在的时间之维中,语义观规范作为立规行为结果,是非个人心理意义上的、存在于第三世界①的抽象的客观实体。这种抽象实体即立规行为之命题行为所表述的命题内容也就是语义维度的规范。根据前述的规范语义观概念与语用观概念可知,静态实存维度的规范(即语义观规范)仅是语用观概念的规范的构成部分,并非规范的完整存在状态。为了探知规范的完整状态,在立规行为的动态历程消逝后,只有基于静态实存的规范或其他相关历史资料去理解动态历程维度的规范生成情形。

---

① 第一世界是物理状态的世界;第二世界是人类个体心灵状态的世界;第三世界是主体间的可知的客观理念。关于前三个世界的观点,见 Karl R. Popper, *Objective Knowledge: An Evolutionary Approach*, New York: Oxford University Press, 1979, pp. 154-155。

尽管普通人通常会直接承认（更准确地说是推定），静态实存维度的规范是有效的规范，但对严格判断静态实存维度之规范合法性的审查者而言，立规行为是立规主体使用话语做事的动态过程，任一做成立规行为的必要条件不完满、不合法，都会影响作为立规结果之规范（语用观规范）的完满性与合法性。或者说，语用观规范中所包含的语力生成自立规行为。若立规行为不合法，那么其生成的语力将面临有无或强弱的问题，那么蕴含语力的语用观规范也就产生了有无效力及效力强弱的问题。

根据前述立规行为单向影响立规结果完满性与合法性的原理，审查者必须基于各种记录立规行为的资料尝试判断当时的动态立规行为是否完满，是否合法。只有如此，他们才能断定产生被审立规结果的立规行为的合法性与有效性，然后才能判断认定被审的规范是否在语义与语用两个维度均完满、合法。

综上，若要判断语用观规范的合法性，就应当根据立规行为与立规结果的合法性单向传递原理，基于立规结果中的语义观规范反向推定地判断立规行为的合法性。如前所述，立规行为是一种法律上的言语行为，是立规主体在既定条件下经由既定程序，用语句把指令在规范性文件中设定下来的有意行为。为了确定立规行为合法性判断的准确对象，就必须分析立规行为的构成要件。

（三）立规行为的做成要件

立规行为作为一种言语行为，在现代国家均是一种高度法制化的行为。如果说任何言语行为的做成都需要遵照一套人们约定俗成与普遍接受的规则，那么要做成立规行为则要遵照立规制度中的诸多规则。虽然关于立规等立规行为的规则已经法典化，人们也经常提到主体、程序等立规行为的某些方面，但迄今尚无关于立规行为一般构成要件的理论。为了厘定分析立规行为合法性判断的对象所需的理论基础，下面通过分析并转化应用奥斯丁、塞尔的言语行为做成条件论，拟厘清作为言语行为的立规行为的做成条件。

奥斯丁指出:若想完满地(happily)做成一个言语行为,除发语行为必须的词语,还应当遵循言语行为的正确生成与实施规则,这些规则设定了完满做成言语行为所必须满足的明显条件。① 他将此类条件分述成三组、每组各含两个条件:第一组的条件是,存在规定某个人在某个环境中发出某个话语的惯习性规则;特定人员恰当援引特定程序。第二组的条件是,所有参加人都必须正确地遵行程序;所有参加人都应当完整地遵行程序。第三组的条件是,该程序通常被设定为由具有特定想法或感情的人行使,或者设定为引起任一参加人的特定后续行为,因此援引行为程序的人,必须在事实上具有那些想法或感情;所有参加人必须打算这样做、必须后来在实际上照其意图行为。② 奥斯丁认为,前列条件不仅适用于言语类行为,而且适用于所有仪式性行为(如宗教上的洗礼、婚礼),③立规也应当在内。

塞尔则列举了适用于命令(Order)的五个具体规则:第一是基本前提规则,即正常的语言表达与理解条件规则,意思是指促使语言的表示与理解成为可能的任何条件。例如说者与听者均掌握同种语言、均知道他们在做什么、他们没有说与听的障碍、不是在开玩笑或者在演戏,等等。第二是命题内容规则:说者在发语中表述了特定的命题并且在表述中预料了将来的某个行为。第三是预备规则:听者能做被要求的行为,而且说者相信听者能做到;对说者与听者来说,听者在通常情况下不会明显出于自己的考虑而做被要求的行为;说者相对于听者处于权威地位。第四是诚意规则:说者真实地想要听者去做被要求的行为。第五是本质性规则:处于权威地位的说者之意图,是把发语当成使听者做被要求之行为的方式。④ 这五类规则分别规定了做成完整的言语行为必须具备的五类条件。

---

① J.L.Austin,*How to Do Things with Words*,Oxford:Oxford University Press,1962,p. 14.

② J.L.Austin,*How to Do Things With words*,Oxford:Oxford University Press,1962,p. 12-24.

③ J.L.Austin,*How to Do Things With words*,Oxford:Oxford University Press,1962,p. 25.

④ John R.Searle,*Speech Acts:An Essay in the Philosophy of Language*,New York:Oxford University press,1969,pp. 57-71.

比较前列条件的具体内容及适用情景可知：奥斯丁给出的是做成任何言语行为都应当遵从的程序性构成条件；不满足这些条件的言语行为，将是不当行为，视具体情形可能分别是失败的或滥做的行为。塞尔列出的则主要是做成"命令"——这种特定言语行为——所必须具备或做到的内部构成条件；不具备这些条件的言语行为，将是有重大缺陷的行为。

换言之，奥斯丁给出的大体上是做成所有言语行为必须具备的程序性条件，塞尔列出的则主要是做成命令的内部构成条件。这或许能解释，奥斯丁为何认为，他给出的条件适用于任何言语行为，而塞尔却分别列出了各类言语行为不同的要件。尽管前两组条件的层面有所不同，但二者都分别提供了判断言语行为是否正当、是否完整的深刻洞见。下面拟重组前列内外两重条件，并尝试提出做成立规行为的必要条件：

第一，先在制度条件。言语行为是一种依赖先在制度条件的行为。奥斯丁反复指出，言语行为是惯习行为，是必须遵守惯习性程序的行为；语行行为不是由意图或事实构成的，它们实质上是由惯习构成的。[①] 塞尔则明确指出：言语行为的特征是根据成组的构成性规则所发出的表述而实施的行为；[②]他还指出，人们据以制定言语行为的规则，分布在语言制度及语言外（extra-linguistic）的制度；人们通过掌握语言制度中的语言规则而形成语言能力，并且说者与听者在语言外的制度中具有特殊地位，说者才能做成指令或宣告；例如，只有存在教会、法律与国家之类的制度，而且说者和听者在这些制度中具有特殊的地位，说者才会做出把听者逐出教会或者宣战之类的行为等。[③]

立规行为作为蕴含宣告的指令或者命令，当然也是一种必须根据语言制

[①] J.L.Austin, *How to do Things with words*, Oxford：Oxford University Press, 1962, p. 16, p. 107, p. 121, p. 128.

[②] John R.Searle, Speech Acts：An Essay in the Philosophy of Language, New York：Oxford University press, 1969, p. 37.

[③] John R.Searle, *Expression and Meaning：Studies in the Theory of Speech Acts*, England：Cambridge University Press, 1979, p. 18.

度及其外的制度才能做成的言语行为。这意味着,事先决定立规行为的规则有两类:一类是语言制度内的读法、写法、语法与用法等规则;另一类是习惯法或制定法等惯习与法制内的规则。因论域所限,下文最小化论述语言规则,最大化论述法律规则。因为立规行为本身就是一种法律上的言语行为,有必要基于法律规则加以分析。

立规行为既是一种言语行为,也是一种法律行为,是得到既定规则授权的机关创设和颁布规范的行为。丹麦学者把设定立规行为必要条件的规则统称为权能规则(Rules of competence),此种规则有三类构成部分:其一,确定主体权能的规则,说明哪些人有资格来参与创设新法的程序;其二,确定程序权能的规则,界定应当被遵守的程序;其三,确定实体权能的规则,说明有资格的人以规定的方式所颁布的指令所涉及的那些事。① 前三类规则分别设定了立规行为必须满足的三类法律制度条件:其一,设定何人(单数或者复数)有资格来实施立规行为的条件(主体条件);其二,设定行为应遵从程序的条件(程序条件);其三,设定被创立规范的对象、情景和主题之可能范围的条件(实体条件)。②

第二,信息交流条件。立规主体基于语言制度与法律制度具有了语言能力与立规权能,但这仅具备了制定规范的可能性。若使这种可能性成为现实,还需要其他多重条件。其中一重是纯粹事实层面的条件,即立规主体(相当于说者)与潜在立规相对人(相当于听者)之间要具备正常信息交流的条件。此处的"信息"主要是语音与文字记录与表达的信息,但也包括其他符号(如身体动作、交通标志与信号、禁烟标记)等记载与表达的信息。就信息交流应当达到的具体要求而言,按前引塞尔的观点,即立规主体与立规相对人能在同

---

① 参见[丹麦]阿尔夫·罗斯:《指令与规范》,雷磊译,中国法制出版社 2013 年版,第120 页。

② 参见[丹麦]阿尔夫·罗斯:《指令与规范》,雷磊译,中国法制出版社 2013 年版,第162 页。

一语言系统内和(或)同类信息系统进行正常表达与理解。① 不过,说者与听者应当不是在开玩笑或演戏,则可以划入立规主体意图应当真实、立规相对人意图应当真诚的条件。

第三,行为构成要件。立规主体具备了语言制度和法律制度事先设定的条件与信息交流条件,就在制度上与事实上均具备了实施立规行为的能力或可能性。不过,若想做成立规行为,他们还必须具备言语行为理论所厘定的行为内部构成要件。参照前引塞尔关于使用语言发布命令的规则,这些要件可分成五个方面:

其一,主体适格条件,即立规主体相对于立规相对人应当处于权力地位;其二,意义明确条件,即无论是直接发布个别规范的命题行为,还是通过规范性文件成批宣布一般规范的命题行为,立规主体都必须通过语句表示清楚自己意图的行为是什么;其三,行为可行条件,即立规主体不但要向立规相对人表达出明确具体的在将来被要求的行为,而且还必须是立规相对人事实上能够做到的行为;其四,效果意图条件,即立规主体在命题行为中表达出的未来行为是其意图让立规相对人做的行为,即表达出了要求立规相对人遵从命令并实施被命令行为的意图;其五,意图真实条件,即立规主体表达出的意图是其自身真实意愿的外化,而非演戏、撒谎、开玩笑、被胁迫等情景中的虚假意图。② 前五个条件是做成立规行为的必要条件,只有具备前五个条件才能构成一个立规行为。

第四,行为程序条件。在现代法治国家,立规程序承载着集思广益、发扬民主、制约权力等重要功能。设定立规行为程序的规则是该类行为必须遵从的重要规则。组织化的立规主体(如国务院)未遵从既定程序(如《行政法规

---

① John R.Searle, *Speech Acts: An Essay in the Philosophy of Language*, New York: Oxford University press, 1969, pp. 57-71.

② John R.Searle, *Speech Acts: An Essay in the Philosophy of Language*, New York: Oxford University press, 1969, pp. 57-71.

制定程序》)颁布的规范性文件,不应当被承认为有效的规范性文件。参照奥斯丁的观点,立规主体在实施立规行为的过程中必须具备下列程序条件:

其一,真诚条件,即立规主体应当真诚援引业已存在的、适用于其立规行为的程序规则;其二,正确条件,即立规主体应当遵行先在制度中的程序规则,既不能适用不存在的程序规则,也不能适用本不适用的程序规则;或者说,立规主体声称适用的规则不能是不存在的规则或本不应适用的规则;其三,完整条件,即立规主体的整个行为过程都应当完整适用已经存在且应当被适用的具体程序规则,而且在适用时,一不能适用不完全(折扣适用规则),以免造成行为程序瑕疵,二不能漏掉应当适用的具体规则,以免造成行为程序缺失。①

第五,行为生效条件。立规行为是宣告与命令相结合的复合行为;宣告的独特性是宣告的成功实施造成命题内容与事实的一致、保证了命题内容与世界的对应。② 如果立规行为对立规相对人没有任何影响,那就显然没有完满做成立规行为。奥斯丁指出:"除非发挥一定的作用,语行行为就没有被完满地、成功地实施。"③这就需要考虑,立规行为对立规相对人发生了何种作用,立规行为才称得上生效。参照奥斯丁关于一般言语行为的生效条件观,可以将立规行为的生效条件确定如下:

其一,得到相对人理会(uptake),或为相对人所领会,只要规范性文件得不到立规相对人的理会,立规行为就未生效或形成结果;其二,发生存在效应,立规行为被立规相对人理会之际,就立即从立规主体的行为意向世界(第二世界),进入并存在于两个以上主体(立规主体与立规相对人)间共识的客观思想世界(第三世界),④即具有了存在效应;其三,产生惯习或制度反应,立规

---

① J.L.Austin, *How to do Things with Words*, Oxford: Oxford University Press, 1962, pp. 12-24.

② John R.Searle, *Expression and Meaning: Studies in the Theory of Speech Acts*, England: Cambridge University Press, 1979, pp. 12-28.

③ J.L.Austin, *How to do Things with Words*, Oxford: Oxford University Press, 1962, p. 116.

④ Karl R.Popper, *Objective Knowledge: An Evolutionary Approach*, New York: Oxford University Press, 1979, pp. 154-155.

行为被立规相对人理解并存在，仍然不等于立规行为产生了完整效应，它还需要立规相对人知道相应的惯习要求，并做出相应的惯习性反应，即具有哈特所说的那种内在观点下的服从感。①②

（四）立规行为合法性判断的准确对象

根据言语行为依存于语言外制度体系内的先在规则之原理，前列做成立规行为的必要条件，如果没有受到法律事先设定或规定，就不会成为合法性判断的对象。因为合法性是一个双位关系概念，即 a 是否符合 b；假设 a 是立规行为，那么 b 就是判断 a 的法律依据。没有法律依据显然就不能评价立规行为某些要件的合法性。

根据立规行为的先在制度条件，作为立规行为要件合法性判断法律依据的是且仅是先在立规制度中设定或规定立规行为要件的法律规范。据此，判断前列立规行为要件，是不是合法性判断对象的唯一方法就是，看它们是不是立规制度中的法律规范设定或规定的行为要件。有法律设定的，就是合法性判断的对象；没有的，则不是。

按照前列方法可以认定，立规行为的某些必要条件并不能成为合法性判断的对象。首先，构成立规行为先在制度条件的各类语言规则与法律规范不是合法性判断的对象。其中的立法法律规范反而是判断立规行为合法性的依据。其次，立规行为必备的信息交流条件是做成立规行为的事实条件，尽管它们与立规行为的成立有关，但这些条件并非规范构成的，所以不是合法性判断的对象。再次，立规行为作为言语行为的行为程序条件，是对立规行为提出的行为程序要求，其本身是一种标准而非可评价的实体条件，因此也非合法性判断的对象。最后，立规行为的三个生效条件——得到相对人理会、发生存在效

① H. L. A. Hart, *The Concept of Law*, third edition, Oxford：Oxford University Press, 2012, pp. 56-61.

② J. L. Austin, *How to do Things with Words*, Oxford：Oxford University Press, 1962, pp. 116-220.

应及制度反应,属于立规主体与立规相对人的心理状态,它们本身并非合法性判断的直接对象,但表现它们是否存在的行为,例如作为立规结果的规范性文件的公开、送达等程序性行为,则是合法性判断的对象。

除前列必要条件外,其他完成立规行为的必要条件均被明文的与隐含的法律规范所设定或规定,所以均是立规行为合法性判断的对象。鉴于所述权能规范大体上可分成主体权能规范、实体权能规范与程序权能规范三类的观点,相应地,立规行为合法性判断的对象大体上也可分成立规主体、立规实体行为与立规程序的合法性三类。不过,从前列做成立规行为的必要条件中可以看到,立规主体的意图表示也是做成立规行为关键条件之一。立规主体表示的意图不真诚、不真实、不明确,均会导致立规行为存在严重缺陷。

从法理学的角度看,立规行为是立规主体通过并依据明示的或推定的意图表示,而行使立规权来改变规范或地位的法律行为,[1]所以立规表意活动并非一般意义上的心理活动,而是法律上能够被客观评价,也应当被评价的行为,因此立规表意活动也存在合法性问题。根据做出立规行为所具备条件的内在顺序,前列立规行为合法性判断的四类准确对象可排列如下:

第一,立规主体资格的合法性。塞尔主张,做成命令的预备条件之一是说者相对于听者处于权威地位。[2] 从实践理由的角度看,"某个命令是有效的,仅当命令者有权威,即有规范性权力发布该命令"[3]。在做成命令必要的先在制度规则中,有一类是确定主体权能的规则。这类规则说明的是什么人有资格来参与创设规范的程序。不但言语行为规则中有这种行为的主体资格规则,立规制度更是设立了多样化的立规主体资格规则。

例如,我国现行《宪法》中规定的,全国人大及其常委会是国家立法机关;

———————————

① 参见[德]罗伯特·阿列克西:《阿尔夫·罗斯的权能概念》,载[丹麦]阿尔夫·罗斯:《指令与规范》,雷磊译,中国法制出版社2013年版,第260—273页。

② John R.Searle, *Speech Acts:An Essay in the Philosophy of Language*, New York:Oxford University press,1969,pp. 64-65.

③ Joseph Raz, *Practical Reason and Norms*, Oxford:Oxford University,1999,p. 100.

国务院有权就全国范围内的行政管理事项制定行政法规。是故,若要判断立规行为的合法性就需要判断立规主体资格的合法性。没有主体就无行为,立规主体资格的合法性显然是立规行为合法性判断的对象。

第二,立规表意活动的合法性。根据塞尔论证的做成宣告与指令的必要条件,有权立规主体的意图表示,首先必须是它们自身真实的表示,而非演戏、撒谎、开玩笑、被胁迫等情景中的虚假意图。不仅如此,立规主体的意图表示的命题内容还应当是明确具体的,能被立规相对人清晰认知的;否则将不符合立规制度中的明确具体、具有可操作性的规定。① 最后也是最重要的,立规主体在其意图中必须表示出,要求立规相对人遵从其所立规范并实施规范所定行为的意图,否则就因缺少立规行为的本质要素,而不是在做立规行为。意图表示在民法学中被称为意思表示,类似分类是把意思表示分解成行为意思、表示意思与效果意思。②

第三,立规实体行为的合法性。立规实体行为是行使立规主体权能与立规实体权能的行为,如全国人大常委会制定行政强制法的行为、国务院制定《学位条例》的行为。立规实体行为是受立规实体规范调整的行为。参照行为规范的三个基本构成部分——适用条件、行为模态及其限定的规范内容,立规实体行为合法性判断的对象可分成三类:行为事实条件、行为模式,以及行为内容。这三部分是立规行为合法性判断的主要部分。

首先,行为事实条件通常被称为立规事实或立规现实背景等,可分成事实生成后就应当立规的肯定事实条件,以及事实存在后就不得立规的否定事实条件。

其次,行为模式是指立规实体行为的作为或不作为;在行为事实条件成就

① John R.Searle, *Speech Acts:An Essay in the Philosophy of Language*, New York:Oxford University press,1969,pp. 57-71.

② 参见[德]维尔纳·弗卢梅:《法律行为论》,迟颖译,《法律出版社》2013 年版,第 53—55 页。

的情况下,立规内容限制规范规定立规主体应当立规但其不作为的,则该不作为违法;反之,立规内容限制规范规定立规主体不得立规但其作为的,则该作为违法。

再次,立规实体行为的内容,就是其作为言语行为之命题行为的命题内容,也是作为立规结果之语义观规范的前身。立规实体行为的内容作为规范语句表示的意义等同于前文论述的语义观规范。是故,前文分析的语义学维度内的规范合法性判断的准确对象等同于立规实体行为内容合法性判断的准确对象,在此不再赘述。

最后,立规程序的合法性。无论是作为言语行为,还是法律行为,立规行为均要依照先在制度中的程序做出。在现代民主法治国家的立法制度中,程序既是构成立法的重要组成部分,也承载着不可或缺的重要价值。例如,我国《立法法》《行政法规制定程序条例》《规章制定程序条例》,以及某些省市制定的行政程序规则,一般均设立了立案、起草、审议、表决、通过、公开等基本的立法程序环节。如果缺少其中的关键环节,例如表决或公开,则该立规行为将因严重不合法而被视为无效。

前述各个环节由各类立规程序权能行使行为,即立规程序行为构成。学者们已普遍注意到,立规程序的合法性是立规行为合法性判断的对象。但通说中的"违背法定程序"基本上是指未依法完成立规程序环节,并没有将立规程序的合法性再分成立规程序环节的合法性、立规程序行为的合法性。因立规程序环节同立规主体资格、立规实体行为条件等一样,均由构成性规范设定。在法律结果上,立规活动背离构成性规范的,不同于立规实体行为与立规程序行为违反调整性规范的,实有必要加以区分。

综上,语用维度内立规行为合法性判断的对象是立规主体、意图表示、实体行为及立规程序的合法性,而立规结果内的规范性文件内容的合法性则是语义维度内语句意义的合法性。它们显然不是同一层次的判断对象。特别说明,前列类型中并无"制定权限的合法性"。之所以将其排除是因为,"制定权限"是一个并无准确实体可被指称的、似是而非的概念,或者说制定权限最终成不了被判断的对象,实际上被判断的是立规实体行为各构成要件的合法性。

因为,"制定权限"实质上仅是一种制定权的行使在实体上受到限制的情形。根据立规行为规范的构成要件,法律限制有权主体立规权能行使域的方式,只能是设定明确的行为条件、确定的行为方式,和(或)规定行为内容的准确范围、种类与幅度等领域。这三个方面受到法律规范限制的情形,虽然可以概称为"制定权限",但在判断过程中实际上被审的仅是立规行为的事实条件、行为模式和(或)行为内容的合法性。因"制定权限的合法性"并无实指内容可查,而且这个高度不确定的概念也指明不了实际被审的对象,因此在事实上成不了被判断的准确对象。若无必要、勿增实体,这种抽象概念应废除之。

五、结语

现有的规范性文件合法性审查(含备案审查与附带审查)研究,尚未厘定规范性文件合法性判断的正确对象。当前关于规范性文件合法性判断对象的简单分类,例如制定主体、制定权限、制定程序与规范性文件内容的分类,普遍存在概念分层错误、概念外延混乱的严重缺陷,可以说既没有厘清应当被审的准确对象,更没有厘定划分被审对象必需的基础理论。

本章根据规范概念论与言语行为论分析推论出,规范性文件合法性判断的准确对象是语用观规范完整要件的合法性,而非作为立规结果的规范性文件的合法性。语用观规范是立规行为的命题内容与立规行为的语力结合而成的概念。根据该概念,规范合法性判断的基本对象是语义观规范的合法性,以及将其生成有效规范的立规行为的合法性。

根据规范结构论,前者作为合法性判断的对象处于语义维度,可分成三类,即适用条件的、规范模式的及规范内容的合法性;根据言语行为要件论,后者作为合法性判断的对象处于语用维度,可分成四类,即立规主体资格的、立规表意活动的、立规实体行为的及立规程序的合法性。由于立规实体行为的命题内容等同于立规结果中的语义观规范,语用观概念的规范合法性判断也可称为"立规行为的合法性判断"。

前述观点从规范理论与言语行为理论两个方面,阐明了分析规范性文件合法性判断必需的基础理论,厘定并细分了规范性文件合法性判断的基本对象,划分并论证了规范性文件合法性判断对象的构成层次。前述立规行为的构成要件论也适用于认定行政行为等公权力行使行为的构成要件;根据前述立规行为合法性判断的对象,也可确定行政行为等公权行为合法性判断的对象。所以,前列裁决不仅适用于规范性文件的备案审查,也适用于行政诉讼中的附带审查。

是故,根据前述判断对象的类型及其构成层次,特别是根据立规行为单向决定立规结果合法性原理,在此并不赞同人民法院在行政诉讼中只附带审查系争规范性文件中若干语义观规范的合法性,也不赞同人民法院不判断规范性文件制定程序合法性的观点。无论附带审查还是备案审查,审查机关在判断每一部规范性文件的合法性时,都应当将前列合法性判断的对象逐个、逐层判断完毕,否则将因遗漏被审对象而不能全面完整地断定被审规范性文件的合法性。

第三节 规范性文件合法性的判断依据

规范性文件合法性判断作为依据法律规定,判断被审规范性文件合法或不合法的活动,审查者(如法官)必须找到相应法律作为裁判依据。否则,即使认定了判断对象也难以得出判断结论。但"法律"是一个指称模糊的概念。法概念论在 20 世纪受到自然科学"分析还原法"的影响,已经转换到了对规范理论的研究。[①] 按照分析还原法,作为规范性文件合法性判断依据的法律

---

① 参见雷磊:《规范理论与法律论证》,中国政法大学出版社 2012 年版,序言,第 3 页。

可以转换成指称更确切的概念——法律规范。问题是,规范性文件合法性判断所依据的究竟是什么样的法律规范? 经广泛检索文献后发现,鲜有研究者根据规范理论直接论述这个问题。

一、现状、问题及研究方案

首先,公法学者大量引介的德国合宪性审查的三层密度基准——明显性审查、可支持性审查与强烈的内容审查,① 以及美国合宪性审查的三重基准——严格审查、中度审查与合理性审查,② 均是从该国判例中生成的较为发达的综合性审查基准。这些基准集法律规范、判断对象、审查态度、判断方法等于一体,地方知识性极强,且对审查者的权威地位和审查技艺要求很高,我国审查者不易掌握与借用。这些基准通常包含了作为判断依据的宪法规范等法律规范,但二者并非同一概念。整体上看,前列审查基准及其"中国化"的成果,③ 并非关于规范性文件合法性判断依据的研究结果。

其次,规范性文件司法陈带审查的研究者大多认为,规范性文件合法性的审查标准包括制定主体有无资格、制定主体是否越权、制定程序是否合法、规范性文件内容是否符合高阶法等。④ 相较于德国与美国的三层审查基准的包容度与复合性,这些判断标准仅指出了合法性判断的对象,既未阐明与其对应的判断态度、判断方法,也未厘清相应的判断依据,并不足以称为判断标准。

---

① 参见许宗力:《订定命令的裁量与司法审查》,载《宪法与法治国行政》,元照出版公司1999年版,第212—215页。

② 参见林来梵:《宪法审查的原理与技术》,法律出版社2009年版,第235—317页。

③ 参见何永红:《基本权利限制的宪法审查——以审查基准及其类型化为焦点》,法律出版社2007年版,第157—177页;李云霖:《论人大监督规范性文件之审查基准》,《政治与法律》2014年第12期。

④ 参见陈运生:《行政规范性文件的司法审查标准——基于538份裁判文书的实证分析》,《浙江社会科学》2018年第2期;程琥:《新〈行政诉讼法〉中规范性文件附带审查制度研究》,《法律适用》2015年第7期;王红卫、廖希飞:《行政诉讼中规范性文件附带审查制度研究》,《行政法学研究》2015年第6期。

最后,根据我国现行法律法规及司法解释的规定①,规范性文件超越权限的、同高阶法规定相抵触的、违背法定程序的、不合法增减公民权利的,均属于法定的规范性文件不合法情形。前列情形常被称为判断标准,②并且被统称为"不抵触"标准。③ 然而,前列立规条文仅表明,它们是规范性文件不合法的次级情形,既非判断标准更非判断依据。

综上,德国与美国的三层审查基准包含了作为判断依据的法律规范,但这种审查基准并非单独的判断依据;规范性文件合法性的司法判断标准仅列出了某些判断对象,但未阐明判断依据;现行立规列举了数种规范性文件的不合法性情形,但未表明合法性判断的法律依据。总之,学者们尚未厘清规范性文件合法性判断的法律依据是什么。不过,现有研究成果初步阐明规范性文件合法性判断的对象是被审规范性文件的制定主体、制定权限、制定程序及规定内容等。规范性文件合法性判断的基本关系情形是规范性文件是否符合相应法律规范,确定了判断对象就应当能找到相应的判断依据。

前列的规范性文件合法性判断对象,以及现行立规所列举的规范性文件不合法情形,已经显示出规范性文件合法性判断的依据可分成主体资格规范、权限规范、程序规范、限定规范性文件内容的规范,等等。尽管如此,但在规范理论尚不健全,尤其在学者们对规范理论缺乏深入了解的情况下,以上研究成果均未阐明规范性文件合法性判断的法律依据究竟是什么样的规范,也未分清此类规范可分成哪些类型,更未厘清不同类型的判断依据处于何种层次。既然规范性文件合法性判断的法律依据是法律规范,那么只有根据规范理论才能解答前述问题。

---

① 参见《立法法》第96条与第97条、《各级人民代表大会常务委员会监督法》第30条、《法规规章备案条例》第10条,以及《最高人民法院关于适用〈行政诉讼法〉的解释》(简称《行政诉讼法解释》)第148条的规定。

② 参见北京市知识产权人民法院〔2015〕京知行初字第177号行政判决书。

③ 参见王留一:《行政论规范性文件司法审查标准体系的建构》,《政治与法律》2017年第9期。

本章主要根据丹麦学者罗斯与瑞典学者斯帕克的权能规范理论、美国学者塞尔的构成性规范与调整性规范的二分论、规范逻辑学中的规范结构论,以及英国学者拉兹的法律规范本系理论等规范基础理论,拟证立下列观点:规范性文件合法性的判断依据是设定立规权的规范体系,即设定立规权能与调整立规权能行使行为的规范所构成的体系;立规权规范由设定立规权能的构成性规范与规定立规行为的调整性规范构成,可分成客观向度的立规主体资格规范、立规内容限制规范、立观程序规范,以及主观向度的立规表意活动规范。根据前述立规权规范体系的构成观点,可以从我国现行法中梳理出一套规范性文件合法性的判断依据体系。

综上,德国与美国的三层审查基准相当精致,但其内涵丰富、结构复杂,不易被我国审查者适用。下面基于立规权规范的含义、类型与结构层次,拟厘定一套结构清晰、简明易用的判断依据体系,以便审查者完整深入地判断规范性文件的合法性。

为了达到前述目标,下文采用概念分析与规范分析的方法,首先厘定规范性文件合法性判断的对象是立规行为与立规内容的合法性,合称立规的合法性;接着,根据立规合法性判断对象的构成层次将判断依据的基本类型界分为:客观向度的权能主体资格规范、权能内容限制规范、权能程序规范,以及主观向度的权能意图表示规范;然后,逐一解析前列判断依据的构成要件,并根据前述规范的基本类型与构成要件,并参照拉兹的联锁性规范体系概念,将前列作为合法性判断依据的法律规范阐明为一个具有内在相互关系的规范体系。最后按照前列基本类型观、构成要件观与规范体系观,经解释我国现行法中规定的相关法律条款,最终从我国现行法中梳理出一套简要的立规合法性判断法律依据体系。

二、判断依据的厘定进路

"规范性文件合法性判断"的字面表明,该类判断的对象就是"规范性文件的合法性"。在判断实践中,被审的规范性文件(包括其草案)事先已经存在,审查者必须明确其中包含的合法性判断对象,才能有的放矢地查找相应法律规范作为判断依据。尽管法律发现的一般过程是"眼光在事实与规范之间往返流转",但在判断对象在先的意义上,审查者若能先厘清判断对象,则明显有利于发现判断依据。

另根据"整体与部分"的二分观,规范性文件可划分成整体与部分;这两个层面的对象似乎能作为整体合法性判断与部分合法性判断的对象。但这种观点似是而非、并不正确。"规范性文件整体"与"规范性文件的构成部分"不能指称确切的对象,审查者运用这两个概念并不能认定确切的判断对象。规范性文件合法性判断的确切对象是立规行为的合法性、立规内容的合法性。

(一)立规行为的合法性

"对一个概念下定义的任何企图,必须要将表示该概念的这个词的通常用法当作它的出发点。"[①]在通常用法中,规范性文件是立规行为的结果。规范性文件整体的合法性判断,就是对立规结果的合法性判断。但决定立规结果合法性的并非规范性文件本身,而是立规行为。规范性文件的整体合法性判断并非对"规范性文件整体"的笼统合法性判断,而是对立规主体、立规行为条件与立规程序等立规行为构成要件的合法性判断。这种整体合法性判断的对象其实就是立规行为的合法性。根据言语行为(Speech acts)理论可以证立前列观点。

语言哲学家塞尔主张:"颁布法律既有宣告的情形(命题内容变成了法)也有指令的情形(法律在意图中是指令)"。[②]　其中,宣告(Declaratives)是指

---

① 汉斯·凯尔森:《法与国家的一般理论》,沈宗灵译,中国大百科全书出版社 1995 年版,第 5 页。

② John R.Searle, *Expression and Meaning*: *Studies in the Theory of Speech Acts*, England: Cambridge University Press, 1979, p. 28.

说者在满足既定制度条件的情况下宣告某种事态,就会造成与说者意图相一致的后果的行为;指令(Directives)是指说者要求听者做某事的行为,包括命令与要求。① 宣告与指令是言语行为的两种主要类型。所谓言语行为是指说者经由说某些事而做意图之事的行为,即说者经由说 X 而对听者做成意图的 Y。② 塞尔说的"颁布法律"显然是法学论域内的立规行为。

德国法哲学与公法学者阿列克西认为,行使权能(含立规行为)的宣告与表示应被理解为一种言语行为。③ 是故,立规行为属于言语行为的范畴,是立规主体在既定条件下宣告某规范性文件是规范性文件并要求人们遵从规范性文件中所设定之指令的言语行为。如同其他言语行为一样,立规行为同样是一种依赖先在制度所设定条件的行为,它们是由惯习或构成性规则构成的行为,可被描述成根据成组的构成性规则所发出的表述而实施的行为。④

参考塞尔关于言语行为先在规则的论述,⑤立规行为的先在规则至少有两类:一类是语言制度内的读法、写法、语法与用法等语言规则;另一类是习惯或制定法等惯习与法制内的法律规范。因为立规行为本身就是一种法律上的言语行为,而且合法性判断的法律依据必然是一种法律规范,本章仅论及立规行为的先在规则。丹麦学者把设定立规行为必要条件的规则统称为权能规则(Rules of competence),此种规则有三类构成部分:其一,确定主体权能的规则,说明哪些人有资格来参与创设新法的程序;其二,确定程序权能的规则,界定应当被遵守的程序;其三,确定实体权能的规则,说明有资格的人以规定的

① John R.Searle, *Expression and Meaning: Studies in the Theory of Speech Acts*, England: Cambridge University Press, 1979, pp. 12-28.

② J.L.Austin, *How to Do Things with Words*, Oxford: Oxford University Press, 1962, p. 12.

③ 参见[德]罗伯特·阿列克西:《阿尔夫·罗斯的权能概念》,载[丹麦]阿尔夫·罗斯:《指令与规范》,雷磊译,中国法制出版社 2013 年版,第 267—269 页。

④ J.L.Austin, *How to Do Things with Words*, Oxford: Oxford University Press, 1962, p. 16, 107, 121, 128. John R.Searle, *Speech Acts: An Essay in the Philosophy of Language*, New York: Cambridge University Press, 1969, pp. 36-40.

⑤ John R.Searle, *Speech Acts: An Essay in the Philosophy of Language*, New York: Cambridge University Press, 1969, pp. 38-41.

方式所颁布的指令所涉及的那些事。①

　　前三类规则分别设定了立规行为必须满足的三类法律条件:其一,设定何人(单数或者复数)有资格来实施立规行为的条件(主体条件);其二,设定行为应遵从程序的条件(程序条件);其三,设定被创立规范的对象、情景和主题之可能范围的条件(实体条件)。② 如果立规行为不具备前列条件或者前列条件不合法,那就称不上立规行为,更成不了合法行为。相应地,作为行为内在结果的规范性文件在整体上也将不成立或不合法。这就是把规范性文件的整体合法性判断理解成立规行为合法性判断的根本理由。

　　（二）立规内容的合法性

　　规范性文件构成部分的合法性判断,也被称为立规内容的合法性判断。立规内容就是作为立规结果的规范性文件中所规定的内容。按照法理学通说,法律的基本构成要素是概念、规则与原则;规则与原则均是规范。概念并不具有指引人行为的完整功能,只有规范才是最基本且最重要的法律单元;如果一个给定的法律要件不是规范,它或许是规范的组成片段。③ 所以,规范性文件的主体构成部分是规范。规范性文件构成部分的合法性判断实际上指称的应当是对规范性文件内含规范的合法性判断。换言之,规范性文件构成部分合法性判断的确切对象就是规范性文件内所规定之规范的合法性。

　　规范逻辑学者认为,立规结果(即规范性文件)中的规范,是在时间之维

---

　　①　参见[丹麦]阿尔夫·罗斯:《指令与规范》,雷磊译,中国法制出版社2013年版,第120页。

　　②　参见[丹麦]阿尔夫·罗斯:《指令与规范》,雷磊译,中国法制出版社2013年版,第162页。

　　③　Torben Spaak,"Norms that Confer Competence",*Ration Juris*,Vol. 16,No. 1,March 2003,p. 90.

中静态存在的、非个人主观心理上的、处于第三世界①的主体间的抽象客观实体。② 就像命题能被语句描述出来成为描述语句的意义一样,这种实体意义上的规范也能被语句表述出来。③ 表述它们的语句不同于单纯的陈述语句,而是具有规范性意义的语句(如"禁止在室内吸烟");规范就是指规范性语言组成的语句所表示的意义内容。④ 因语义学是研究语言符号与其所指对象之关系的学科,⑤这种基于规范与语句二分而界定的规范概念,被称为语义观概念的规范。

规范逻辑(道义逻辑)学者认为,语义学维度内的调整人们行为的规范(行为规范)均具有相同的一般结构,用符号表示即 q→Op(也被记作 T→OR⑥)⑦;q 与 p 作为陈述性命题构成行为规范的描述性部分,p 被 O 限定后生成的 Op 构成行为规范的规范性部分。⑧ 据此,行为规范由行为条件(或称为适用条件)、行为模式或规范模式(规范模态限定的行为态势)与行为内容

---

① 第一世界是物理状态的世界;第二世界是人类个体心灵状态的世界;第三世界是主体间的可知的客观理念。关于前三个世界的观点可见,Karl R.Popper, Objective Knowledge: An Evolutionary Approach, New York: Oxford University Press, 1979, pp. 154–155。

② Carlos E.Alchourrón & Eugenio Bulygin, "the Expressive Conception of Norms", in *New Studies in Deontic logic: Norms, Actions & the Foundations of Ethics*, Risto Hilpinen (ed.), Dordrecht: Reidel Publishing Company, 1981, p. 95.

③ Carlos E.Alchourrón & Eugenio Bulygin, "the Expressive Conception of Norms", in *New Studies in Deontic logic: Norms, Actions & the Foundations of Ethics*, Risto Hilpinen (ed.), Dordrecht: Reidel Publishing Company, 1981, p. 95.

④ Robert Alexy, *A Theory of Constitutional Rights*, Julian Rivers (trans.), Oxford: Oxford University press, 2002, p. 21.Carlos E.Alchourrón, "Conflicts of Norms and the Revision of Normative Systems", *Law and Philosophy*, Vol. 10, No. 4, (Nov., 1991), p. 415.

⑤ George Yule, *Pragmatics*, Oxford: Oxford University Press, 1996, p. 4.

⑥ 参见雷磊:《法律规则的逻辑结构》,《法学研究》2013 年第 1 期。

⑦ 其中,"q"代表规范前件或适用条件,"O"代表道义模态(Deontic Modes,也称为规范模态),p 代表规范内容,"→"读作"如果……那么……"。

⑧ G.H.Von Wright, "Deontic Logic", Mind, 1951, VoL.LX, No. 237, pp. 1–4; Paul McNamara, "Deontic Logic", in *Handbook of the History of Logic* (Volume 7), Dov M. Gabbay & John Woods (Eds.), *North Holland: Elsevier*, 2015, pp. 197–207; Pablo E. Navarro & Jorge L. Rodríguez, *Deontic Logic and Legal System*, New York: Cambridge University Press, 2014, pp. 122–123.

（规范内容）构成。相应地，行为规范合法性判断的确切对象可以再分成行为条件、行为模式与行为内容的合法性。

行为规范是构成法律的主要规范类型，也是最早出现的初级规范类型。但自霍菲尔德提出权力的概念之后①，特别是哈特在《法律的概念》中界定了三类次要规则（尤其是作为权力规则的改变规则）之后②，学者们逐渐认识到，法律体系中还有一种并不调整人的行为，而是设定在 C 条件下 X 应当被当成 Y 的规范；这种规范的功能是构成原本不存在的制度性事实（例如把国务院设定成行政法规制定主体），因而被称为构成性规范（或规则）；与之相提并论的行为规范则被称为调整性规范。③

尽管构成性规范与调整性规范存在逻辑性质上的不同，但二者均非描述因果律的法则，它们的基本结构是凯尔森所揭示的"如果存在条件 A，则应当成就结果 B（ought to be B）"；④其独特性仍然是表示人在可能世界应当怎样。因此，这两类规范在逻辑上均可分成两部分：描述性部分与规范性部分；⑤前者是对实体、事态或行为的陈述；后者是道义模态（明示的或隐含的）限定的描述性部分所产生的具有规范性意义的部分。⑥ 构成性规范也具有"如果…那么…"的基本结构，即"如要 X 在 C 条件下，那么它应当被当成 Y"，可记作 X in C→OY。是故，构成性规范与调整性规范具有共同的独特性、具有共同一

---

① Wesley Newcomb Hohfeld, *Fundamental Legal Conceptions as Applied in Judicial Reasoning*, New Haven：Yale University Press,1923,pp. 50–60.

② H. L. A. Hart, *The Concept of Law*, third edition, Oxford：Oxford University Press, 2012, pp. 80–83.

③ Alf Ross, *Directives and Norms*, London：Routledge and Kegan Paul Ltd. 1968, p. 54；Eugenio Bulygin, "On Norms of Competence", Law and Philosophy, Vol. 11, No. 3, (1992), pp. 205–216.

④ Hans Kelsen, "Causality and Imputation", Ethics, Vol. 61, No. 1, (Oct., 1950), p. 6.

⑤ Eugenio Bulygin, "Norms and Logic：Kelsen and Weinberger on the Ontology of Norms", In *Legal Reasoning*, Vol.I, Aulis Aarnio & Neil MacCormick (eds.), England：Dartmouth Publishing Co., 1992, pp. 429–430.

⑥ Eugenio Bulygin, "Norms and Logic：Kelsen and Weinberger on the Ontology of Norms", In *Legal Reasoning*, Vol.I, Aulis Aarnio & Neil MacCormick (eds.), England：Dartmouth Publishing Co., 1992, pp. 429–430.

般结构:q→Op。据此,构成立规内容的语义观概念之规范合法性判断的对象,可分成规范条件、规范模态与规范内容的合法性。

(三)判断对象与判断依据的关联

综上,规范性文件合法性判断的确切对象并非规范性文件,而是立规行为与立规内容的合法性。言语行为构成层次论认为,任一言语行为由三类截然不同的行为构成:其一是发语行为(Utterance acts),即说出或发布一些词或句;其二是命题行为(Propositional acts),即指称或预测某些事物;其三是语行行为(Illocutionary acts,或译为以言行事行为),即表示陈述、提问、命令与承诺等意图并产生相应语力的行为。①

立规行为也可以解析成前三类:发语行为即发布文本;命题行为即通过文本中的语句表达出命题内容;语行行为即经由发布文本而意在宣告文本为人们应当遵从的规范性文件。其中命题行为表达出的命题内容在立规成立后变身为立规内容;命题内容与立规内容在语义学上完全相同,它们都由语义观概念的规范构成。因此立规行为的命题内容等同于立规结果中的立规内容。所以在严格意义上,规范性文件合法性判断应当改称为语用学上的立规行为的合法性判断。但考虑到立规行为与立规结果相分立,而立规包含立规行为与立规结果,所以"规范性文件合法性判断"也可改称"立规合法性判断"。

根据立规行为与构成立规内容的语义观概念之规范的构成要件,立规合法性判断的对象共由两个层面构成:其一,在立规行为层面,是立规主体资格、立规实体行为与立规程序活动的合法性;其二,在立规结果层面,是规范的前提条件、规范模态所设定的模式与规范内容的合法性。由于立规合法性判断是一种双位关系,设定将判断对象记作 a、判断对象的构成要件记作 x、判断依据记作 b,此关系即 a(x)是否符合 b;符合的则合法、不符合的则不合法。

---

① John R.Searle, *Speech Acts:An Essay in the Philosophy of Language*, New York:Cambridge University Press, 1969, pp. 22−26.

前文已经厘定了立规行为与立规内容合法性的次级判断对象,为了判断它们的合法性,就必须从既定法律规范体系——如我国现行法律规范体系中——找到相应地判断依据。从法制常识及现有文献中可知,判断立规行为合法性的具体依据是设定或规定立规主体、立规权限、立规程序,以及立规内容的规范。

这应当是按判断依据所规定对象的名称来命名的。然而,这里隐含两个必需解答的问题:第一,立规合法性判断的法律依据是否就是规定立规的法律规范? 若答案是肯定的,那么第二,立规合法性判断的法律依据能否以其规定的对象,也是后来的被审对象的要件名称来命名? 例如,把规定立规主体资格的法律规范当作判断依据时,能否把这类判断依据称作"立规主体资格规范"?

第一个问题的答案是肯定的,立规合法性判断的法律依据必然是规定立规的法律规范。理由如下:首先,从逻辑关系上看,在 a(x)是否符合 b 的逻辑关系中,立规行为所创立的实然的 a(x)就是法律规范所设定或规定对象的具体化。a(x)若没有被法律规范设定或规定,就谈不上是否合法的问题;反过来,既定法律规范设定或规定了 a(x)的应然样态 A(X),a(x)就应当符合法律规范设定或规定的 A(X)。据此,法律上的 A(X)与立规所创立的 a(x),是规定与被规定的关系。换而言之,设定或规定 A(X)的法律规范是判断 a(x)的法律依据。

其次,从立规的发生过程来看,立规行为同其他言语行为一样,皆是一种依赖先在制度的、根据惯习中或法律中的成组构成性规则而实施的行为。[①] 例如,只有存在教会、法律与国家之类的制度,而且说者和听者在这些制度中

---

① J.L.Austin, *How to Do Things with Words*, Oxford: Oxford University Press, 1962, pp. 16,107, 121,128.

具有特殊的地位,说者才会做出把听者逐出教会或者宣战之类的行为。① 立规行为作为发布规范的宣告,同样也是一种依赖构成性规则的言语行为。这些规则由言语规则与法律规范构成。除了必然依赖言语规则外,立规行为尤其依赖法律规范体系中的一类特殊规范,即下文将详细分析的立规权规范。

总之,从先有立规制度(含惯习)后有立规行为及其结果的层面看,立规合法性判断的对象原本就是先在规则设定的应然对象,实定法规范性文件的诸被审对象就是根据先在规则形成的制度性事实,其合法性只有依据先在的立规权规范才能加以判断。

第二个问题是一个如何命名各类立规合法性判断依据的问题。前段已述,无论在逻辑上还是在发生学上,既定的法律规范体系中若没有先在的立规权规范,任何人都不会做成立规行为并形成立规结果,或者说任何人都制定不出有效的规范。规范性文件合法性判断中被审的规范是先在立规权规范所规定应然内容的实定化、具体化。根据被具体化的被审规范的类型名称命名先在的作为判断依据的法律规范,似乎是一种准确、妥当且便利的命名方法。因此,根据前文厘定的立规合法性判断对象,可以把立规合法性判断的法律依据命名成三大类:立规主体资格规范、立规内容限制规范、立规程序规范。其中,立规内容限制规范的构成部分可再分成规范条件规定、规范模式规定与规范内容规定。立规实体行为的规范内容就是作为立规结果的立规内容。

三、判断依据的基本类型

前列合法性判断的法律衣据,大部分规定在宪法、立法法、国家机关组织法等法之中。这类法律规范通常被称为"立规规范",即设定立规权力、调整立规活动的规范。作为立规合法性判断依据的法律规范通常被统称为"立规

---

① John R.Searle, *Expression and Meaning: Studies in the Theory of Speech Acts*, England: Cambridge University Press, 1979, p. 18.

规范"。但这并不意味着问题就全部解决了。

　　同立规合法性判断的法律依据尚未被厘清一样,迄今也鲜见有人较为全面地厘定立规规范是什么。即便确定立规合法性判断的法律依据就是"立规规范",还仍需解答:这种立规规范是什么性质的规范? 可以分成哪些基本类型? 具有哪些构成要件,等等。根据权能规范的概念,立规合法性判断的法律依据是一种立规权规范,其子类是设定立规权能的构成性规范,以及规定立规权能行使行为的调整性规范。根据设立权能的必要条件论与言语行为论,立规权规范可分成客观向度的权能主体资格规范、权能内容限制规范、权能程序规范,以及主观向度的权能意图表示规范。

（一）权能的独特性与一般要件

　　立规权能同其他权能一样,是一种"法律所确立的、通过和依据表示来创设法律规范(或法律效果)的能力"。① 权能的独特性是可能性、规范性、处分性与宣示性,即规范上证立的、通过和依据宣告意图,而处分(立改废)法律规范的可能性。② 丹麦学者罗斯认为,权能规范就是形成这种可能性、确定这种能力之必要条件的规范;权能规范设定的必要条件分别是主体权能条件、实体权能条件与程序权能条件。③ 根据前三类条件,权能规范可分成三类:主体权能规范、实体权能规范与程序权能规范。④ 前列分类看似严整,但仍面临一个难题:如何区分权能的设立条件与权能的行使条件?

　　之所以提出这个问题是因为,在瑞典学者斯帕克看来,权能是一种通过实

---

　　①　参见[丹麦]阿尔夫·罗斯:《指令与规范》,雷磊译,中国法制出版社 2013 年版,第162 页。

　　②　参见[德]罗伯特·阿列克西:《阿尔夫·罗斯的权能概念》,雷磊译,载[丹麦]阿尔夫·罗斯:《指令与规范》,雷磊译,中国法制出版社 2013 年版,第 260—275 页。

　　③　参见[丹麦]阿尔夫·罗斯:《指令与规范》,雷磊译,中国法制出版社 2013 年版,第162、133—142 页。

　　④　参见[丹麦]阿尔夫·罗斯:《指令与规范》,雷磊译,中国法制出版社 2013 年版,第162、120、162 页。

施特定行为而改变法律地位约假设可能性,享有权能是一回事,行使权能是另一回事,所以享有权能与行使权能是不同概念;①行权者的权能取决于主体要件;立规行为的情景(没有被强制或被欺诈等情境)、立规行为的方式或形式(如以书面形式等),则是关于权能行使的要件。②

按其观点,主体权能条件就是设立权能的条件;其余的程序权能与实体权能条件均是权能行使的条件。从权能的设立与行使相分离的观点看,斯帕克的观点显然是正确的。是故,罗斯界分的,设定权能的必要条件,可分成两大类:主体资格条件与立规行为条件。后者包括实体权能条件与程序权能条件。既定的个人或组织具备了主体资格条件就享有了权能;但行使该权能的行为还必须符合权能规范设定的实体权能条件与程序权能条件,才能生成有效的制度情形(例如制定有效的法律规范)。

这意味着,主体资格条件就是设立权能的条件,而实体权能条件与程序权能条件则是在特定主体享有权能之后,限定其权能行使的条件。据此主张两点:其一,权能规范所确定的权能条件,可分成权能主体资格条件与立规行为限定条件两部分;其二,权能主体条件、权能程序条件与权能内容条件,在逻辑上并不处于相同层次,而是先有权能主体条件设定的权能,后有权能行使应当依照的程序与立规行为不得超越的实体领域。

(二)权能规范的分类

综上,权能规范可分成权能主体资格规范与权能行使限定规范。例如,我国现行宪法第 58 条规定,全国人大及其常委会行使国家立规权。这是一条权能主体资格规范,它设立了全国人大及其常委会的国家立规主体资格。但根

---

① Torben Spaak, "Explicating the Concept of Legal Competence", in *Concepts in Law*, J. C. Hage, D. von der Pforten (eds.), Dordrecht:Springer,2009, pp. 74-75.

② Torben Spaak, "Norms that Confer Competence", *Ration Juris*, Vol. 16 No. 1 March 2003, p. 90.

据《立法法》的规定,全国人大及其常委会并不能像封建社会统治者那样任意行使国家立规权,它们还须依照立规设定的程序而行;其中,全国人大常委会制定的法律还不得同全国人大制定的法律所规定的原则与精神相抵触。《立法法》设定的程序,以及全国人大制定的限制性规定,都是限定全国人大常委会立规权的规范。

可见,权能行使限定规范是通过确定既定主体行使权能的程序与实体领域而限制权能的规范,也可简称为"权能限定规范"。根据权能被限定的方式、条件及其分布层次,可分成权能程序限定规范与权能内容限制规范。其中,权能程序限定规范又可分成权能程序环节规范与权能程序行为规范。

首先,程序是民主法治国家法律制度的重要组成部分。例如,我国《立法法》《行政法规制定程序条例》《规章制定程序条例》,以及某些省市制定的行政程序规范,一般都设立了立案、起草、提案、审议、表决、通过、公开等基本的立规程序环节。如果缺少其中的关键环节,例如缺少表决或公开,则该立规行为将因严重不合法而被视为无效。前列各程序环节是限定立规行为的重要方式。它们均是程序性的立规行为,即立规程序行为所构成。

例如,《立法法》第 14 条规定的提案程序行为是:全国人大主席团可以向全国人大提出法律案,由全国人大会议审议;全国人大常委会、国务院、中央军事委员会、最高人民法院、最高人民检察院、全国人大各专门委员会,可以向全国人大提出法律案,由主席团决定列入会议议程。正是类似提案行为这样的程序行为构成了提案这个程序环节。是故,为了细化对权能程序限定规范的认识,应当将其分成权能程序环节规范与权能程序行为规范。

其次,权能内容限制规范是限制立规行为作用域的规范。根据罗斯所划分的权能必备条件,似乎能把权能内容限制规范界定成关于规范相对人、规范情景与规范主题的规定。但如罗斯所言:"这种区分多少有些任意,因为并不存在任何相关的清晰标准。"①因此终非严谨的分类。权能内容限制规范与权能主体资格规范有着不同独特性。

前者是限制立规行为的行为条件、行为方式与作用领域的规范;后者设立的是权能主体资格,一般是概括的附有法定条件的假设可能性,其解决的是特定主体能不能行为的问题;没有权能主体资格者,在法律上就没有做成有效法律行为的可能性。特别是在现代民主法治国家,有权能主体资格并不等同于无所不能地任意立规;行使这种资格或权能的行为通常会受到事实上的与法律上的各种限制。在法律上限制立规行为的实体法律规范就是权能内容限制规范。

这种规范是在特定主体能行为(即有资格)的前提下,进一步限定该权能主体能怎么样与不能怎么样行为。是故,权能内容限制规范解决的是有权主体在实体上能怎么样与不能怎么样行使权力的问题。因这类规范是规定实体性立规行为的规范,也可称为权能内容限制规范。根据行为规范的一般构成要件,前者限定的基本部分只可能是权能内容限制的行为条件、行为模式和(或)行为内容。因此,法律限制权能可能作用域的方式也只可能是限定立规行为的前提条件、行为模式和(或)行为内容。在此意义上,所谓的"制定权限"就是权能内容限制规范对立规行为可能作用域所施加的限制。权能内容限制规范就是限制立规行为作用域的规范。

最后,权能规范由主客观两个向度的规范构成。前已分析,权能规范可以划分成权能主体资格规范、权能内容限制规范与权能程序规范。不过,这三类规范均是设定权能的外在客观条件的规范,它们作为实定法规范构成权能的客观向度。前已论及,权能的独特性之一是宣示性,即通过和依据表示而成就的可能性;权能经常被行使,就是因为法律效果被权能主体所意欲或意图,这

---

① 参见[丹麦]阿尔夫·罗斯:《指令与规范》,雷磊译,中国法制出版社 2013 年版,第134 页。

是权能的主观向度,构成立规行为这种言语行为的实质条件。①

根据塞尔论证的做成宣告的必要条件,②权能主体若做成宣告就必须做出意欲宣告法律规范的意图表示,否则就做不成宣告。鉴于权能意图表示是一种被明示的或被推定的心理活动,也是一种行为。根据前述立规行为客观向度与主观向度的二分观,也可以将权能意图表示规范称为权能主观行为规范。违反这些规则将构成权能意图表示的严重缺陷。

综上,权能规范的基本类型可分成四类:权能主体资格规范、权能内容限制规范、权能行使程序规范,以及权能意图表示规范。立规权规范是权能规范的子类,按照概念间的种属关系,立规权规范也可以分成立规权能主体资格规范(简称立规主体资格规范)、立规权能内容限制规范(简称立规内容限制规范)、立规权能行使程序规范(简称立规程序规范),以及立规权能意图表示规范(简称立规表意活动规范)。

四、判断依据的构成要件

前文在"立规内容的合法性"部分引介了调整性规范与构成性规范,并论述了这两类规范的一般结构均由前提条件、规范模式及规范内容构成。为了深化、细化对立规合法性判断法律依据的认识、提高立规合法性判断工作的精确度,根据此类规范结构论,还可以进一步界分前四种立规权规范的构成部分。

首先是立规主体资格规范的构成要件。立规主体资格规范是设立特定立规主体有资格立规的规范。立规主体资格规范是授予某个体制定法律规范之权能的规范;只有被法律授予这种权能的个体,才能制定规范。③ 这类规范的

---

① 参见[德]罗伯特·阿列克西:《阿尔夫·罗斯的权能概念》,雷磊译,载[丹麦]阿尔夫·罗斯:《指令与规范》,雷磊译,中国法制出版社2013年版,第265—269页。

② John R.Searle, *Speech Acts:An Essay in the Philosophy of Language*, New York:Cambridge University Press,1969,pp.57-71.

③ Hans Kelsen, *General Theory of Norms*, Michael Hartney (trans.), Oxford:Clarendon Press, 1991,p.102.

基本结构至少由三个部分构成:其一是某主体;其二是联结词"是""有权""可以"等;其三是事项,即进行立法;等等。

例如,全国人大及其常委会是国家立法机关,国务院有权制定行政法规,省级人大及其常委会,在不抵触宪法和法律的情况下可以制定地方性法规,等等。它们的共同结构是某主体 X,在法定条件下应当被当成 Y(立规主体)。就此来看,立规主体资格规范是一种构成性规范,或者说一种概念性规则(conceptual rules),即界定概念的规则。[1]

授予立规主体资格的规范可再分成两种类型:其一是直接授权规范,一般结构是:如果主体 p 在条件 c 中以正确的方式做出行为 a,那么 p 就能改变规范(或地位);[2]其二是间接受权规范,一般结构是:如果 p 在 c 中以正确的方式做出意图改变规范或地位的行为 a,那么 q(如法官)就应当遵照该规范或承认该地位。这两种结构较为复杂的授权规范同前段中的概念性规则一样,均能设立主体 p 的立规主体资格。

其次是立规内容限制规范的构成要件。立规内容限制规范是规定立规主体实施立规行为的条件、模式及内容的规范。前已述及,丹麦学者罗斯将其称为实体权能规范,并认为其构成要件是即规定被创设的规范相对人、情景和主题之可能范围的条件。[3] 但罗斯自己提到,前列区分并无清晰的标准可依。[4]

英国法哲学者麦考密克认为,只有充分意识到权能有效行使应当具备的整套条件,才能完整理解任一特定的权能;他认为,权能在个案中都必须具备颇为复杂的要件,它们包括:何类主体、具有何种资格或地位,在既定条件且免

---

[1]　Eugenio Bulygin,"On Norms of Competence",*Law and Philosophy*,Vol. 11,No. 3,(1992),pp. 211-212.

[2]　Neil MacCormick & Ota Weinberger,*An Institutional Theory of Law:New Approaches to Legal Positivism*,Dordrecht:D.Reidel Publishing Company,1986,p. 65.

[3]　参见[丹麦]阿尔夫·罗斯:《指令与规范》,雷磊译,中国法制出版社 2013 年版,第 133—142 页。

[4]　参见[丹麦]阿尔夫·罗斯:《指令与规范》,雷磊译,中国法制出版社 2013 年版,第 134 页。

除无效情况的条件下采用何种程序与形式、实施何种行为、针对何类规范相对人、规范相对人具有何种资格、设定何类事情或活动创设一个有效的制度事实。①

参照罗斯的三分法可以重组前列条件：主体权能条件包括何人或何类人有资格或地位，程序权能条件包括立规行为依照的是何特定程序与特定形式；其余的要件，除有效制度情形之外，均属于实体权能条件。其中，规范相对人包括相对人被针对的方面与相对人具有的一般资格；规范适用条件包括行使权力的有效与无效条件，规范主题则包括立规行为的类型与立规行为所针对的事情或活动。

尽管麦考密克的分类相对精细，但他并没有厘清前列条件在权能设定与权能行使中的逻辑层次。立规实体权能规范是规定立规行为的条件、模式及内容的行为规范，即调整性规范。根据规范逻辑学的通说，行为规范的逻辑结构由行为条件、行为模式与行为内容构成；立规内容限制规范也可分成行为条件（适用条件）部分、行为模式部分与行为内容部分；后两者构成规范结果部分。

其中，适用条件部分包括立规主体行使权力的事实条件、行为场景等；行为模式部分是指立规主体在适用条件成就后所采取的行为模式；例如，应当行为、不得行为或可以行为；行为内容部分是指立规主体能够针对的规范相对人，以及规范相对人能被影响的权益范围，或者说立规主体能通过行权意图设立、改变或消灭的规范或地位。规范结果即立规主体应当、不得或可以通过行权意图设立、改变或消灭的规范或地位。

第三是立规程序规范的构成要件。学者们通常认为，法律程序是法律活动应当遵循的方式、步骤、顺序及时限。这种观点并无错误，只是指称不精确。

---

① Neil MacCormick,"Powers And Power-Conferring Norms",In *Normativity and Norms：Critical Perspectives On Kelsenian Themes*,Stanley L.Paulson,Bonnie Litschewski（eds.）,Oxford：Oxford University Press,1998,pp. 501−503.

前文已主张,立规程序规范作为权能程序规范的子类,可分成立规程序环节规范与立规程序行为规范两类。立规程序环节规范设定的立规程序环节,通常包括规划与计划、立案、起草、提案、审议、修改、表决与公告等。

这些环节构成了整个立规过程,缺少其中任何一个法定环节的立规,将是程序不完整的立规。如果缺少其中的某些关键环节,例如表决或公开,那么这个立规将因严重不合法而被视为无效。例如,《行政诉讼法解释》第148条第2款第4项规定,"未履行法定批准程序、公开发布程序,严重违反制定程序的"规范性文件不合法;人民法院有权根据《行政诉讼法》第64的规定,不把它们当作认定行政行为合法的依据。换言之,严重违反制定程序的规范性文件对人民法院无规范效力。

立规程序行为是构成并呈现立规程序环节的具体立规活动。没有程序行为,程序环节将徒有其名;没有程序行为规范,程序环节规范也将只是一个空壳。例如,现行《立法法》第17条至第20条规定了数条立规审议行为规范,其中一条是:常务委员会决定提请全国人民代表大会会议审议的法律案,应当在会议举行的一个月前将法律草案发给代表。

这些行为规范共同构成并呈现出全国人大立规程序的审议环节。立规程序行为规范同立规内容限制规范一样,也是一种行为规范。同样根据规范逻辑学的通说,行为规范的逻辑结构由行为条件、行为模式与行为内容构成。立规程序行为规范同样由行为规条、行为模式与行为内容组成。

例如,《立法法》第17条规定的立规提案行为规范就可以分成三部分:其一,行为条件部分是"常务委员会决定提请全国人民代表大会会议审议的法律案";其二,行为模式部分是"应当";其三,行为内容部分是"在会议举行的一个月前将法律草案发给代表"。但是,除了行为模式的类型相同外,因立规程序行为规范所规定的是程序行为而非实体行为,所以此类规范的行为条件仅是立规程序中的事实等条件,其行为内容也是立规程序上的行为或事件。

最后是立规表意活动规范的构成要件。根据塞尔所界定的做成宣告的必

备条件,立规主体的权能意图表示必须做到三点:

第一,必须是它们自身意图的真诚表示,而非演戏、撒谎、开玩笑、被胁迫等情景中的意图。第二,行为主体意图表示的命题内容还应当是明确具体的,能被立规相对人清晰认知的。第三也是最重要的,行为主体在其意图中必须表示出要求相对人遵从其所宣告的指令并实施所要求行为的真实意图,否则就因缺少宣告的独特性要素而不是在做出宣告。

参考民法学中的意思表示分类法,①前三类意图表示大体上可分成行为意图、表示意图与效果意图。再根据塞尔厘定的条件,构成权能意图表示的规则可分成:立规主体应当真诚地做出权能意图表示行为、立规主体应当明确地表示权能意图的命题内容、立规主体应当真实地表达宣告法律的意图。

因为立规表意活动是在立规人员个人心理基础上构成的集体意向,所以立规表意活动规范也是一种意志活动规范。根据规范逻辑学的通说,行为规范的逻辑结构由行为条件、行为模式与行为内容构成。所以,立规表意活动规范也同样由行为规条、行为模式与行为内容组成。这三类规则的共同行为条件是"立规主体做出立规行为时"、共同行为模式均是强制性的"应当"。不过,它们的行为内容,则分别是"真诚地做出权能意图表示行为""明确地表示权能意图的命题内容""真实地表达宣告法律的意图"。

五、判断依据形成的联锁性规范体系

拉兹在《实践理性与规范》一书提出了"联锁性规范体系"的概念,其意是指存在内在相互关系这种联系而联结起来的任何成套的规范。② 他列举的规范存在内在相互关系的情形主要有:某规范的存在是另一规范存在的部分充分条件,或者某规范的内容只有参考另一规范才能被完全阐明;以及,行使规

---

① 参见[德]维尔纳·弗卢梅:《法律行为论》,迟颖译,法律出版社 2013 年版,第 53—55 页。

② Joseph Raz, *Practical Reason and Norms*, New York: Oxford University, 1999, p. 113.

范制定权力而制定的规范,与授予该制定权的规范内在相关;受到执行权力影响的规范与授予该执行权力的规范内在相关。① 根据英国法哲学家拉兹界分的规范的内在相互关系,可厘定前四类立规权规范之间所存在的多层内在相互关系。

首先,权能主客观向度的四类规范存在内在相互关系。立规行为属于言语行为的范畴。言语行为的独特性是说者经由说 X 而对听者做成意图的 Y。② 立规主体就处于说者地位,它们把语句表示的命题内容当成法律规范的明示的或推定的意图,是做成立规行为的实质条件③与关键条件。然而,立规主体的意图只有在立规行为中才能表达出来。根据语言哲学的言语行为层次论,任一言语行为均由"三位一体"、但在概念上截然不同的发语行为、命题行为与语行行为构成。④ 从中可知,立规主体通过语行行为表达出了创制法律规范的意图;但语行行为同命题行为、发语行为是同一言语行为的三个面相。

在立规完成后,发语行为表达了命题行为赖以存在的语言形式,而命题行为的命题内容则变成了规范性文件中的规范;但若没有语行行为中的立规意图及其力量,规范性文件将成不了有效的法律规范性文件,其中的规范也成不了有效的规范。反过来,没有命题行为,立规意图将空洞无物;但没有发语行为,语行行为也不可能通过语言形式表达出立规意图。是故,立规表意活动规范与预决规范效力的立规主体资格规则、生成规范内容的立规内容限制规范,以及构成立规过程的立规程序规范,具有密不可分的内在相互关系。

其次,立规主体资格规范与立规内容限制规范存在内在相互关系。立规主体资格规范所设定的有权立规主体,是构成立规的根本前提条件;因为,无权主体在概念上不可能实施行为。立规内容限制规范的存在与实施必然以立

---

① Joseph Raz, *Practical Reason and Norms*, New York: Oxford University, 1999, p. 112.

② J.L.Austin, *How to Do Things with Words*, Oxford: Oxford University Press, 1962, p. 12.

③ J.L.Austin, *How to Do Things with Words*, Oxford: Oxford University Press, 1962, pp. 12–24.

④ John R.Searle, *Speech Acts: An Essay in the Philosophy of Language*, New York: Cambridge University Press, 1969, pp. 22–26.

规主体资格规范的存在为逻辑前提。无立规主体资格规范,立规内容限制规范就没有存在意义。恰如拉兹所述,立规主体资格规范的存在是立规内容限制规范存在的部分条件。由此可知,立规主体资格规范与立规内容限制规范之间存在较为明显内在相互关系。

再次,立规内容限制规范与立规程序规范存在内在相互关系。立规实体行为是立规主体行使立规权能的行为。在现代民主法治国家,立规不再是古代君王"言出即法"式的无拘束立规行为,而是受到多重程序环节限定的、有多方民主参与的多种行为所构成的立规行为。

立规程序规范即是设定这些程序环节、规定其中程序行为的法律规范。立规实体行为只有依照法定的立规程序规范实施,才能构成完整的立规;否则,将因缺失某些立规程序而做不成立规实体行为,或者即使最终颁布了立规结果,也会因不符合立规程序而被认定成无效。反过来看,如果仅有立规程序规范而没有立规内容限制规范,那将空有立规程序而没有立规实体行为,立规程序规范也将失去存在的意义。故这两类规范之间也存在内在关系。

最后,立规程序环节规范与立规程序行为规范存在内在相互关系。立规程序环节构成立规实体行为过程,立规程序行为则构成并呈现出明示的或潜在的立规程序环节。在此意义上,立规程序行为是立规实体行为在立规程序环节中的程序化。根据行为与规范间的构成与被构成、调整与被调整关系,如同没有立规内容限制规范,立规程序规范就无存在必要性一样,若没有立规程序行为规范,立规程序环节规范也就没有了可以作用的实体对象。反过来看,若没有立规程序环节规范,立规程序行为规范也将失去明确的归属范畴而散乱无形。由是观之,立规程序规范下属的立规程序环节规范与立规程序行为规范也存在内在相互关系。

综上,规定具体立规程序行为的规范同立规程序环节规范内在相关。二者构成的立规程序规范同立规内容限制规范内在相关。而立规内容限制规范又同立规主体资格规范内在相关。前三大类规范所构成的立规客观向度的规范又同立规主观向度的立规表意活动规范内在相关。

总之,前列立规权规范作为立规合法性判断的法律依据,形成了内在相关、环环相扣的联锁性规范体系。据此,立规权规范并非一条规范而是前四类规范构成的一个联锁性规范体系。如果既定法律秩序内存在这样的联锁性立规权规范体系,那么就可以根据它们对立规行为和立规内容进行较为全面完整的合法性判断。

六、我国现行法定的判断依据体系

根据前述立规权规范体系,既定法律秩序内设定特定主体立规权的规范,在不同程度上可构成一套规范体系。例如,在我国现行法中,设定全国人大常委会立规权的规范就是由《宪法》《立法法》等法中的立规权规范——立规主体资格规范、立规内容限制规范、立规程序规范及立规意思表示规范——所构成的全国人大常委会立规权规范体系。

同理,我国现行法也规定了国务院的立规权规范体系、设区的市以上人大及其常委的立规权规范体系、国务院部门与设区的市以上地方政府的立规权规范体系,以及各级各类国家机关制定准立规类规范性文件的广义立规权规范体系,等等。按前列各个立规主体,可以在我国现行法律规范体系中厘定其相应的立规权规范体系。

但为了精简篇幅,更主要地是为了验证前文提出的观点,下面按立规权规范的基本类型,即合法性判断依据的基本类型,采用横切的方式简要梳理我国现行法定的立规合法性判断依据体系。

(一)现行法定的立规主体资格规范

立规主体资格是既定主体在法律上能够立规的可能性。有立规主体资格的主体就能够进行有效的立规。无立规主体资格的主体即使主观上意图进行"立规",它们的行为客观上也不具有立规的特性,其立规结果在法律上也不存在。① 我国现行法设立立规主体资格的方式有两种:其一是《立法法》及国家机关组织法中的概括设立方式;其二是某些法律规范性文件中的若干条款特别授权的方式。立规主体资格规范可分成相应的两类:

其一,概括设立立规主体资格的法律规范。《宪法》第58条及《立法法》第7条关于全国人大及其常务委员会立规资格的规定;《宪法》第89条第1项及《立法法》第65条关于国务院行政法规立规资格的规定;《地方组织法》第7条及《立法法》第72条关于地方国家权力机关地方性法规立规资格的规定;《立法法》第80条关于国务院部门规章立规资格的规定;《地方组织法》第60条及《立法法》第82条关于设区的市及其以上地方政府规章立规资格的规定;除狭义立规主体资格外,《地方组织法》第8条、第9条及第44条是关于各级人大及县级以上人大常委会规范性文件制定资格的规定;《宪法》第89条及《地方组织法》第58条、第59条与第61条是关于各级政府规范性文件制定资格的规定。

其二,特别授予立规主体资格的法律规范。这类规范主要分布在设立特定公共社会组织的法律中。例如,按《律师法》《注册会计师法》《高等教育法》,以及《村民自治法》与《城镇居民自治法》的相关规定,律师协会、注册会计师协会、妇女联合会,以及基层群众自治组织享有制定相应规范性文件的主体资格。另外,《道路交通安全法》授予道路交通主管机关制定相应规范性文件的资格,《烟草专卖法》授予全国及省级烟草公司制定相应规范性文件的资格,《商标法》授予商标评审委员会制定相应规范性文件的资格,《学位条例》授予某些高等院校及研究单位制定相应规范性文件的资格,等等。

除组织法赋予的或其他法特别授予的广义立规主体资格外,其他任何组织均无资格对外发布规范性文件。否则,就应因无主体资格而被定为无效。例如,《行政诉讼法》第75条把无资格主体制定的规范性文件列成具有重大

---

① Hans Kelsen, *General Theory of Norms*, Michael Hartney (trans.), Oxford: Clarendon Press, 1991, p. 102.

且明显违法情形的规范性文件,具有这种违法情形的规范性文件对人民法院无拘束力。

(二)现行法定的立规内容限制规范

前已论证,立规权规范是确定立规权能及其行为要件的规范,可分成权能主体资格规范与权能行使限定规范两类;根据权能被限定的方式、条件及其分布层次,立规权能行使限定规范又可分成权能内容限制规范与权能程序限定规范。前者限定的是立规主体立规行为的实体条件,因此也被称为立规内容限制规范。

根据行为规范的行为模式,立规内容限制规范可分成可以立规行为规范、应当立规行为规范与禁止立规行为规范。按是否附加了行为条件,前列规范皆可分成附条件的与无条件的两大类;通常在宪法之下,所有立规主体的立规实体行为在不同程度上均被限定了条件。此外,即使在应当立规或可以立规的行为条件具备时,这些立规行为的行为内容还会再次受到法律规范的直接限定或间接排斥。立规的位阶越低,受到的限定也就越多。下面分三类梳理现行法中的立规内容限制规范。

第一,可以性立规内容限制规范。立规权的独特性是立规主体制定、修改与废除法律规范的能力,立规主体通常能自行决定是否立规、如何立规;或者说,立法者享有是否立规、如何立规的裁量权。设定立规实体行为裁量权的规范是一种含有非强制性规范模态(法条中的用词是"可以""有权"等)的规范,可统称为可以性立规内容限制规范。赖特把规定特定权威可以发布特定内容的准许规范称作权能规范,并认为禁止性规范经常能设定对权能规范的限制。① 按其观点,可以性立规内容限制规范作为准许规范,就是"立规权能规范"或者"立规主体资格规范",并且这类规范能被禁止性规范限制。

---

① Georg Henrik Von Wright, *Norm and Action:a Logic Enquiry*, London:Routledge &Kegan Paul Ltd,1963,pp. 192-193.

由于享有立规主体资格是实施立规实体行为的前提,所以法律规定某主体可以实施立规实体行为,同时也设定了该行为主体的立规主体资格。或者说,诸如"设区的市政府可以制定规章"之类的规范语句所表述的规范,具有设立立规主体资格与规定立规实体行为模式的双重规范作用。

尽管同可以性立规内容限制规范相冲突的新禁止性立规内容限制规范,能够全部或部分地排除立规内容限制规范的作用域,①但在立规主体资格设立后,除非设定该资格的规范被废除,否则它作为一种假设可能性,任何禁止性规范都不能将之废除;即使设定立规主体资格的,可以性立规内容限制规范的作用域被新禁止性规范全部禁止,该规范所设定的立规主体资格依然存在。②

判断权能规范与行为规范的标准是:即使被禁止行使了,也仍然存续的法律权力是权能;如果禁止导致以特定方式实施的"法律权力"消失了,那它就不是权能而是行为规范设定的准许、自由或特权,而非概念性规则设定的权能。这表明立规主体资格规范不同于可以性立规内容限制规范,立规主体资格不会被禁止性规范废除,但可以性立规内容限制规范能被新禁止性规范排除。③ 总之,根据立规主体资格规范的特性及前述判断标准,可以性立规内容限制规范并非立规主体资格规范;前者是行为规范,后者是构成性规范。

我国现行法中存在大量隐含设定立规主体资格的可以性立规内容限制规范。该类规范同立规主体资格规范在形式上有所不同,它们绝大多数是附加了限制条件的行为规范。此类规范可分述如下。

---

① Eugenio Bulygin & Carlos E.Alchourrón, "Permissory Norms and Normative System", In *Eugenio Bulygin*, *Essays In Legal Philosophy*, Carlos Bernal et.al.(Eds.), Oxford: Oxford University Press, 2015, pp. 325-329.

② Torben Spaak, "Norms that Confer Competence", *Ration Juris*, Vol. 16 No. 1 March 2003, p. 91.

③ Eugenio Bulygin, "On Norms of Competence", *Law and Philosophy*, Vol. 11, No. 3, (1992), pp. 215-216.

1.《宪法》第 58 条及《立法法》第 7 条规定,全国人大及其常委会行使国家立规权,可以制定狭义上的法律。

2.《立法法》第 65 条规定,为了执行法律规定或者就宪法赋予国务院的管理事项,国务院可以根据宪法和法律制定行政法规。

3.《立法法》第 72 条第 1 款规定,为执行法律与行政法规的规定或者就本地事务,省级人大常委会可以在不同高阶法相抵触的前提下,制定适用于本行政区域的地方性法规。

4.《立法法》第 72 条第 2 款规定,就城乡建设与管理、环境保护、历史文化保护等方面的事项,设区的市人大及其常委会在不抵触高阶法的前提下,可以制定地方性法规。

5.《立法法》第 80 条规定,根据法律和国务院的行政法规、决定、命令,国务院部门可以在本部门的权限范围内制定规章。

6. 就执行高阶法的事项与本行政区域内的管理事项,设区的市以上地方政府根据高阶法的规定可以制定规章。另外,《行政处罚法》第 9 条至第 12 条、《行政许可法》第 15 条至第 16 条,以及《行政强制法》第 10 条和第 13 条,均规定了有权机关可以设定的行政处罚、行政许可与行政强制的类型。

第二,应当性立规内容限制规范。此类规范限定了立规主体的立规行为权,为立规主体设定了应当或必须履行的行为。此类规范在《宪法》《立法法》及相关法中数量众多,可分原则性的与规则性的两类。

其一,原则性规定包括:从《宪法》第 5 条第 4 款中可以解释出,所有立规都必须遵守宪法和法律中的立法规定;《立法法》第 4 条中明确规定,立规应当依照法定权限;《行政法规制定程序条例》第 3 条与《规章制定程序条例》第 3 条均规定,行政立规应当符合宪法和法律的规定,遵循立法法确定的立规原则;《规章制定程序条例》第 5 条,制定规章,应当切实保障公民、法人和其他组织的合法权益。

其二,规则性规定包括:《立法法》第 12 条第 1 项规定,被授权机关应当严格按照授权决定行使被授予的权力;《立法法》第 80 条第 2 款中规定,部门规章规定的事项应当属于执行法律或者国务院的行政法规、决定、命令的事项。还有《行政处罚法》第 9 条中规定,限制人身自由的行政处罚,只能由法律设定;该法第 10 条中规定,法律对违法行为已经做出行政处罚规定,行政法规需要做出具体规定的,必须在法律规定的给予行政处罚的行为、种类和幅度的范围内规定;《该法》第 11 条规定,高阶法对违法行为已经做出行政处罚规定,地方性法规需要做出具体规定的,必须在高阶法规定的给予行政处罚的行为、种类和幅度的范围内规定。

第三,禁止性立规内容限制规范。此类规范也限定了立规主体的立规行为裁量权,为立规主体设定了不得实施的行为。例如,从《宪法》第 5 条第 5 款中可以解释出,立规主体不得在宪法和法律规定之外行使立规权。《立法法》第 12 条规定,国务院不得将最高国家权力机关授予立规的事项转授给其他机关。《立法法》第 80 条第 2 款明确规定,没有法律或者国务院的行政法规、决定、命令的依据,部门规章不得设定减损公民、法人和其他组织权利或者增加其义务的规范,不得增加本部门的权力或者减少本部门的法定职责;《立法法》第 82 条第 5 款规定,没有高阶法依据的,地方政府规章不得设定减损公民、法人和其他组织权利或者增加其义务的规范。

还有,《行政处罚法》第 14 条规定,规范性文件一律不得设定行政处罚。《行政许可法》第 15 条规定,地方性法规和省级政府规章不得设定应当由国家统一确定的行政许可等;该法第 17 条规定,省级政府规范性文件一律不得设定行政许可。《行政强制法》第 10 条第 4 款规定,法律、法规以外的其他规范性文件不得设定行政强制措施;该法第 11 条规定,法律对行政强制措施的对象、条件、种类作了规定的,行政法规、地方性法规不得做出扩大规定;法律中未设定行政强制措施的,除法律准许行政法规规定的具体管理措施外,行政法规、地方性法规不得设定行政强制措施。

（三）现行法定的立规程序规范

立规主体资格规范设立的是特定主体能立规的资格、立规内容限制规范规定的是有权主体怎样立观，立规程序规范则是从构成环节与具体行为两个层面具体规定有权主体如何完成立规过程的规范。其中，立规程序环节规范是设定构成立规的必要环节的构成性规范；立规程序行为规范既是立规实体行为在各程序环节的具体化与事实化，也是构成并呈现立规程序环节的具体立规活动。特定主体有立规主体资格且能进行立规活动，但如果不采取事实上的具体程序行为来完成各个程序环节，那么任何立规主体都不可能将立规权能变成现实的立规活动、都不可能制定出规范性文件。

我国《立法法》《行政法规制定程序条例》，以及《规章制定程序条例》等立规程序类法律规范性文件，就主要是由立规程序环节规范与立规程序行为规范组成的。其中，规定基本立规程序环节的规范，涉及立项、起草、审议、表决与公布等。例如《行政法规制定程序条例》与《规章制定程序条例》均在第2条规定其制定程序包括立项、起草、判断、决定、公布。

这两个条例的各章名称就是前列各立规程序环节的名称。每章下面，例如"起草"章下面均规定了详细具体的起草行为规范；例如《行政法规制定程序条例》第11条规定："行政法规由国务院组织起草。国务院年度立规工作计划确定行政法规由国务院的一个部门或者几个部门具体负责起草工作，也可以确定由国务院法制机构起草或者组织起草。"

再如《规章制定程序条例》第27条规定："部门规章应当经部务会议或者委员会会议决定。"《立法法》虽然没有按基本程序环节分章并按程序环节命名，但其第二节规定的是全国人大立规程序、第三节规定的是全国人大常委立规程序，这两节的具体程序行为规范显示出，前两类立规程序由提案、列入会议议程、听取意见、审议（有时需三次审议）、修改、表决、公布等程序环节构成。某些地方性法规，例如根据《河南省地方立法条例》的规定，其主体内容也由规定前述立规程序环节规范,以及构成相应立规程序环节的立规程序行为规范构成。如此等等,可参见前列法律法规,在此不再赘述。

(四)现行法定的立规表意活动规范

立规行为作为一种言语行为,其最为关键的实质条件是立规主体具有把语句表达出的命题内容当成有效法律规范的主观意图。如果仅有立规主体权能的实体实施行为、立规程序行为的具体进行,但没有立规主体把广义法律案中的命题内容当成法律规范的主观意图,那么该客观上符合立规权规范的活动,独特性上却并非立规。这个关键点可能得到了学者们的默认,但学者们未必全都明确意识到立规主体之立规表意活动的基本规则。

立规表意活动规范不是人为设定的,而是根据表意活动必须达到的基本要求——真诚、真实和明确——界分的技术性规范(technical norms)[1]。其中,真诚规范要求立规表意活动,必须有立规主体想要相对人遵从规范性文件的意图;真实规范要求立规表意内容,必须是立规主体自己真实的意向,而非在演戏、撒谎、开玩笑、被胁迫等情况下,发布的虚假内容;明确规范要求立规意向内容,必须明确具体、能被认知。[2] 所谓技术性,意味着不按技术性规范去做,就根本做不成相关事项。

就此来看,立规表意活动规范有三类:其一是行为意图规则,即立规主体应当真诚地做出权能意图表示行为;其二是表示意图规则,即立规主体应当明确地表示权能意图的命题内容;其三是效果意图表示规范,即立规主体应当真实地表达宣告法律的意图。或因立规主体行为意图虚假、表示意图不清、效果意图不实的情形极少,也或因学者们并未充分认识到前列立规表意活动规范

---

① G.H.Von Wright, *Norm and Action: A Logic Enquiry*, London: Routledge & Kegan Paul Ltd, 1963, pp. 9−11.

② John R.Searle, *Speech Acts: An Essay in the Philosophy of Language*, New York: Cambridge University Press, 1969, pp. 57−71.

在立规中的重要作用,我国现行法并未明确规定前列规则。不过,《立法法》第 6 条第 2 款规定:"法律规范应当明确、具体,具有针对性和可执行性。"该款规定所指内容与表示意图规则规定的内容大体上吻合。

七、结语

综上所述,当前的规范性文件合法性判断研究,尚未厘定该类判断的法律依据是什么。前文根据规范概念论与言语行为论推定,规范性文件合法性判断的确切对象是立规主体资格的、立规实体行为的、立规程序的,以及立规表意活动的合法性;规范性文件合法性判断其实是对立规行为和立规内容合法性的判断,可以称为立规合法性判断。根据立规合法性判断的判断对象与判断依据之间的对应关系,可以把该合法性判断的法律依据界分成立规主体资格规范、立规内容限制规范、立规程序规范,以及立规表意活动规范。

其中,前三类是立规客观向度的判断依据;后一类是立规主观向度的判断依据。这些作为判断依据的法律规范,其根本性质是立规权规范,包括设定立规权能的构成性规范(含立规主体资格规范、立规程序环节规范)、调整立规行为的调整性规范(含立规内容限制规范、立规程序行为规范、立规表意活动规范)。前列规范具有不同的构成要件与规范功能,但它们之间存在内在相互关系,能够在既定法律体系中构成一种联锁性规范体系。在前述判断依据的根本性质论、基本类型论、构成要件论,以及规范体系观的指引下,可以从我国现行法律体系中梳理出我国的规范性文件(立规)合法性判断依据体系。审查者根据该体系,不但可以较为完整地发现立规合法性判断的法律依据,而且可以更加准确地认定应当被判断的对象。

第四节　规范性文件合法性的判断标准

经过多年的实践,特别是《行诉解释》公布后,规范性文件司法审查制度相关审查规则已经较为健全,审查案例也与日俱增。① 表面上,人民法院既可参考现行《立法法》列明的情形做出判断,也能依据《行诉解释》第 148 条列明的情形进行审查。但学者们并不满意现行法的规定。他们从审查内容、②判断对象③及判断依据④等方面不断地探讨判断标准。有学者甚至认为,现有判断标准类型并不完整,在不少案件中无明确判断标准可用;判断标准的残缺已成为实务中凸显的难题,确立完备的判断标准是完善审查机制的当务之急。⑤

一、问题的提出及研究方案

梳理法律规定、行政案例与学术文献后发现,现有判断标准可概称为"五情形标准"⑥。"五情形"是指《立法法》第 96、97 条等规定的广义规范性文件⑦不合法情形,特别是《解释》第 148 条明确列举的五种规范性文件不合法情形——超越权限的、违背法定程序的、违反高阶法规定的、无依据损益的,以及抵触高阶法的情形。"五情形标准"作为法律标准,在法理上应当具备四种基本特性:一是独特性(或通常所谓的本质特性),是指根据判断对象所具有的独特属性界定的标准。二是严整性,是指各标准子类之间,应当是联合穷

---

① 2019 年 5 月 21 日上午 9 时 26 分,在中国裁判文书网上按"全文检索:规范性文件+案件类型:行政案件"搜索,该网站的网页显示,能找到 61900 个涉及规范性文件的行政案件。

② 参见程琥:《新〈行政诉讼法〉中规范性文件附带审查制度研究》,《法律适用》2015 年第 7 期;王红卫、廖希飞:《行政诉讼中规范性文件附带审查制度研究》,《行政法学研究》2015 年第 6 期。

③ 参见王留一:《论行政规范性文件司法审查标准体系的建构》,《政治与法律》2017 年第 9 期;孙首灿:《论行政规范性文件的司法审查标准》,《清华法学》2017 年第 2 期。

④ 参见俞祺:《行政规则的司法审查强度——基于法律效力的区分》,法律出版社 2018 年版。

⑤ 参见余军、张文:《行政规范性文件司法审查权的实效性考察》,《法学研究》2016 年第 2 期。

⑥ 或有人主张现有审查标准少于或多于五个标准。本书梳理出来五种,但不负有论证现有标准究竟应分成几类的责任,仅负有严格论证改进后的审查标准应当分成几类的责任。

⑦ 参见黄金荣:《"规范性文件"的法律界定及其效力》,《法学》2014 年第 7 期。

尽、相互排斥的关系,①而不是分类错乱的标准。三是充要性,"标准"蕴含有必要且充分的功能,②所以充要性是指既必需又足够的,而不是无必要或不充分的标准。四是实用性,是指既完整精确又简明易用,而非残缺、晦暗、难以适用的标准。经分析发现,"五情形标准"基本上不具备前四种特性。

"五情形标准"只是规范性文件不合法情形的抽象类型化,而且仅是部分不合法情形的类型化;它们非但不具备作为合法性判断大前提的应有功能,还隐含着按何标准、何以得出不合法类型的难题。以超越权限情形为例,学者们既未揭示超越权限情形的成因是什么,更未界定超越权限情形的独特性是什么。非但如此,他们还未断定规范性文件司法判断标准是否只有五种,更未论证"五情形标准"是不是规范性文件司法审查的充分标准。是故,"五情形标准"并非严格意义上的法律标准。但是,这些标准源于我国法学研究与实践经验的经年积累,能发挥且发挥了某种判断作用。

本章在部分肯定"五情形标准"的前提下,拟根据规范理论、言语行为论、意向性理论与社会实在建构论等原理,先论证规范性文件司法审查的对象、依据,以及规范性文件合法性的独特性等观点,而后再应用前述观点,把"五情形标准"改进成更严整、实用的判断标准。在此先给出该标准的内涵:如果立规事实整体上是/不是四类相联锁立规规范强制性意向事态的完整实例,那么它们所构成的规范性文件合法/不合法。下面分三部分展开论证。

二、现有判断标准

关于判断标准的分类,至今尚无定论。若评析并改进现有判断标准,就需要先确定它们。本部分的内容即梳理各类判断标准。我国法源基本上是成文法,行政诉讼法教义学的首要论述对象也是成文法。是故,下文采取的思路

---

① 参见[日]末木刚博等:《逻辑学——知识的基础》,孙中原、王凤琴译,中国人民大学出版社1984年版,第25页。

② Stephen Munzer, *Legal Validity*, Hague: Martinus Nijhoff, 1972, p. 58.

是:先梳理法律规定的,再归纳审查案例中应用的,后总结学界主张的判断标准。

(一)法律规定的判断标准

现行法列举了五类广义规范性文件(立法性与非立法性规范性文件)的不合法情形:1.《立法法》第 96 条第 1 项与《监督法》第 30 条第 1 项规定的,广义规范性文件超越权限的情形;2.《立法法》第 96 条第 2 项规定的,立法性规范性文件(法律、法规与规章)违反高阶法规定的情形;3.《立法法》第 96 条第 5 项规定的,立法类规范性文件违背法定程序的情形;4.《监督法》第 30 条第 1 项规定的,非立法类的决议、决定或命令,无依据减损权益或增加义务的情形;5.《宪法》(2018)第 5 条第 3 款,《立法法》第 87、97、99 条,以及《监督法》第 30 条第 2 项规定的,广义规范性文件同高阶法相抵触的情形。因为具有这些情形的规范性文件就是不合法的规范性文件,所以前列情形能起到某种评判参照的作用,通常被当作判断标准。在《行诉解释》出台前,前列情形也是人民法院在规范性文件司法审查中直接参照的判断标准。

2018 年颁布的《行诉解释》第 148 条,明文规定了司法审查中可直接作为裁判依据的判断标准。该条第 1 款提示法官,可以从规范性文件制定机关是否超越权限、是否违反法定程序,以及行政行为所依据的相关条款是否合法等方面,进行合法性判断;该条第 2 款明确列举了五类规范性文件不合法的情形:1.超越规范性文件制定机关的法定职权或者超越立法性规范性文件授权范围的;2.与立法性规范性文件等高阶法规定相抵触的;3.没有立法性规范性文件依据,违法增加公民、法人和其他组织义务或者减损公民、法人和其他组织合法权益的;4.未履行法定批准程序、公开发布程序,严重违反制定程序的;5.其他违反立法性规范性文件规定的情形。对比前两组判断标准可见,现行法律与《行诉解释》规定了五类相同的不合法情形,可简称为:超越权限情形、违反高阶法规定情形、违背法定程序情形、无依据减损权益或增加义务情形、相抵触情形。为了表述方便,可概称为"五情形标准"。

(二)审查案例中运用的判断标准

人民法院负有依法裁判职责,"五情形标准"深深地影响其判断。例如,《最高人民法院公报》在 2015 年 5 月 1 日之前刊载的裁判文书中,有如下关于判断标准的表述:"内容与法律和行政法规相抵触的规章";同高阶法"规定的退学条件相抵触,应属无效";"无权对《盐业管理条例》做出解释,且该复函亦未对外公布,故对外不具有法律效力";"《会议纪要》中有关在规划区免征规费的规定,超越了法定职权。该项决定的内容缺乏法律、法规依据,且与前述国家有关部委的多个规定相抵触,依法应予以撤销";"可参考高等学校不违反高阶法且已经正式公布的校纪校规";"规范的内容不得与……法律法规相抵触。行政机关……不能在有关法律法规规定之外创设新的权力来限制或剥夺行政相对人的合法权利"。① 另外,最高人民法院发布的第 5 号指导性案例载明:地方政府规章违反《行政许可法》的禁令设定新行政许可的不合法、违反《行政处罚法》的禁令设定行政处罚的不合法。②

在规范性文件司法审查制度实施后的 2015 年 9 月,在安徽华源医药股份有限公司诉国家工商行政管理总局商标局商标行政纠纷案(简称华源公司案)中,北京知识产权人民法院从四个方面——制定主体是否合法、制定主体是否超越权限、规范性文件内容是否合法,以及制定程序是否合法——审查了被诉《新增服务商标的通知》的合法性。该案判决书载明:判断制定主体是否

---

① 前引内容按先后顺序依次出自《最高人民法院公报》:任建国不服劳动教养复查决定案(1993 年第 3 期);田永诉北京科技大学拒绝颁发毕业证、学位证行政诉讼案(1999 年第 4 期);丰祥公司诉上海市盐务局行政强制措施案(2003 年第 1 期);吉德仁等诉盐城市人民政府行政决定案(2003 年第 4 期);甘露不服暨南大学开除学籍决定案(2012 年第 7 期);陈爱华诉南京市江宁区住房和城乡建设局不履行房屋登记法定职责案(2014 年第 8 期)。

② 参见最高人民法院指导性案例 5 号:鲁潍(福建)盐业进出口有限公司苏州分公司诉江苏省苏州市盐务管理局盐业行政处罚案,最高人民法院 2012 年 4 月 13 日公布。

合法的关键,在于审查事项是否属于制定主体的主管范围;判断制定主体是否越权的关键,在于审查制定主体是否行使了他方的法定权限;判断规范性文件内容是否合法,应当从其具体规定是否符合高阶法、制定目的是否正当、是否符合法律的基本原则、是否有事实根据等角度进行审查。华源公司案被认为是"规范性文件附带审查第一案"。①

2018 年 10 月 30 日,最高人民法院行政审判庭在规范性文件司法审查典型案例中指出,有的人民法院已经能够在审查中"围绕该规范性文件与法律法规的规定是否存在冲突,制定主体、制定目的、制定过程是否符合规范,是否明显违法等情形进行审查"②。其中,被应用到的"五情形标准"有:"不符合上位依据","内容并不与《治安管理处罚法》第三十九条之规定相抵触","违反法律法规规章及上级行政机关规范性文件规定","与相关法律法规规章并不抵触",与《妇女权益保障法》等"高阶法规定精神不符","并未违反高阶法的规定"。③ 在被公开的典型案例中,可以看出人民法院是在应用"五情形标准"进行审查。

综上,前列规范性文件司法审查案例中应用的标准,虽然具体表述有别,但都可以纳入"五情形标准",也就是由超越权限情形、违反高阶法规定情形、违背法定程序情形、无依据减损权益或增加义务情形,以及相抵触情形充当的标准。华源公司案载明的四个审查方面并未突破"五情形标准",反而强调要

---

　　① 参见北京知识产权人民法院(2015)京知行初字第 177 号行政判决书。有学者认为,该案"第一次提出合法性构成要件为主体、权限、内容和程序四项"。参见朱芒:《规范性文件的合法性要件——首例附带性司法审查判决书评析》,《法学》2016 年第 11 期。

　　② 参见上海苏华物业管理有限公司诉上海市住房和城乡建设管理委员会物业服务资质行政许可案,载《行政诉讼附带审查规范性文件典型案例》,《人民法院报》2018 年 10 月 31 日。

　　③ 前引内容按先后顺序依次出自:上海苏华物业管理有限公司诉上海市住房和城乡建设管理委员会物业服务资质行政许可案、徐云英诉山东省五莲县社会医疗保险事业处不予报销医疗费用案、方才女诉浙江省淳安县公安局治安管理行政处罚案、袁西北诉江西省于都县人民政府物价行政征收案、大昌三昶(上海)商贸有限公司诉北京市丰台区食品药品监督管理局行政处罚案、郑晓琴诉浙江省温岭市人民政府土地行政批准案、孙桂花诉原浙江省环境保护厅环保行政许可案。参见《行政诉讼附带审查规范性文件典型案例》,《人民法院报》2018 年 10 月 31 日。

从四个方面入手判断有无前五种情形。另有学者从538个案例中归纳出了多类判断标准——制定主体身份和权限的合法性、制定程序（听证、批准、备案与公布）环节的合法性，以及规范性文件上位依据的合法性、与其他相同位阶规范性文件内容的一致性、与高阶法内容的抵触性。① 这些标准显然都能被归入"五情形标准"。

（三）学界主张的判断标准

立法者、审查者与法学学者均是法律职业共同体成员。他们在"五情形标准"的形成、适用与解释过程中会相互影响。现在很难厘清，究竟是立法者采纳了学者们的建议，②还是学者们在解释立法者的决定、总结审查者的标准。但可断定的是，大多数行政诉讼法学研究者并未突破"五情形标准"所构成的范式③。

换言之，大多数学者都承认，至少不反对规范性文件的司法审查标准就是"五情形标准"。但小部分富有反思精神与重构能力的学者提出了若干新主张。下面从判断标的（指规范性文件合/不合法律的关系）、判断对象（指规范性文件）与判断依据（指相应的法律）三方面梳理介绍。

第一类，主张判断内容是判断标准。有学者或受到行政法学的行政行为合法要件论（行政行为合法的要件是行政行为的主体合法、权限合法、内容合法、程序合法与形式合法）影响，进而主张规范性文件的司法判断标准就是规范性文件制定主体的合法性，制定权限的合法性，规范性文件内容的合法性，

---

① 参见陈运生：《行政规范性文件的司法审查标准——基于538份裁判文书的实证分析》，《浙江社会科学》2018年第2期。

② 《立法法》（2000）颁布前的学术观点，参见苗连营：《论地方立规工作中"不抵触"标准的认定》，《法学家》1996年第3期；李步云、汪永清主编：《中国立规的基本理论和制度》，中国法制出版社1998年版，第231—234页。

③ 参见[美]托马斯·库恩：《科学革命的结构》，金吾伦、胡新和译，北京大学出版社2003年版，第9—10页。

以及制定程序的合法性。① 诸如此类的观点，并未突破"五情形标准"的范式，反而比"五情形标准"更笼统。称前四个方面的合法性是规范性文件司法审查的四大方面，或许更为准确。②

第二类，根据判断对象确定判断标准。有学者借鉴日本的行政规则理论，把规范性文件分成解释基准与裁量基准两类；二者的判断标准分为两个层次：

其一，在权限判断层面，解释基准的判断标准是权利义务标准，凡是创设或改变私人权利义务的即构成越权；判断裁量基准的是约束力标准，凡是行政机关声称具有法律约束力的即构成越权。

其二，在合法性判断层面，行政法律、法规、规章与其之外的解释基准与裁量基准的共同判断标准是，超越职权、违反法定程序、内容与高阶法不一致。③

还有学者主张，应当引入美国区分立法性规则与非立法性规则的"法律效果测试"标准，并把它作为司法审查的前置标准；因为立法性规范性文件与非立法性规范性文件的判断标准有所不同，区分之后才能判断两类规范性文件在制定权限、制定程序、规范性文件内容方面的合法性。④ 在此并不反对根据规范性文件的性质细分其判断标准。前引判断标准也确实增加了判断的可操作性，但它们并没有突破"五情形标准"的范式。

第三类，按照判断依据划分判断标准。有学者提出了规范性文件"内容合法性"的概念，根据内容合法性标准的来源相对于法律体系的开放性程度，可把它分成三类：其一，封闭的内容合法性标准，仅限于从制定法规范体系中

---

① 参见程琥：《新〈行政诉讼法〉中规范性文件附带审查制度研究》，《法律适用》2015 年第 7 期；王红卫、廖希飞：《行政诉讼中规范性文件附带审查制度研究》，《行政法学研究》2015 年第 6 期。

② 参见《法规规章备案条例》（2002）第 10 条；北京知识产权人民法院（2015）京知行初字第 177 号行政判决书；王春业：《从全国首案看行政规范性文件附带审查制度完善》，《行政法学研究》2018 年第 2 期。

③ 参见王留一：《论行政规范性文件司法审查标准体系的建构》，《政治与法律》2017 年第 9 期。

④ 参见孙首灿：《论行政规范性文件的司法审查标准》，《清华法学》2017 年第 2 期。

直接找到的依据;其二,半开放的内容合法性标准,系出自制定法规范体系内的规则、原则、目的或精神;其三,开放的内容合法性标准,不仅来自制定法规范体系内,还出自各种道德原则和价值理念。[①] 这种进路导向的是司法审查强度基准,并非本章根据判断对象与判断依据界分的判断标准,下文不再论及。

综上,现行法规定的规范性文件司法审查标准,可概称为"五情形标准"。人民法院在司法审查案中应用的也是"五情形标准"。有些学者从判断标的、判断对象与判断依据层面提出了各自主张的判断标准,其中确有增强司法审查可操作性的观点。不过,他们提出的判断标准,尽管在结构层次上同"五情形标准"有别,但在概念上仍然未突破"五情形标准"的范式。总之,我国现有的规范性文件司法审查标准可概称为"五情形标准"。

三、现有判断标准的误差

"五情形标准"不是健全的判断标准。本部分将从分类、含义、基础及论证等方面评析现有判断标准。

(一)分类混乱不清

"五情形标准"表面上似乎能并列。然而,被超越的权限规定,实际上通常是高阶法规定,被违背的程序规定通常也是高阶法规定,所以它们都是违反高阶法规定的情形。而且,立规主体无法定依据减损法律主体权益或增加其义务的情形,就是立规主体在无权力立规,或者超越自己概括的或特定的立规管辖权立规,它们同超越权限情形有重合之处。还有,我国法制建设的基本原则之一是法制统一原则,相冲突法律规范中的劣势规范(如同高阶法相冲

[①] 参见俞祺:《行政规则的司法审查强度——基于法律效力的区分》,法律出版社 2018 年版,第 150—180 页。

突的下位法规范),①也是违反法制统一原则、违反不得同高阶法相冲突规定的情形。据此分析,"五情形标准"可归结成一个标准:违反高阶法规定。

与此同时,有学者认为,抵触是指下位法规定违背了高阶法的规则、原则、目的和精神等,包括超出立规权限,违反高阶法规定,违背上位立规的精神和原则等。② 按此观点,抵触相当于下位法不符合高阶法。③ 规范性文件不合法,就是在权限、程序以及内容三个层面同高阶法的规则或原则相抵触的情形。④ 照此界定,规范性文件不合法就是规范性文件抵触高阶法规定。因此,超越权限、违反规定、违背程序,以及不合法损益就不能同抵触相并列,就只能认定成抵触的下位类型。但有学者认为,法的违反情形与抵触情形是全然不同的情形;前者是低阶法规定不符合作为高阶法规定的立法性规定;后者是初显有效、内容同域、事项同类且适用条件重合的同位法规定,因规定的内容、态度、语义或行为模式不兼容,而导致它们不能被共同实现。⑤ 如上所述,一时还难以确定应该有多少不合法情形,更难以划分各情形之间是什么层级关系。

(二)含义模糊不明

"五情形标准"中的五种情形之所以混乱不清,主要是因为表示五情形的关键词语的含义模糊不明。例如,"超越权限情形"中的"权限"、"违反高阶法

---

① 参见孔祥俊:《法律规范的选择与适用》(《法律方法论》第一卷),人民法院出版社 2006 年版,第 153—154 页;袁勇:《法律规范冲突研究》,中国社会科学出版社 2016 年版,第 116—119 页。

② 参见苗连营:《论地方立法工作中"不抵触"标准的认定》,《法学家》1996 年第 3 期;李步云、汪永清主编:《中国立法的基本理论和制度》,中国法制出版社 1998 年版,第 231—234 页;章剑生:《依法审判中的"行政法规"——以〈行政诉讼法〉第 52 条第 1 句为分析对象》,《华东政法大学学报》2012 年第 2 期;胡建淼:《法律规范之间抵触标准研究》,《中国法学》2016 年第 3 期。

③ 参见《关于审理行政案件适用法律规范若干问题座谈会纪要》(法〔2004〕第 96 号)第六段。

④ 参见李成:《行政规范性文件附带审查进路的司法建构》,《法学家》2018 年第 2 期。

⑤ 参见袁勇:《法的违反情形与抵触情形之界分》,《法制与社会发展》2017 年第 3 期。

规定情形"中的"违反"、"违背法定程序"中的"违背"与"程序",皆非不言自明的日常用语,而是具有特殊含义的法律术语,很难被界定清楚。试问,权限、行政权限、行政主体资格、行政管辖权限的各自含义是什么? 它们有什么关系? 如果行政权限包含行政主体资格,为什么不少人仍认为,应当既判断制定主体的合法性,又判断制定权限的合法性? 再者,哪些高阶法规定能被违反?"违反"究竟是什么意思? 违反同抵触究竟是全异关系,还是包含关系? 若解答前述问题,就必须界定"权限""主体资格""违反",以及"抵触"等概念的含义或类型。正因为未界定"五情形标准"中的关键概念,才导致它们被错解、被滥用。

例如,最高人民法院《关于审理行政案件适用法律规范问题的座谈会纪要》(法〔2004〕第 96 号,简称《纪要》)第六段把三种规范性文件不合法情形——下位法不符合高阶法情形、下位法违反高阶法情形、下位法抵触高阶法情形——视为相同情形、互换使用。有学者认为,依照《纪要》中的"下位法不符合高阶法的审查和适用"规则,可以具体判断法规定是否相"抵触"。[①] 这显然是将下位法规定不符合(或违反)高阶法规定视同为"抵触"。然而,《纪要》根本没有、也无法区分法的"抵触""不一致"与"违反"的不同之处。[②] 理论研究不足,必然会妨碍或误导审查实务工作。例如,在"吉德仁等诉盐城市人民政府行政决定案"中,法官面对同一规定,先认定是超越权限,又认定是缺乏法定依据,最后又强调同国家有关部委的多个规定相抵触。[③] 这表明,"超越权限""无法定依据"与"抵触"的含义存在严重的含混模糊、重复冗杂,以至于它们竟然被用来指称同一对象。

---

① 参见章剑生:《依法审判中的"行政法规"——以〈行政诉讼法〉第 52 条第 1 句为分析对象》,《华东政法大学学报》2012 年第 2 期。

② 胡建淼:《法律规范之间抵触标准研究》,《中国法学》2016 年第 3 期。

③ 参见"吉德仁等诉盐城市人民政府行政决定案",载《最高人民法院公报》2003 年第 4 期。

（三）缺失理论基础

"五情形标准"中的关键概念之所以含义模糊不明，是因为没有根据必要的哲学与法理学原理，对其进行分析界定。学者们或止步于"五情形标准"，或把立规主体、立规权限、立规程序及立规内容的合法性当成判断标准，鲜见探讨"五情形标准"理论基础的文献。仅有个别学者借鉴芬兰哲学家赖特界定的高阶规范与低阶规范概念，分清了法的违反情形与抵触情形，并把冲突意义上的抵触情形，从规范合法性判断领域排斥到规范兼容性判断领域。[①]

或有人反驳说，行政行为合法要件论（主体、权限、内容与程序等）可以作为——极有可能被学者们默认为——合法性判断四大方面（主体、权限、内容与程序的合法性）的理论根据。然而，行政行为合法要件论本身也缺失理论基础。即使个别学者，根据法律规范的逻辑结构，重构了行政行为的合法要件，[②]其观点仍未建立在健全的理论基础之上，尤其是未根据规范类型论，区分行政行为的构成性要件与调整性要件。

正因为缺失必要的理论框架，"五情形标准"大体上是对规范性文件不合法表象的概括。换言之，"五情形标准"大体上是学者们直觉经验的总结。这点可以从《纪要》的出台背景及内容中看到。这份专门规定审理行政案件适用法律规范问题的司法规范性文件，是在专题调研后召开座谈会制定的，是与会人员在总结审判经验的基础上，结合《立法法》等法的规定，就普遍性的法律规范适用问题（如违反高阶法规定的判断及适用问题）达成的共识，是当时法律适用经验的结晶。对比《行诉解释》第148条与《纪要》第六段即可发现，《纪要》中的判断和适用规则仍然比《行诉解释》列举的"五情形标准"更详

① 参见袁勇：《法的违反情形与抵触情形之界分》，《法制与社会发展》2017年第3期；袁勇：《论作为规范合法性审查标的的不法规范》，《浙江社会科学》2018年第2期。

② 参见何海波：《行政行为的合法要件——兼议行政行为司法审查根据的重构》，《中国法学》2009年第4期。

细。这意味着,《行诉解释》所列举的标准并无多大进步。十几年来,尚未出现健全的规范性文件司法审查标准。

(四)缺乏严格论证

综上,"五情形标准"是在缺失理论基础的情况下,通过概括规范性文件不合法的表面现象、归结规范性文件不合法的裁判经验而形成的判断标准。作此断言,并没有完全否定"五情形标准"的意思。对"五情形标准"的中肯评价可能是:"五情形标准"的确反映了规范性文件司法审查标准的某些固有方面,但这些标准既缺失理论基础又缺乏严格论证。

首先,"五情形标准"的制定者与认可者并未严格划分五情形。逻辑学对分类有严格要求,即各类必须同属一族,且各类之间是相互排斥还是联合需要穷尽它们所在族成分的关系来判断。从《纪要》载明的背景,从"五情形标准"在案例中的应用情况来看,"五情形"只是法官们总结并罗列出的规范性文件不合法情形。经验虽然宝贵,但非经过严格论证的理论,而是人们主观性的认知结果。不同的直接经验者、不同的经验总结者,都可能持有不同的观点。这或许就能解释,为什么有人主张规范性合法性判断的标准只有一个,即违反高阶法规定;有人却主张是另一个,即抵触高阶法规定;还有人主张判断标准共有两类,即异位法相抵触、同位法不一致。① 如此这般足可表明,囿于经验总结的后果是:我们至今仍没有一套公认的判断标准学说。

其次,"五情形标准"是未经必要性与充分性论证的标准。无论是出于理论上的简洁,还是实务中的精要,"五情形标准"作为法律标准,首先应当是审查工作必需的、少之不可的标准。现有判断标准论囿于总结经验表象的层面,既未阐明是什么法律因素构成了"五情形标准",更鲜见关于这些判断标准必要性的论证。如果确定不了判断标准的必要性,在标准分类上就会出现混乱。

---

① 参见余军、张文:《行政规范性文件司法审查权的实效性考察》,《法学研究》2016 年第2 期。

例如,无依据损益情形属于超越权限情形,而超越权限情形又属于违反高阶法规定情形,那么前两种情形就不能同违反高阶法规定的情形,皆并列成必要的判断标准。另一方面,也没有关于"五情形标准"之足够的充分性论证。从现有文献中,既看不到关于单个判断标准(如超越权限情形)充分性的论证,也找不到关于"五情形标准"整体充分性的论证。这或许是因为,总结者们并未分清规范性文件合法性判断的构成要件,仍未确定规范性文件合法性判断标准究竟是什么。

最后,"五情形标准"忽略了判断标准应有的精确度与实用性。很长一段时期,因为法学理论研究滞后,再加上社会变化迅速,我国实行的是宜粗不宜细的立规方针。或许受到历史惯性的牵制,现有的"五情形标准"是由相当粗陋的不合法情形充当的标准。制定者使用含义高度不确定的粗糙概念(如违反),表述了五情形中的关键要素。这难免会导致审查者只能采用归类思维方式,即通过把被审规范性文件的合法性情形同法定的五情形相类比,然后再把被审规范性文件的不合法情形归入其中一类的方式。

直白地说,"五情形标准"就像五个大筐,被审规范性文件沾上哪个筐的边,审查者就往哪个筐里装;又因筐的边沿不确定,还会出现被审规范性文件可装可不装的情况。即使在理论上承认,类型归入是一种法律适用方法,①这种思维方法也缺乏演绎推理方法的精确性。况且,"五情形标准"并未穷尽不合法情形,还不是可供归入的完整类型;更何况,五情形的含义重复冗杂,审查者大体上只能凭直觉应用前述方法,而非依据精确的前提进行严谨的推理。过去,"宜粗不宜细"的立规方针有其存在与适用的社会背景。

如今,在全面推进依法治国时代,为了完善规范性文件合法性判断机

---

① 参见张志坡:《法律适用的二阶构造——概念与类型的和鸣》,《东南大学学报》(哲学社会科学版)2019年第2期。

制，①特别是为了在裁判文书中加强释法说理，②所有的法律标准，包括规范性文件司法判断标准，都应当是精确、完整、可操作的标准，而不是模糊、残缺、不中用的标准。

总之，现行法定的"五情形标准"，系对规范性文件不合法情形表象经验的总结，存在分类混乱不清、含义模糊不明的严重误差。这种标准并不具备法律标准的应有特性——独特性、严整性、充要性、实用性。个中原因在于，学者们并未根据相关原理严格论证"五情形标准"的分类方法、关键概念与充要性质。如今，它们已经很难满足判断工作对判断标准的精确实用要求。以上皆表明，实有必要改进"五情形标准"。

四、现有判断标准的改进

"五情形标准"存在前述误差，主要是因为囿于表象经验、缺失基础理论、缺乏严格论证。相应地，突破表象经验，改进现有标准的思路有两个：一个是引入基础理论。下面引入的原理包括但不限于法律体系论、规范理论、言语行为论、意向性理论、社会实在建构论；另一个是严格分析论证。本部分将根据前述原理得出事实与规范契合论、立规规范类型论、立规行为要件论、合法性独特性论等观点，然后应用前述观点，重构判断标准的内涵、重分判断标准的外延（即类型），并继而论证新标准的充要性、验证新标准的实用性。

（一）重构判断标准的内涵

规范性文件司法审查是在行政诉讼中附带进行的规范性文件合法性判断。如果能确定规范性文件合法/不合法的独特性含义，就能据以构造规范性文件合法/不合法的判断标准。规范性文件合法性判断的基本概念结构，有且

---

① 《中共中央关于全面推进依法治国若干重大问题的决定》(2014)。
② 参见《最高人民法院关于加强和规范裁判文书释法说理的指导意见》（法发〔2018〕10 号）。

仅有三部分构成：一是判断对象，即规范性文件；二是判断依据，即广义法律；三是一重属性（通常所谓的判断内容），即规范性文件契合/不契合法律的关系。根据个体构成之整体的性质伴生于个体基础性质的哲学观，①若要界定判断标的的性质，就必须先厘定它的判断依据与判断对象的性质。

第一，确定判断依据。规范性文件合法性的判断依据无疑是法律，否则就不是合法性判断。但法律是一个含义混乱、歧义丛生的范畴，②是一个极难操作的高度不确定概念。根据法律个别化理论与法律结构理论，法律个别化的基本单位是单个的完整法律，一个完整的法律就是一条规范。③ 从法律体系的构成角度看，"法律秩序是一个规范体系"④"法律体系也就是法律规范的体系"⑤。我国法学语境中的"法律"通常指的也是法律规范体系。是故，规范性文件的合"法律"性判断，可以细化成"合法律规范性"判断。

另根据言语行为依赖先在制度化规则的语言哲学观，⑥立规行为是一种宣告式言语行为，必须先有设定立规行为的先在规则，特定主体才能做成立规行为、制成规范性文件。据此可知，作为合法性判断依据的法律规范，其设定的条件就是立规行为必备的各类要件。设定这类条件的规范就是立规规范，即设定和调整规范性文件制定行为的规范。

另根据立规行为是一种言语行为也是意向的心灵哲学观，⑦以及心灵哲

---

① 参见韩林合：《分析的形而上学》，商务印书馆 2013 年版，第 300—335 页。

② 参见张文显：《法哲学范畴研究》，中国政法大学出版社 2001 年版，第 26—30 页。

③ 参见［英］约瑟夫·拉兹：《法律体系的概念》，吴玉章译，中国法制出版社 2003 年版，第 91 页。

④ ［奥］汉斯·凯尔森：《法与国家的一般理论》，沈宗灵译，中国大百科全书出版社 1996 年版，第 124 页。

⑤ ［英］约瑟夫·拉兹：《法律体系的概念》，吴玉章译，中国法制出版社 2003 年版，第 54 页。

⑥ J.L.Austin, *How to Do Things with Words*, Oxford：Oxford University Press, 1962, pp. 16, 107, 121, 128；John R.Searle, *Speech Acts：An Essay in the Philosophy of Language*, New York：Cambridge University Press, 1969, pp. 31-40.

⑦ 参见［美］约翰·R.塞尔：《意向性：论心灵哲学》，刘叶涛译，上海人民出版社 2007 年版，第 5—13 页。

学中的意向因果性自返指定论,①因立规规范含有制定它的高阶立规主体的意向状态,依据立规规范制定规范性文件的低阶立规主体的立规行为——既在意图上又在结果上——全都契合立规规范所设定的条件,才能制成合法规范性文件。换言之,立规规范所设定的立规行为条件就是判断规范性文件合法性的必要且充分条件。据此可断定,作为规范性文件合法性判断依据的法律规范是且仅是立规规范。

第二,转化判断对象。规范性文件的内涵要点——针对不特定相对人、针对抽象事件、反复适用等,是用于鉴别规范性文件的,并不是用于判断规范性文件合法性的,因此在合法性判断中不具有可操作性。为了界定精确实用的判断标准,就必须把"规范性文件"转化成具有可操作要点的概念。学界周知,规范性文件是既有初显拘束力又有应然性内容的规范性文件。无立规行为则无立规结果,这种规范性文件无疑是特定立规行为的结果。换言之,规范性文件的效力与内容,无一不是立规行为生成的。

根据言语行为定义论,立规行为是法律言语行为,即立规主体在满足既定制度条件的情况下宣告某规范性文件是规范性文件,并要求人们遵从规范性文件所含规范的言语行为。② 根据言语行为构成层次论,③立规行为可以分成三类:其发语行为是制成文本的行为、其命题行为是通过文本中的语句表达出命题内容的行为(简称立规命题行为)、其以言行事行为是经由发布文本而意在宣告文本为人们应当遵从的规范性文件的行为(简称以言立规行为)。以言立规行为的语力能形成规范性文件的效力,立规命题行为的命题内容能

---

① 意向因果性自返指定(causally self-referential)是指,意向状态的满足条件必须由意向自己发挥因果性作用所生成;只有意向自身所引起的表述在它的意向内容中的特定行为才能实现该意向,才能满足它的意向状态。其他原因所引起的特定行为,均不会满足它的意向状态。See John R.Searle, *Rationality in Action*, Massachusetts: MIT Press, 2001, pp. 40-45.

② John R.Searle, *Expression and Meaning: Studies in the Theory of Speech Acts*, England: Cambridge University Press, 1979, p. 28.

③ John R.Searle, *Expression and Meaning: Studies in the Theory of Speech Acts*, England: Cambridge University Press, 1979, pp. 22-26.

构成规范性文件的内容。从行为决定结果的角度看,以言立规行为的合法性决定规范性文件整体的合法性、立规命题行为的合法性决定规范性文件内容的合法性。故规范性文件合法性判断可转化成对"以言立规行为与立规命题行为所构成"之立规行为的合法性判断。

立规行为显然是由立规规范构成并调整的行为。根据一般规范与个别规范的二分法,[1]立规规范是一般规范,其设定的要件是由抽象术语表述的一般要件,一般要件的实现是具体事实;另根据事态与事实的二分法,抽象的立规行为要件表述的只是事态,事态的实现才是事实。[2] 是故,立规行为要件仅是表述抽象事态的一般要件。

但在实际审查工作中,被审查的通常不是立规行为要件所限定的抽象事态,而是特定立规主体在制定规范性文件过程中做成的、受立规规范评价的相关特定事实(具体的行为、事件等),例如立规主体有无权力地位、是否行使权力、有无公开情形、是否遵从限定范围等。低阶立规主体实际上能做出各种各样的活动、形成各种各样的事实(包括事实中的事件),其中既有合法的,也有不合法的。这些能依据立规规范加以判断的,真实的相关事实,就是立规事实。故立规行为要件只是判断的一般要件,而非合法性判断的实际对象,实际对象是各种各样的立规事实。

第三,厘定立规事实合规范性的独特性。根据言语行为构成论,立规事实契合立规规范的,则该立规事实构成的规范性文件合法。问题是:立规事实在什么意义上契合/不契合立规规范。这就需要探讨立规规范的满足条件。根据言语行为与意向的满足条件论,立规规范的满足条件就是其立规主体意向状态的满足条件;其立规主体意向状态的满足条件,则是由立规命题行为表述

---

① 参见[奥]汉斯·凯尔森:《法与国家的一般理论》,沈宗灵译,中国大百科全书出版社1996年版,第40—41页;[丹麦]阿尔夫·罗斯:《指令与规范》,雷磊译,中国法制出版社2013年版,第133—138页。

② 参见韩林合:《分析的形而上学》,商务印书馆2013年版,第181—183页。

的完整命题内容与意向状态的契合指向共同决定的条件。① 例如,立规主体必须公布其制作的规范性文件,是一条立规公开规范。它的完整命题内容是"立规主体公布其制作的规范性文件",它表示的契合指向是世界契合语词(world-fit-to-word)。前两者共同决定了这条规范的满足条件是所有立规主体在未来公布其制作的规范性文件。据此并结合规范的强制性模态与非强制性模态二分论②、规范的规范性部分与描述性部分二分观③,得出所有立规规范的满足条件均由两个必要条件:其一,规范设定的事态即高阶立规主体意向中的事态;其二,实现该事态的立规事实是该高阶立规主体在意向中因果性自返指定的对象。

例如,立规公开规范设定的事态是"所有立规主体在未来公布其制作的规范性文件"。低阶立规主体只有遵从它,才能满足其中所表示的意向状态;如果低阶立规主体未公开规范性文件,或者在反对该公开规范的情况下,出于其他原因公开了自己所制定的规范性文件,这些都不能实现其中的意向状态,都不能满足这条规范设定的满足条件。

是故,前两个必要条件共同构成一个满足立规规范的充要条件——立规意向事态。需要说明的是,高阶立规主体通过"准许""许可""可以"等非强制性模态词,在调整性规范中所表达的心理状态,只能是非强制性的心理状态。不过,这些非强制性模态词还能用于制定权力规范。因为被授予权力的主体必须按法定条件且只能在被准许的范围内行使权力,如果非强制性模态词被用于制定权力规范,相关立规事实就应当符合该立规权力规范。

———————————

① John R.Searle, *Expression and Meaning: Studies in the Theory of Speech Acts*, England: Cambridge University Press, 1979, pp. 13–14.

② Paul McNamara, "Deontic Logic", in *Handbook of the History of Logic* (Volume 7), Dov M. Gabbay & John Woods (eds.), Amsterdam: Elsevier, 2005, pp. 197–207.

③ Eugenio Bulygin, "Norms and Logic: Kelsen and Weinberger on the ontology of norms", In *Legal Reasoning*, Vol.I, Aulis Aarnio & Neil MacCormick (eds.), England: Dartmouth Publishing Co., 1992, pp. 429–430.

除此之外,非强制性模态词只能表达非强制性的心理状态,并不强制要求低阶立规主体满足。故含有非强制性模态词的规范,通常并不是合法性判断的依据,除非它或它们是蕴含强制性的立规权力规范。总之,只有强制性立规规范才能作为判断依据,也只有施行这类规范的立规行为及其结果才有必要成为受审的立规事实。

据前所述,立规事实契合强制性立规规范的意向事态就是契合立规规范,其意义就是立规事实满足了立规规范设定的强制性意向事态,或者说立规事实使强制性意向事态变成了现实,此种立规事实是强制性意向事态的实例或实现条件。反之,如果既定立规事实不契合相关强制性意向事态,不能使强制性意向事态变成现实,或者说此种立规事实不是强制性意向事态的实例,那么该立规事实就不满足相关立规意向事态,也就是该立规事实不契合相关立规规范。前两个方面结合起来就是立规事实契合/不契合立规规范的含义,或者说立规事实契合/不契合立规规范的独特性。

第四,界定判断标准。根据立规事实契合/不契合立规规范的强制性意向事态,就是它(或它们)合法/不合法的观点,可以把判断标准界定成:如果立规事实整体上是/不是立规规范强制性意向事态的实例,那么它们所构成的规范性文件合法/不合法。或许有人质疑地问:用这个就能判断出规范性文件的合法性?答案是肯定的。

逆转前三个部分的论证思路即可得到三层证明理由:其一,规范性文件合法性判断,其实是对各类立规事实所构成之立规整体事实的合法性判断;而构成立规整体事实的,就是以立规行为形成的行为事实与立规命题内容所构成之规范性文件的语义内容。有效力且有内容的规范性文件就是这种整体事实构成的制度性实体。

其二,立规事实是且仅是立规规范意向事态作用下的事实。其中的立规规范强制性意向事态,就是强制性道义模态所限定的、有合法性判断必要性的强制性意向事态,也就是从合法性判断角度转述的、有效力的强制性立规规范。故立规事实契合/不契合强制性立规意向事态,就是契合/不契合强制性立规规范。

其三,强制性立规规范是法律规范的下属类型,而法律规范是法的构成部分。根据集合与子集的蕴含关系,立规事实契合/不契合强制性立规规范就是契合/不契合法律规范的一个子集,可称为立规事实契合/不契合法律规范。同理,立规事实契合/不契合法律规范可称为立规事实合法/不合法,而完整意义上的有效力且有内容的规范性文件就是立规事实的整体。综上,立规事实整体上契合/不契合强制性立规规范,就是所谓的规范性文件合法/不合法。

(二)重分判断标准的外延

据前所论,规范性文件合法性判断标准的内涵,即立规事实整体上是/不是立规规范强制性意向事态的完整实例。该内涵由以下要素构成:立规事实、立规规范、强制性意向事态、实例,以及系动词"是""不是"。其中,立规事实同实例的指称相同,而立规事实只有在立规规范评价下才能形成;强制性意向事态相当于强制性立规规范,是与不是作为系动词已经不能再分;是故,只有通过划分立规规范的类型来划分前述判断标准的外延。

在诸多规范分类法中,较为严谨也较为精致的分类是构成性规范与调整性规范的二分法。这是根据规范与行为的逻辑关系划分的规范类型。构成性规范是指创设或构造新行为、新事实,没有此类规范就没有相应行为或事实的规范;此类规范的一般结构是"X 当成 Y"或者"在条件 C 下把 X 当成 Y"。[1]

例如,全国人大及其常委会在我国宪法和法律规定的条件下是最高国家立法机关;调整性规范是指规定人们应当如何作为或不作为、应当实现何种目标的行为规范,例如,机动车应当在道路右侧行驶。此类规范的一般结构是

---

[1] Alf Ross, *Directives and Norms*, London: Routledge and Kegan Paul Ltd. 1968, p. 54.

"如果 q,那么当为 p"(符号表示即 q→Op),也有的记作 T→OR。① 立规规范是关于立规行为的法律规范。按照概念间的蕴含关系,立规规范可分成构成性立规规范与调整性立规规范。

先看构成性立规规范。规范性文件如同 10 元面值的人民币一样,其上位范畴并非纸张和符号形状之类的物理性实体,而是制度性实体;这种实体是本体论上主观的,但认识论上客观的社会实体,它们只能在人类制度中依存于人们的共同承认。② 构成这种人类制度的,是具有在条件 C 下把 X 当成 Y 之逻辑结构的构成性规则(活动、程序)。③

例如,就规范性文件而言,其中的 X 是物理性的规范性文件载体,通常是规范性文件表决稿;条件 C 则包括起草、审议、表决与公布等外在活动(至关重要的是表决与公布),以及立规主体使用立规权力的意向等主观方面。如果表决稿在表决中通过并被立规主体公布,那么表决稿就成了规范性文件 Y。

根据制度性实体的生成条件论,表决稿 X 成为规范性文件的条件,在逻辑上与法律上可分成两部分:构成条件、附加在构成条件上的限制条件。一般而言,规范性文件的构成条件是立规主体的权力地位(简称立规地位)、立规意向、规范性文件的物理性载体(前述的表决稿,简称规范性文本),以及立规程序。④ 其中,立规地位是制成规范性文件的主体要件与产生效力的要件,立规意向是立规主体生成规范性文件内容及使用立规权力地位的意向要件,规

---

① Pablo E.Navarro & Jorge L.Rodríguez,*Deontic Logic and Legal System*,New York:Cambridge University Press,2014,pp.122-123;另参见[德]考夫曼:《法律哲学》,刘幸义等译,法律出版社 2003 年版,第 153 页;[德]卡尔·拉伦茨:《法学方法论》,陈爱娥译,商务印书馆 2003 年版,第 150 页。

② 参见[美]约翰·R.塞尔:《社会实在的建构》,李步楼译,上海人民出版社 2008 年版,第 8—13、25、85 页。

③ 参见[美]约翰·R.塞尔:《社会实在的建构》,李步楼译,上海人民出版社 2008 年版,第 96—97 页。

④ 参见[美]约翰·R.塞尔:《社会实在的建构》,李步楼译,上海人民出版社 2008 年版,第 69—107 页。

范性文本是按语言规则记载立规主体意向内容并标识规范性文件法律地位的物理性载体(因其属于语言领域与事实范畴,下文无须展开论述),立规程序是一系列被算作立规事实的事件所构成的立规过程。①

再看调整性立规规范。现代法律体系内的立规规范,通常还包括限制立规行为作用域的调整性规范。规范性文件是立规主体经过既定程序形成意向表示②、作成规范性文本,并使其具有法律地位的一系列言语行为相叠加的复合结果。在现代民主法治国家,立规主体(如某省人民政府)并不能为所欲为地任意立规,其立规(如规章制定)行为通常会受到事实上与法律上的各种限制。

除去事实上的限制不论,限制立规行为的规范的方式,是在特定主体有权立规的前提下,进一步限制、调整该立规行为的作用域。根据调整性规范的逻辑结构:q→Op,此类规范限制立规行为作用域的基本方式,是且仅是限定立规行为的行使条件 q、行为模式 O 和(或)行为对象 p 的范围、种类与幅度等对象域。根据前文引述的调整性规范概念,这种限制立规行为的规范,是一种在构成性规范基础上存在的调整性规范;因其调整的是立规行为作用的实体领域,可称为立规内容限制规范或立规内容规范。

综上,民主法治国家的法律体系内必有四类立规规范:立规地位规范、立规意向规范、立规程序规范,以及立规内容规范。③ 否则,在该国就制定不出符合现代宪法原则(民主原则、法治原则、保障基本权利原则等)的规范性文件。根据前四类立规规范,规范性文件合法性判断标准可划出四个次级标准:

---

① John R. Searle & Daniel Vanderveken, *Foundations of Illocutionary Logic*, Cambridge:Cambridge University Press,1985,pp.87—105.

② 民法学者通常把"意向表示"称为"意思表示",并将意思表示分解成行为意思、表示意思与效果意思。参见[德]维尔纳·弗卢梅:《法律行为论》,迟颖译,法律出版社 2013 年版,第53—55 页。

③ 这四类规范所设定的判断对象,也称为立规主体资格、立规表意活动、立规程序与立规实体行为。参见袁勇:《规范性文件合法性审查的准确对象探析》,《政治与法律》2019 年第 7 期。

1. 如果既定立规地位是/不是立规地位规范强制性意向事态的实例,那么该规范性文件的立规主体地位合法/不合法(简称立规地位标准);2. 如果既定立规意向是/不是相应立规意向规范强制性意向事态的实例,那么该规范性文件的立规意向合法/不合法(简称立规意向标准);3. 如果既定立规程序是/不是相应立规程序规范强制性意向事态的实例,那么该规范性文件的立规程序合法/不合法(简称立规程序标准);4. 如果既定立规实体是/不是相应立规内容规范强制性意向事态的实例,那么该规范性文件的立规内容合法/不合法(简称立规内容标准)。

根据拉兹界定的联锁性(inter-locked)规范体系(指有内在相互关系的规范联结成的成套规范)的概念,及其构成标准(某规范的存在是另一规范存在的条件,或某规范的内容只有参考另一规范才能得到阐明),①立规地位规范是其余三种立规规范生成或行使的主体要件,无立规地位的主体做不成立规行为;立规程序规范是立规意向与立规实体行为均须依照的规范,立规意向与立规实体行为构成了立规程序规范的内容;立规意向规范设定的是立规主体的主观意向条件、立规内容规范调整的是立规主体的外在行为领域,二者存在主客观相统一的关系。故前四类立规规范在既定法律规范体系中内在相关、它们能构成一种联锁性规范体系(或称为规范整体),可简称为四类相联锁立规规范。

鉴于前四类规范联结起来才能设定完整的立规行为,所以在判断中必须同时把它们作为判断依据,并同时适用根据它们构建的四类相联锁判断标准(简称为"四联锁标准")。在司法审查中,只有这四个标准中的四种前件全是肯定性的,才能判断它们共同组成的立规事实整体上合法,才能判断该立规事实整体上构成的规范性文件完全合法;反之,只要"四联锁标准"的任一前件是否定性的,即可断定被审的规范性文件不合法。据此,前文的判断标准可改

---

① Joseph Raz,*Practical Reason and Norms*,New York:Oxford University,1999,pp. 112-113.

成:如果立规事实整体上是/不是四类相联锁立规规范强制性意向事态的完整实例,那么它们所构成的规范性文件合法/不合法。以下简称"立规意向事态实例标准"。

行文至此已可表明:超越权限情形是立规行为违反立规内容规范造成的情形,运用立规实体标准可判断之;违背法定程序情形是立规行为背离立规程序规范造成的情形,运用立观程序标准可判断之;无依据减损权益情形既可能是背离立规权力地位规范造成的情形,也有可能是违反立规内容规范造成的情形,可分别用立规地位标准或立规实体标准判断之;违反高阶法规定情形的指称不明,视被违反的高阶法规定是立规权力地位规范、立规意向规范、立规实体权限规范,还是立规程序规范,可用相应判断标准判断之;至于相抵触情形,因其被严重滥用,需要先结合具体语境确定其指称,之后再选用"四联锁标准"中的若干标准判断之。但需注意,法律(规范)冲突意义上的相抵触,即规范不兼容,虽然会造成相冲突规范中劣势规范的合法性判断,但它们同前述意义上的单个规范性文件或规范的合法性判断,分处规范的合法性判断与兼容性判断维度,故在司法审查中不宜混为一体,应当另行处理。① 经过前述解释与限定可知,"四联锁标准"能取代"五情形标准"。

(三)论证判断标准的充要性

前文根据诸多原理,从内涵与外延两个方面把"五情形标准"改进成了立规意向事态实例标准,并从理论基础上论证了"四联锁标准"的独特性与严整性。本部分及下部分将强化论证"四联锁标准"的充要性与实用性。

1.单个判断标准的必要忄论证。"四联锁标准"共有四个次级标准构成,它们分别是:立规地位标准、立规意向标准、立规程序标准、立规实体标准。这四个次级标准的必要性已经在"重分判断标准的外延"部分作了理论铺垫。

① 参见袁勇:《法的违反情形与抵触情形之界分》,《法制与社会发展》2017 年第 3 期。

根据言语行为做成要件论、以言立规行为的语力形成要素论,以及社会实在建构论等,可以论证前四个标准的必要性。

首先,立规地位标准必不可少。立规地位是做成立规行为的首要条件、生成以言立规行为效力的必要条件、形成规范性文件效力的前提条件。如果不应用此标准判断行为主体的权力地位,就不能断定被审规范性文件是否已经成立或有无生效可能。

其次,立规意向标准必不可少。所有规范性文件都是特定立规主体的意向内容。被审规范性文件是不是既定主体的真实、真诚意向内容,是不是立规主体有意使用自己的立规权力发布的内容,直接决定了被审规范性文件能否成立、可否生效;虚假的、被强迫制定的,或者立规主体未援用权力地位制定的规范性文件,均是不合法的无效规范性文件。尽管前列情况在实践中极其罕见,但为了以防万一,仍应当运用立规意向标准判断规范性文件制定主体主观方面的合法性。

再次,立规程序标准必不可少。规范性文件制定是在既定制度内,经过多重"X 在条件 C 下当成 Y"的 Y 叠加而成的行为;更何况在民主法治国家,为了实行民主原则,立规制度通常包括复杂的民主参与、审议与表决规则。如果不依据立规程序标准判断构成立规程序的相关行为或事件,就无从断定被审规范性文件最终是不是已构成,能不能被当成规范性文件。

最后,立规实体标准必不可少。这就是常说的,但在本章被严格限定的立规实体权限合法性判断标准。这个标准非但不可少,实际上它还是一个涵盖面最广、被使用频率最高的标准。个中原因在于,立规主体权力地位情形比较单一,立规意向主要包括真实性、真诚性与明确性三个方面,立规程序通常由"行政程序规定或规则"(如《湖南省行政程序规定》)明确规定。不过,限制立规实体的规范,一则内容门类多种多样,二则各级各类上级有权机关皆可限制低阶立规主体的权限,这就导致第三点,立规内容规范的总量最大。审查者不但必须应用立规实体标准,而且在判断中应用最多的就是这个标准。

2."四联锁标准"的整体充分性论证。据前所述,立规地位标准、立规意向标准、立规程序标准与立规实体标准,全都是必不可少的判断标准。不过,仅运用它们中的一个,都不足以断定被审规范性文件的合法性。换言之,它们每一个都是规范性文件合法性判断的必要但不充分标准。根据前文引述的言语行为做成条件论、以言立规行为的语行力形成要素论、社会实在建构论,以及联锁性规范体系论,构成前四个标准的判断依据——四类相联锁立规规范相互联结成了一个功能完整的规范体系,即联锁性立规规范体系。

因规范性文件合法性判断归根结底是依据立规规范进行的判断,故根据立规意向事态实例标准的含义,"四联锁标准"也是根据相应的立规规范,并结合特定立规事实构成的法律标准。四类相联锁立规规范设定的立规行为充分条件(即制成有效规范性文件的充分条件)决定了,只要根据它们所建构的"四联锁标准",就足以判断被审规范性文件的合法性。据此可断定,根据前四个相联锁的判断标准,就能充分判断规范性文件的整体合法性。

(四)验证判断标准的实用性

或许有人会质疑:前文论证的立规意向事态实例标准,就像一个含有多种变量的公式;所谓的"四联锁标准"只是抽象的一般标准,并不是依据特定的行政法律规范确定的标准,因此并不能直接用于具体判断某个规范性文件的合法性。前述立规意向事态实例标准,确实不是判断某个规范性文件合法性的具体标准,也不是依据行政法律规范确定的标准。不过,立规意向事态实例标准及其细化类型——"四联锁标准",不但能在司法审查中适用,而且比"五情形标准"更精确、更易于操作。之所以这么说,主要原因是以下两点:

其一,立规意向事态实例标准揭示了规范性文件合法/不合法的根本成因,即构成规范性文件的立规事实整体上是/不是四类相联锁立规规范的实例。"五情形标准"囿于表象经验,并未探明五情形的成因。其二,"四联锁标准"是根据立规事实契合立规规范的独特性,即事实是立规意向事态的实例,所界定的判断标准类型。"五情形标准"囿于表象经验,并非根据各情形的独特性所提出的标准。据此,"四联锁标准"同"五情形标准"的根本区别在于,前者是基于合法性判断要件的内在关系建构成的标准,后者是从表象经验中总结出的抽象类型。

是故,"四联锁标准"并不把抽象概念作为标准,而是根据合规范性的独特性,架构了具体判断标准的构建模式。审查者应用该标准,仅需六步即可得出裁决:第一,认定被审的立规事实;第二,获取四类相联锁判断依据,即四类立规规范;第三,认定特定立规事实同既定立规规范的契合处;第四,判断被审立规事实是/不是立规规范强制性意向事态的实例;第五,按立规事实是/不是意向事态的实例,构建具体的判断标准;第六,结合第四点和第五点,推定被审规范性文件合法/不合法。按照前述步骤,可以把"四联锁标准"应用于任何规范性文件的合法性判断,特别是规范性文件的司法审查。

例如,A 区市的公安局交通管理支队 B,在 2018 年 9 月发布了一份《电(机)动三、四轮车限行通告》(简称《通告》)。其主要条款如下:第一条:"每日早 7 时至晚 8 时,禁止电(机)动三、四轮车在本市区内通行。"第二条:"违反本《通告》禁行规定的,依照道路交通安全法律法规给予处罚。"第三条:"涉及邮政、快递等民生的电(机)动三、四轮车,由其主管单位到 B 备案后,可以在本市区内通行。"假设,甲不服 B 依据《通告》对其做出的行政决定,请求人民法院确认 B 的决定不合法,并诉请附带审查《通告》的合法性。

受理案件后,审查者运用立规意向事态实例标准,仅需六步即可做出判断:第一,认定 B 制发《通告》的相关事实;第二,查找四类相联锁立规规范,即关于 B 制发《通告》之立规地位、立规意向、立规程序及立规实体的规范;第三,认定相关立规规范关于 B 制发事实的意向事态;第四,判断 B 的立规事实是不是相关立规规范强制性意向事态的实例;第五,构建具体的判断标准;第六,根据被审事实与判断标准判定《通告》合法/不合法。

审查者经过前六步,可判定三点:第一,现行法并未授予 B 发布《通告》,

限制电(机)动三、四轮车在 A 市区通行的地位,故《通告》中的限行规定不合法;第二,《行政处罚法》第 14 条禁止 B 在《通告》内设定处罚,故《通告》设定的处罚规定不合法;第三,《行政许可法》第 17 条禁止 B 在《通告》内设定许可,故《通告》设定的许可规定不合法。

其中,第三点裁决的具体判定步骤也仅有六步:第一,B 在《通告》中设定了备案,该备案是一种许可 第二,《行政许可法》第 17 条规定,其他规范性文件不得设定许可;第三,该规定中的立规意向事态是法律、法规、规章以外的其他规范性文件在未来没有设定许可;第四,《通告》是其他规范性文件但设定许可,该事实是高阶立规主体禁止性意向事态的反例;第五,如果所设许可不是《行政许可法》第 17 条内含禁止性意向事态的实例,而是反例,那么该许可不合法;第六,根据第四点与第五点可推定,《通告》所设许可不合法。

五、结语

现有规范性文件司法审查标准可概称为"五情形标准",即五种规范性文件不合法情形充当的标准。这些标准在一定程度上能发挥判断标准的作用,但因分类混乱不清、含义模糊不明,并不具备法律标准应有的独特性、严整性、充要性与实用性。前文根据规范理论、言语行为论、意向性理论、社会实在建构论等哲学与法理学原理,论证了合法性判断的依据观、对象观,以及合法性的独特性论,并根据前列观点,界定了一种立规意向事态实例标准——如果立规事实整体上是/不是四类相联锁立规规范强制性意向事态的完整实例,那么它们所构成的规范性文件合法/不合法。按照其中的四类立规规范,此标准可分成相联锁的立规地位标准、立规意向标准、立规程序标准,以及立规实体标准。

因行政法律规范的领域广、门类多、数量大,本章仅根据立规意向事态实例标准的内涵划分了它的四类相联锁类型,并没有再作细分。余下的判断标准构建工作,或许可以由审查者或研究者自行开展。因为立规意向事态实例标准提供了构建具体判断标准的模式和方法。以上文的《通告》合法性审查案为例,根据立规意向事态实例标准的独特性含义与构成要件,在个案中仅需四步——确定应审立规事实、获取相关规范依据、析出前两者的契合处、断定被审事实是/不是所依据规范意向事态的实例——就能确定规范性文件合法性判断标准的构成要件,即可构成具体的判断标准。

第五节　规范性文件法律属性的判断类型及其顺序

我国现行法规定了以备案审查、附带审查为主要形式的规范性文件判断制度。根据《立法法》《各级人大常委会监督法》《行政诉讼法》等法的规定,各级人民法院,以及县级以上的人大及其常委会、县级以上的人民政府等,皆有权判断规范性文件的合法性。人民法院同其他审查机关面临的共同问题,包括但不限于判断标准、判断方法、判断进程等。

一、问题、现状及研究思路

本章拟解决的问题是:审查者应当遵循什么样的逻辑顺序才能无重复、无遗漏且不可逆地完成规范性文件法律属性的判断进程? 个别规范性文件合法性审查机关,如成都市人民政府法制办公室为了提高判断的质量与效率,率先制定了多达74项的规范性文件合法性判断共用标准体系;其中按逻辑顺序编排了立规主体判断标准、立规程序判断标准,以及规范性文件规定事项等判断标准。① 因相关研究还不健全,这套标准初步编排了各类判断标准的适用流程,但它仍需要理论分析论证,仍需要深化优化。

在某种意义上,学者们已经关注了判断顺序问题,但未阐明其在规范合法

---

① 参见马利民、简华:《成都率先探索推行行政规范性文件合法性审查标准体系》,《法制日报》2016 年 8 月 22 日。

性判断中的作用。他们在论及合宪性审查基准时,多引介美国的三重审查基准(合理性判断、中度判断与严格审查基准)与德国比例原则之上的三层审查基准(明显性、可支持性与强烈内容审查基准)。① 前列审查基准三分的理论基础是涉案基本权利的不同,或者说,它们是根据基本权利的不同类型划分的,并未涉及更不足以作为合宪性判断的逻辑顺序。

近年来,有学者在探讨规范性文件的合法性判断基准时,主张引入美国谢弗林案中的两步骤判断法:一是国会的立规意图清楚,则执行国会的意图;二是立规意图缺失或模糊,则看行政机关对法律的解释是否合理可行。② 该两步法仅限于对行政立法性规范性文件的判断,二者对立规意图的判断仅是规范性文件合法性判断的一小部分,所以此两步法并不足以作为规范性文件合法性判断的顺序。还有人提出,合法性判断的多维结构由合宪性判断、合法律性判断与合规性判断构成。③ 此种分层无关单个规范性文件合法性判断的逻辑顺序,更未涉及单个规范性文件合法性判断的层次,也不足以作为规范性文件合法性判断的逻辑顺序。就此来看,仍有必要研究规范性文件合法性判断的逻辑顺序。

根据规范性文件合法性判断的项目内容及其在法律上的逻辑关系,审查者首先应当进行规范性文件的整体合法性判断,而后在规范性文件整体合法的前提下再进行规范性文件构成部分合法性的判断;其次在部分合法性判断的层面,应当先进行规范个体的有效性判断,而后在其合法有效的前提下再进行规范的兼容性判断;最后,根据规范有效性判断与兼容性判断的难易程度等特性,应当先进行抽象的形式合法性判断,而后再进行具体的实质合法性判断。

---

① 参见李云霖:《论人大监督规范性文件之审查基准》,《政治与法律》2014 年第 12 期。

② 参见孙首灿:《论行政规范性文件的司法审查标准》,《清华法学》2017 年第 2 期;高秦伟:《政策形成与司法审查——美国谢弗林案之启示》,《浙江学刊》2006 年第 6 期。

③ 参见贺海仁:《我国合法性审查制度的规范研究》,《新疆师范大学学报》(哲学社会科学版)2015 年第 3 期。

二、先整体判断后部分判断

规范性文件的整体合法性判断是指依法判断规范性文件在整体上是否合法。例如,《黑龙江省母婴保健条例》(2013)共由 8 章 57 条组成。根据《立法法》第 96 条、《各级人大常委会监督法》第 30 条之规定,全国人大常委会在判断《黑龙江省母婴保健条例》时,尽管比较明显但也应当在流程中确认黑龙江省人大常委会是否有资格制定该条例,而后再查看该条例的制定程序与规范性文件形式是否合法。规范性文件整体合法性判断的详细项目即是关于立规主体资格、立规实体内容、立规程序与规范性文件形式的合法性判断。

其中,立规主体资格是指规范性文件立规主体,在法律上所具有的可以制定规范性文件的概括地位,例如设区的市人大及其常委会以外的社会组织无资格制定地方性法规;立规实体内容是指具有规范性文件立规资格的主体,在法律限制下所能规定的人事物等内容。例如设区的市人大及其常委会有地方性法规制定资格,但无权力就《立法法》限定的城乡建设与管理、文化保护与环境保护等以外的事项制定规范性文件;立规程序即《立法法》及相关法规定的起草、公开征求意见、审议、表决、公布等规范性文件制发程序;规范性文件形式即规范性文件的用名、令号、印鉴等表现形式,例如只有全国人大及其常委会制定的规范性文件才能称为“法”,国务院各部门及地方人民政府制定的规章不得称“条例”,正式公布的规范性文件必须有规范性文件制定机关编发的令号并有规范性文件制定机关的印鉴等。

规范性文件的部分合法性判断是指依法判断规范性文件的构成部分是否合法。规范性文件由概念、规则、原则、技术性规定等构成,其主体构成部分是规则与原则,即规范。其他构成部分需要结合规范才能产生指引与评价功能。因此,规范性文件的部分合法性判断主要是规范合法性判断。

例如,《黑龙江省母婴保健条例》的第 8 条规定,“准备结婚的男女双方,应当接受婚前医学检查和婚前健康教育,凭婚前医学检查证明,到婚姻登记机关办理结婚登记"。学界简称之为"强制婚检规定",并认为该规定与国务院的《婚姻登记条例》相冲突。因为国务院在条例中废除了原《婚姻登记管理条例》中的强制婚检规定,其态度是否定强制婚检。① 以下简称之为"婚检规范案"。审查者对前两部规范性文件的相关规定的判断,即是与整体合法性判断相对而言的部分合法性判断。

某规范性文件无立规资格或不按照关键法定程序立规,以及实体内容严重不合法的,该规范性文件通常不具备法律上的效力。审查机关应当从整体上撤销这种整体上违法无效的规范性文件。原因在于,立规主体若无资格、实体内容严重超出法定限度,或其立规行为不符合法定程序的,则其立规行为将因不符合法定条件而不具备法律效力。相应地,规范性文件作为该不合法行为的立规结果则在整体上不合法。在此意义上,规范性文件整体不合法则决定其构成部分均不合法,即规范性文件在整体上无效。构成该无效规范性文件的规则与原则等构成部分也随之一概无效,但反之则不然。作为规范性文件构成部分的某些规定无效的,并不会导致其他规定的无效,更不会导致其所在规范性文件的整体无效。

就此而言,被审规范性文件整体上不合法,则无判断其构成部分合法性的必要,但被审规范性文件的构成部分合法或不合法,在逻辑上均不能决定其整体上是否合法,所以整体上合法的规范性文件仍需进行部分合法性判断。② 例如,前文的《黑龙江省母婴保健条例》在整体上虽然合法,但其个别条款仍有可能被认定为不合法。

是故,审查者应当先判断规范性文件的整体合法性而后再视情况判断其构成部分的合法性。若先判断规范性文件构成部分的合法性则不能确定规范

① 参见胡锦光:《婚检规定宜引入合宪性审查》,《法学》2005 年第 9 期。
② 根据《行政诉讼法》第 53 条第 1 款的规定,人民法院附带审查的是"行政行为所依据……的规范性文件"。有学者认为,人民法院根据该款规定只应当对规范性文件具有争议的部分内容进行审查,而非审查规范性文件的整体合法性。参见朱芒:《规范性文件的合法性要件——首例附带性司法审查判决书评析》,《法学》2016 年第 11 期。

性文件的整体合法性,逻辑上还需反过来再判断规范性文件整体合法性的情况,否则将遗漏合法性判断的重要层面;如果被审规范性文件在整体上不合法,则此前所做的部分合法性判断工作就会归于徒劳。

三、先规范有效性判断后规范兼容性判断

前文界定的规范性文件整体合法性判断是一种被审规范性文件的整体有效性判断。① 具体而言,无立规主体资格或立规实体内容严重不合法的,立规主体制定的规范性文件,或者立规主体有资格、立规实体内容在法定领域内,但关键立规程序不合法的规范性文件,也应认定为无效;只有立规主体有资格、立规实体内容在法定限度内,并按照法定程序立规,且符合法定形式的规范性文件则是合法有效的规范性文件。

根据《立法法》第 96 条与 97 条、《法规规章备案条例》第 10 条的规定,规范性文件部分合法性判断的对象可再细分成两个层面:一是被审规范性文件中的规范个体的有效性,即判断立规主体是否有权制定;二是被审规范性文件中的规范与其他规范的兼容性,即判断初显合法的规范,同其他规范是否相抵触或不一致。

规范个体的有效性审查显然是一种典型的合法性审查,规范不兼容性审查则不尽然。尽管学界将规范不兼容之规范抵触普遍列入合法性审查,但鲜见有人阐明其原因。事实上,被审规范同其他规范不兼容是被现行法所禁止的。例如,现行《立法法》第 87 条规定,任何法律、法规、规章皆不得抵触宪法。该法第 96 条与 97 条规定,有权机关应当改变或撤销(即部分或全部废除)对同一事项规定不一致的规章、应当改变或撤销同高阶法相抵触的下位法规定;其中蕴含法律规范不得相抵触、应当相兼容的意义。被审规范同其他规范不兼容属于规范个体初显合法但其集合不合法的情形。根据《立法法》

---

① 尽管从理论上说规范性文件与规范性文件之间在整体上有可能产生是否兼容的问题,但这种情形在规范性文件合法性审查实践中极难出现,故本书暂且不论。

第五章的规定,有权机关废除规范不兼容情形的方式,是根据高阶法优于下位法、新法优于旧法、特别法优于一般法、变通法优于被变通法等规则废除规范不兼容关系中的一方。该规范就是由于同其他规范不兼容而被废除的不合法规范。这意味着,即要是存在规范不兼容,其中就有一方最终应当被认定为不合法规范。

有人曾论证,法的违反情形是低阶法规定,直接或间接不符合作为高阶法规定的立法性规定;法的抵触情形,是初显有效、内容同域、事项同类且适用条件重合的同层阶法规范,因规定的内容、态度、语义或行为模式不兼容而导致其不能被共同实现。① 简而言之,规范个体的有效性判断是查看被审规范是否符合相应的立法性规定;规范兼容性判断则是查看被审规范能否与其他规范共同实现。但学者们并未玥确意识到规范性文件的部分合法性判断,其主体部分(即规范合法性判断)能够且应当分成有效性判断与兼容性判断两个层次。

例如,《立法法》第 96 条与第 97 条、《法规规章备案条例》第 10 条,以及最高人民法院《关于审理行政案件适用法律规范问题的座谈会纪要》(法 2004第 96 号)第 6 段,列举了超越权限的、违背法定程序的、违反高阶法规定的、同其他规定相冲突的不合法情形,但未厘清前列情形究竟分属何种逻辑层次。我国行政法学通说认为,行政行为的合法要件包括主体合法、实体行为权合法、程序合法、内容合法与形式合法。

或受其影响,所谓的规范性文件附带审查第一案判决,②即"安徽华源医药股份有限公司诉国家工商行政管理总局商标局商标行政纠纷案"初审判决指明,规范性文件的规定是否合法应当从三个方面着重进行审查:规范性文件制定机关是否为制定规范性文件的合法主体,规定是否超越法定限制范围,制

---

① 参见袁勇:《法的违反情形与抵触情形之界分》,《法制与社会发展》2017 年第 3 期。
② 参见北京知识产权人民法院(2015)京知行初字第 177 号行政判决书。

成规定的行为是否履行了法定程序或者遵循了正当程序的要求。① 由是观之,学者们并未注意到规范性文件的立规主体资格合法性、立规实体内容的合法性与程序合法性实质上是一种有效性判断的前提条件。

例如,《道路交通安全法》(2003 年通过,2011 年修订)第 13 条规定有两条规范,可以分别记为 N1:申请核发机动车检验合格标志的,必须提供机动车行驶证与第三者责任强制保险单等;N2:任何单位不得附加 N1 规定以外的条件。但公安部《机动车登记规定》(2004)第 34 条第 3 款规定了一条规范,可表述为 N3:申请核发机动车检验合格标志的,必须提供机动车行驶证和第三者责任强制保险单,并处理完道路交通安全违法行为和交通事故等。②

在该"车检规范案"中,N3 与 N1 皆是初显有效的、处于同一层阶、规定同类事项的性质相同的必须规范,但 N3 规定的规范内容或者说要求的条件多出 N1 两项,在主张适用 N1 的情况下 N3 规定的多余条件——处理完道路交通安全违法行为和交通事故——将得不到实现;在此意义上,N3 与 N1 冲突或者说不兼容。而 N2 则是禁止车检条件事项的立法性规定,因 N3 规定的条件多于 N1,所以 N3 不符合 N1 的禁止性规定,但 N3 与 N2 的关系并不同于 N3 与 N1 的相抵触关系,而是一种法的违反情形。③

根据凯尔森关于规范冲突各方皆是有效规范的观点,在进行规范合法性判断时,应当先判断规范个体的有效性而后再判断规范的兼容性。凯尔森在《规范的一般理论》中提出:"当我们认为有规范冲突时,相冲突的各方规范均

① 参见朱芒:《规范性文件的合法性要件——首例附带性司法审查判决书评析》,《法学》2016 年第 11 期。
② 参见最高人民法院《关于公安交警部门能否以交通违章行为未处理为由不予核发机动车检验合格标志问题的答复》(〔2007〕行他字第 20 号)。
③ 参见袁勇:《法的违反情形与抵触情形之界分》,《法制与社会发展》2017 年第 3 期。

必须是有效的;否则将不会有规范冲突。"①该观点可理解为,相冲突规范中的一方或双方的效力尽管可能被废除,但只有初显有效的规范才有可能相冲突,无效的规范在既定实在法体系内不会同其他规范冲突。

是故,在判断诸如 N3 与 N1 之类的规范兼容性时,必须先判断认定被审规范是否合法有效,在确认其合法有效之后才应当判断它与其他规范的兼容性,否则将得不出可靠的判断裁决。例如,N3 在语义上与 N1 不兼容。但因为 N3 违反 N2 的禁止性规定而应当被认定为违法无效,所以 N3 最终不能被认定为合法有效的规范。根据凯尔森的观点,N3 作为无效的规范在实在法中不会与 N1 产生有效的冲突。如果将两种判断顺序反过来,即先判断认定 N3 同 N1 不兼容,而后再判断认定 N3 违反 N2,由于 N2 终将被认定成违法无效而不可能同其他规范冲突,那么此前所得出的 N3 同 N1 不兼容的裁决将被否定,此前所做的 N3 同 N1 的兼容性判断工作也将归于徒劳。由此可见,先规范有效性判断后规范兼容性判断的顺序不可逆。

四、先抽象的形式判断后具体的实质判断

除整体合法性判断与部分合法性判断、规范有效性判断与规范兼容性判断之外,规范性文件合法性判断的常见分类有备案审查与附带审查、主动判断与被动判断、②抽象判断与具体判断、形式判断与实质判断,等等。主动判断与被动判断属于法定的判断方式,备案审查与附带审查则是法定的不同判断制度,它们并无逻辑上的逻辑顺序可言。通常认为,规范性文件的抽象判断是脱离案例的判断;具体判断则是结合个案进行的判断。③

---

① Hans Kelsen, *General Theory of Norms*, Michael Hartney (trans.), Oxford: Clarendon Press, 1991, p. 213.

② 参见林来梵:《中国的"违宪审查":特色及生成实态——从三个有关用语的变化策略来看》,《浙江社会科学》2010 年第 5 期。

③ 参见[德]康拉德·黑塞:《联邦德国宪法纲要》,李辉译,商务印书馆 2007 年版。

抽象判断是脱离具体案件对规范在语义与逻辑层面的判断;具体判断则是结合具体案情既对规范语义又对规范效果在语用层面的判断。前两种判断均有可能在备案审查与附带审查中出现,即备案审查机关有可能基于具体个案进行具体判断,司法机关也可以置案情于不顾而进行抽象判断。之所以这样说,是因为无论是备案审查机关还是仅能进行附带审查的司法机关,它们在判断规范性文件的整体合法性时,均能在脱离具体案件的情况下从立规主体资格、立规实体内容、立规程序与规范性文件形式四个方面进行审查。

非但如此,它们在判断规范个体的有效性时,也能仅基于立规主体的具体实体行为权,以及被审规范的行为模式(必须模式、禁止模式、准许模式、无须模式与任意模式)、适用条件与规范内容来抽象判断其合法性。[1] 例如在车检规范案中,N3 规定的行为模式(必须模式)符合车检规定的强制性要求,但其规范内容却超出了 N2 的限定范围,所以 N3 违反了 N2 的强制性规定。

除此之外,在规范兼容性判断中,任何审查机关也都可以脱离具体个案抽象判断被审规范的兼容性。例如,在婚检规范案中,国务院的规范态度是无须做婚前医学检查,《婚姻登记条例》中隐含的婚检规范即"无须做婚前医学检查";而《黑龙江省母婴保障条例》却规定的是"必须做婚前医学检查"。前两条规范的适用条件(申请婚姻登记)与规范内容"做婚前医学检查"皆相同,但二者规范模态的语义——"无须"与"必须"相矛盾,[2]这导致它俩的规范语义也相矛盾,二者因此必然不兼容。

虽然抽象合法性判断以规范语义与规范逻辑为基础可以得出确定性高、

---

① 　Pablo E.Navarro & Jorge L.Rodríguez, *Deontic Logic and Legal System*, New York: Cambridge University Press, 2014, pp. 122–127.

② 　Ota Weinberger, "On The Meaning of Norm Sentences, Normative Inconsistency, And Normative Entailment: A Reply To Carlos E.Alchourron And Eugenio Bulygin", *Rechtstheorie* 15 (1984), p. 470.

可驳度低的判断裁决,但因立法者的有限理性、人类语言表意的模糊性,以及社会利益的复杂多变,规范性文件的内容在语义上往往具有很高的不确定性与可辩驳性,①审查者在很多案件中必须结合具体案情进行具体判断才能得出判断结论,否则将因确定不了被审规范的意义指的是什么而无从判断其合法性。

例如,在"方才女诉淳安县公安局消防行政处罚行政争议案"中,②当事人认为浙江省公安厅《关于解决消防监督执法工作若干问题的批复》(2014)第5条③对"其他供社会公众活动的场所"的解释不符合《治安管理处罚法》第39条的规定。人民法院结合案情认定,供居住的出租房物理上将毗邻的多幢、多间或多套房屋集中用于向不特定多数人出租,而且承租人具有较高的流动性;此类房屋的经营管理者理应承担更高的消防安全管理责任;故前个批复的解释并不违背《治安管理处罚法》第39条的规定。对于"社会公众活动场所"这一不确定概念,人民法院无从在语义上对其进行抽象判断,只能对其进行具体判断。

诸如此类的具体判断相对于抽象判断而言,能更加切实、具体地确定被审规范的意义与效果,但是不能将具体判断等同于实质判断;相应地,也不能将抽象判断等同于形式判断。参考阿蒂亚与萨默斯关于法律推理中形式依据与实质依据的分类,规范性文件的合法性判断的形式依据是一种预设存在的有效法律规定或其他有效的、权威的法律依据;其实质依据是一种道德的、经济

---

① Giovanni Sartor, "Normative Conflicts in Legal Reasoning", Artificial Intelligence and Law 1, 1992, pp. 209-235.

② 参见浙江省杭州市淳安县(2015)杭淳行初字第18号行政判决书。

③ 居住出租房屋同时设置10个以上(含)出租床位用于出租,且租赁期限在3个月以内的,或者集中设置出租床位出租的,该居主出租房屋可以视为《治安管理处罚法》第39条规定的"其他供社会公众活动的场所",该房屋出租人(含转租人)可以视为第39条规定的"供社会公众活动的场所的经营管理人员"。

的、政治的、习俗的、制度的或其他的社会因素。①

根据判断依据的不同,规范合法性判断可分成根据形式依据做出的形式合法判断、根据实质依据进行的实质合法性判断。例如,在婚检规范案中,国务院取消强制婚检的原因是它增加行为人的负担与成本,招致登记机关寻租,并且因检查走过场而预防新生儿缺陷的作用有限。尽管国务院有前述实质理由,但不少人仍主张有必要通过强制婚检来提高新生人口质量。

再如,在车检规范案中,因 N3 明显违反 N2 的规定,最高人民法院答复下级人民法院应当拒用 N3 而选择适用高阶法规定。但公安部于 2008 年将《机动车登记规定》第 34 条第 3 款修改成:"申请检验合格标志之前,机动车所有人应当将涉及该车的道路交通安全违法行为和交通事故处理完毕。"修改后的规定虽有违法增加前置性行政许可之嫌,但在语义上却不再明显违反道路交通安全法规定的 N2。新规定出现后未见判断其合法性的案件。即使有人提起判断,审查机关也应当考虑公安机关的管理需要,即在申请检验合格证环节促使车主按期处理道路交通违法行为和交通事故。个中的公安道路行政管理效率问题不应被审查机关完全忽略。

以上分析表明,规范合法性判断往往要求审查者逾越法条规定的语义射程、突破法定的形式范围而进入实质判断的领域。在不少情况下,审查机关还需要结合具体个案来实质判断规范性文件的合法性。仅仅通过机械地解释法条、抽象地进行形式判断,并不一定总能得出适当的判断结论。通过对车检规范案与婚检规范案相关背景要素的分析亦可知,抽象判断基本上是根据形式依据进行的判断,而实质判断则是在具体个案情景中对实质对象进行的判断。

因为抽象判断与形式判断、具体判断与实质判断密切相关、难解难分,前四类规范性文件合法性判断的类型可整合、二分成抽象的形式合法性判断与

---

① 参见[英]P.S.阿蒂亚、R.S.萨默斯:《英美法中的形式与实质——法律推理、法律理论和法律制度的比较研究》,金敏、陈林林、王笑红译,中国政法大学出版社 2005 年版,第 1—10 页。

具体的实质合法性判断。根据前列判断类型的特性可知,无论是备案审查还是行政复议与行政诉讼中的附带审查,均应当先进行抽象的形式合法性判断,而后再进行具体的实质合法性判断。主要理由有两个:

其一,契合法律解释方法的一般位序。学者们在法律解释方法的数目上认识不一,对各法律解释方法的位序也无定论。但各家均公认,语义解释是法律解释的起点,语义解释所得规范的效力高于其他解释。但在语义缺失或模糊而解释不出单一规范,或者在语义解释的结论明显不当等情形下,还需采用体系解释、客观立法目的解释、主观立规意图解释、比较解释、合宪性解释等方法。

一般而言,法律解释方法的初步优先顺序可排列如下:字义解释>体系解释>客观立法目的解释>主观立规意图解释>比较解释("＞"表示优于);在以上解释方法所得复数结论中符合宪法的解释优先。① 从中可知,抽象的形式合法性判断的起点也是且仅是规范的语义。这与法律解释方法的基础和起点完全一致,即规范合法性判断也必须从对规范语义抽象的形式合法性判断开始。

不仅如此,规范语义合法性判断的结论初步优先于其他判断所得的结论。如果越过抽象的形式合法性判断先进行具体的实质合法性判断,不但背离人们解释、认知法律规范的一般顺序,而且其判断结论也面临着被否定的可能。据此可以认为,先抽象的形式合法性判断,后具体的形式合法性判断的顺序不可逆。

其二,符合从易到难的实践准则。仅从前文分析的案例中就可看出,抽象的形式合法性判断的项目内容是立规资格、实体内容、制定程序、文件形式、规范语义、行为模式等。审查者运用语义解释法与逻辑分析法,就可以断定前列

① 参见梁慧星:《民法解释学》,中国政法大学出版社 1995 年版,第 245—246 页;[德]卡尔·拉伦茨:《法学方法论》,陈爱娥译,商务印书馆 2003 年版,第 219—222 页;舒国滢等:《法学方法论问题研究》,中国政法大学出版社 2007 年版,第 377—379 页。

164

项目内容是什么。其认定过程基本上是抽象的形式判断与推理过程,具有客观确定性强、可操作程度高、容易得出判断结论的特性。

相对而言,具体的实质合法性判断则需要结合具体个案、利用各种经验知识、考量相关目标或价值,才能在非形式逻辑的领域得出判断结论。该实质判断过程充满模糊与歧义、争议与独断,不但在实践中难以得出判断结论,即使得出也难以令人信服。例如,在婚检规范案中,简政便民与保障优生的政策目标并无孰对孰错、孰高孰低之分;无论是国务院废除强制婚检规则,还是黑龙江省人大常委会维持强制婚检规则,二者的理由皆难以让所有人完全认可。

如果强制做婚前医学检查的主要目的是为了保障优生,那么在婚姻登记阶段强制婚检不如改成规定在孕前做医学检查后才能领取准生证。后者能实现保障优生的政策目标,对公民权利的限制或减损也更少。综上,抽象的形式合法性判断比具体的实质合法性判断更容易进行。人们通常都遵守从易到难的实践准则,在判断实践中也应先进行抽象的形式合法性判断后进行具体的实质合法性判断。罔论违逆此顺序得出的结论有可能被否定、先前具体的实质合法性判断工作有可能归于徒劳。

五、结语

按何顺序进行规范性文件合法性判断,是审查者面临的一个不可回避的重要实践课题。本章界分了规范性文件合法性的整体判断与部分判断、有效性判断与兼容性判断、抽象判断与具体判断、形式判断与实质判断,并在此基础上论证了三个不可逆的合法性判断逻辑顺序,即先整体判断后部分判断、先规范有效性判断后规范兼容性判断、先抽象的形式判断后具体的实质判断。其中的逻辑层次及内容要点可用下面的图表直观展示。

在此表明,以上仅揭示了规范性文件合法性判断进程中的三种"逻辑"顺序,仅简要陈述了厘定它们的理由,提供了各判断顺序的要点内容。笔者期望以上论点能被用于安排规范性文件合法性判断的流程，能被用来优化规范性文件合法性判断的标准体系。

规范性文件合法性判断的逻辑顺序

整体判断	有效性判断	立规资格		有无制定规范性文件的一般资格	抽象判断	形式判断
		实体内容		是否在法定实体内容限度内		
		立规程序		是否符合法定程序		
		文件形式		是否符合法定形式		
部分判断	有效性判断	规范个体	行为模式	行为模式是否符合立法性规范	抽象判断、具体判断	形式判断、实质判断
			适用条件	适用条件是否符合立法性规范		
			规范内容	规范内容是否符合立法性规范		
	兼容性判断	规范集合	规范要件	规范内容	强制模态限定的规范内容是否兼容	抽象判断	形式判断
				规范语义	规范算子的语义是否兼容		
				行为模式	行为模式的性质是否矛盾		
			规范效果	经验判断	能否共同实现	具体判断	实质判断
				应然评价	应否共同实现		

第三章　裁决阶段的现状、不足及改进

《行政诉讼法》第 6 条规定："人民法院审理行政案件,对行政行为是否合法进行审查。"根据司法三段论,行政主体做出行政行为的大前提是某条确定的普遍性行政法规范;小前提是适用于该条大前提的特定案件事实;结论是把小前提置入大前提推论出的行政行为(决定)。① 由此可见,行政行为若要合法,其大前提、小前提及结论,都应当符合法律规定。在人民法院依职权审查规范性文件的过程中,为了完成判断行政行为合法性的职责,就必须判断作为行政行为依据的规范性文件及其规定,是否合法有效。

在依诉请附带审查规范性文件的行政案件中,行政诉讼法明确施加给人民法院依诉请判断规范性文件合法性义务,人民法院不再享有可以自行地裁量判断规范性文件合法性的特权。但据人民法院正确适用合法有效裁判依据的职责,即使当事人未诉请附带审查,人民法院也应当依职权裁量判断被诉行政行为所依据之规范性文件的合法性。只不过,在依诉请附带审查案件中,人民法院负有履行审查义务,并负有告知当事人的诉请是否符合法定条件义务;

---

① 例如,某道路交通行政处罚决定的,大前提是,"凡是驾驶机动车闯红灯的,交通主管机关应当给予二百元罚款";小前提是,张三驾驶机动车闯红灯;把小前提置入大前提得出的结论,就是一个行政处罚决定:张三驾驶机动车闯红灯,当地交通主管机关应当给予他二百元罚款。

如果符合的,还负有告知当事人被审的规范性文件合法或不合法的义务。

受前列法定情形所限,在前两种案件中,人民法院依职权规范性文件司法附带审查的裁决类型,与依诉请附带审查案件中的规范性文件司法附带审查类型,存在不同之处。本章先梳理和总结现有的规范性文件司法附带审查裁决类型,而后评析它们存在的不当之处,最后根据我国法治体系建设的要求,基于相关法理学原理,提出改进规范性文件司法附带审查裁决类型的建议。

第一节　司法附带审查的法定裁决类型

人民法院依职权审查规范性文件的裁决类型,与它们依诉请在规范性文件司法附带审查中判断规范性文件的裁决类型,在是否需要告知当事人上存在某些不同。下面先论述人民法院依职权审查规范性文件裁决类型的情形,再把人民法院依诉请判断规范性文件的分支情形,作为特殊情况另加论述。

在规范性文件司法附带审查中,人民法院依职权判断适用某规范性文件合法性的结果只有两种:合法、不合法。人民法院负有正确适用合法有效法律规定的职责,无论是行政法规、地方性法规、部门规章,还是规范性文件,只要是违反高阶法规定或同高阶法相冲突的,人民法院都应当不予适用。"人民法院在判断具体行政行为合法性时,应当对下位法是否符合上位法一并进行审查,有权按照上位法优于下位法的要求选择适用上位法。"①笔者亦认同此类观点,主要理由有两个。

其一,根据《立法法》第 99 条第 1 款之规定,最高人民法院认为行政法规、地方性法规、自治条例和单行条例同宪法或者法律相抵触的,可以向全国人大常委会书面提出进行审查的要求,由常务委员会工作机构分送有关的专门委员会进行审查、提出意见。根据《立法法》第 99 条第 2 款之规定,地方各

① 耿宝建、姚宝华:《指导案例 5 号〈鲁潍(福建)盐业进出口有限公司苏州分公司诉江苏省苏州市盐务管理局盐业处罚案〉的理解与适用》,《人民司法》2012 年第 15 期。

级人民法院认为行政法规、地方性法规、自治条例和单行条例同宪法或者法律相抵触的,可以向全国人大常委会书面提出进行审查的建议,由常务委员会工作机构进行研究,必要时,送有关的专门委员会进行审查、提出意见。

从《立法法》第 99 条中能推导出,该条款既明文授予了最高人民法院提请判断权,还隐含着授予了它预审权;这两种权力共同构成了最高人民法院享有的、独特的合宪性判断权。① 前列观点表明,人民法院规范性文件司法附带审查中,所谓依据法律、行政法规和地方性法规之“依据”,并不是在任何情况下都只能不加质疑地照抄照用法律、行政法规和地方性法规的规定。

其二,《行政诉讼法》第 63 条第 1 款规定,人民法院审理行政案件,以法律和行政法规、地方性法规为依据;该条第 3 款规定,人民法院审理行政案件,参照规章。“依据”的意思是人民法院应当高度尊重法律、行政法规和地方性法规,应当推定它们的规定初始有效;但在它们或其规定存在明显违法情形的条件下,人民法院为了履行正确适用合法有效规定裁判的职责,就应当依法不予选择适用,并启动相应判断机制,请求有权机关给予确认,并提请有权机关改变或撤销不合法的行政法规或地方性法规之规定。所谓的在行政诉讼法律适用中的参照规章之“参照”,其意是指人民法院可以推定涉案规章的规定效力待定;只有经人民法院判断并确认合法之后,方能给予承认和适用。

至于规章以下规范性文件判断适用的类型,按《关于审理行政案件适用法律规范问题的座谈会纪要》的意见,规范性文件(即具体应用解释和其他规范性文件)不是正式法律渊源,对人民法院不具有法律规范意义上的约束力;人民法院经审查认为被诉具体行政行为依据的规范性文件合法、有效并合理、适当的,在认定被诉具体行政行为合法性时应承认其效力;人民法院可以在裁判理由中对具体应用解释和其他规范性文件是否合法、有效、合理或适当进行评述。另按《行政诉讼法》第 64 条之规定,作为行政行为依据的规范性文件

---

① 参见谢宇:《最高人民法院在合宪性审查中的现状、困境与出路——兼对我国〈立法法〉第 99 条第 1 款解释》,《政治与法律》2020 年第 5 期。

不合法的,人民法院不予适用。

另按《行诉解释》第149条之规定,人民法院经审查认为行政行为所依据的规范性文件合法的,应当作为认定行政行为合法的依据;经审查认为规范性文件不合法的,不作为人民法院认定行政行为合法的依据,并在裁判理由中予以阐明。根据前述规定,人民法院对待规范性文件的态度是,先推定它们初始无效,后经判断它们合法有效后,才能作为认定行政行为合法性的依据;需要注意的是,"作为认定行政行为合法的依据",并不等于就是作为"行政判决的法律依据"。综上,人民法院不能不加区分、不经审查,就照抄照搬规范性文件作为裁判依据。

但据现有规定,人民法院在规范性文件司法附带审查中,仅有质疑、判断和选择适用规范性文件的权力,并没有确认被审规范性文件无效的权力,也没有改变或撤销不合法规范性文件的权力。人民法院享有的仅是行政审判权中的法律适用权,相对于规范性文件制定机关的上级行政机关,以及制定机关所在地的人大及其常委会而言,人民法院并不具有完整的规范性文件合法性判断权。①

例如,在四川省广汉市人民法院(2017)川0681行初7号行政判决书中,人民法院支持当事人诉请附带审查"幸福大院居民小区业主委员会选举办法和程序指导性建议公告"合法性的请求,并判决:确认被告参与制定的"幸福大院居民小区业主委员会选举办法和程序指导性建议公告"违法;但在四川省德阳市中级人民法院(2018)川06行终13号行政判决书中,德阳市中级人民法院明确指出:"对于属国务院部门和地方人民政府及其部门所制定的普遍适用的规范性文件的判断,依我国现行法律规定,没有做出直接确认或撤销的制度依据。综上,原审人民法院对本案的指导性建议公告做出确认判决不当,该项判决应予撤销。"

---

① 参见袁勇:《论法院的行政规范审查权限》,《河南师范大学学报》(哲学社会科学版)2013年第4期。

综上，人民法院在规范性文件司法附带审查中，判断某规范性文件合法性的结果，有且仅有两种：不合法、合法。按《行政诉讼法》第64条之规定，作为行政行为依据的规范性文件不合法的，人民法院不予适用。另按《行诉解释》第149条之规定，人民法院经审查认为行政行为所依据的规范性文件合法的，应当作为认定行政行为合法的依据；经审查认为规范性文件不合法的，不作为人民法院认定行政行为合法的依据，并在裁判理由中予以阐明。根据前两条规定以及行政审判实践可知，我国人民法院在规范性文件司法附带审查中，仅有质疑、判断和选择适用规范性文件的权力，并没有确认被审规范性文件不合法或无效的权力，也没有改变或撤销不合法规范性文件的权力。

一方面，受行政审判权力所限，人民法院依职权规范性文件司法附带审查的裁决类型是：一是行政行为依据存在不合法、抵触高阶法、同高阶法不一致等情形，本院不予支持，或者不予适用；二是直接依据某法（通常是行政行为依据的高阶法）某条之规定，做出裁判。

另一方面，人民法院依诉请附带审查规章以下文件合法性的情况下，人民法院负有判断当事人的附带审查请求是否具备法定启动条件，并对满足法定启动条件的规范性文件进行合法性判断，并告知当事人裁决的义务。从裁判文书中可以看到，人民法院应当事人诉请进行合法性判断后，裁决类型包括下列情形。

1. 当事人诉请达不到法定启动条件的，有的人民法院做出的裁决是"不予支持"，①有的人民法院做出的裁决是"不予审查"，②有的人民法院做出的裁决是"不予处理"③，有的裁决是"不属于本案审理范围"，④有的裁决是"当

① 参见山东省菏泽市中级人民法院（2017）鲁17行终195号行政判决书。
② 参见北京市第一中级人民法院行政判决书（2016）京01行终291号行政判决书。
③ 参见广东省广州铁路运输第一人民法院（2016）粤7101行初2420号行政判决书。
④ 参见广东省东莞市第一人民法院（2015）东一法行初字第184号行政判决书。

事人的理由不成立",①有的是"予以驳回"附带审查请求。②

2. 当事人附带审查请求符合法定条件,判断后认定被诉规范性文件无违法情形的,有的人民法院做出的裁决是"当事人的诉求没有事实和法律依据,本院不予支持",③有的裁决是被诉请附带审查的规范性文件"作为行政决定的依据并无不当",等等。④

3. 经审查被诉规范性文件不合法的,有的人民法院裁决是确认被诉规范性文件"违法"。⑤ 有的人民法院在规范性文件司法附带审查中判断认为,作为行政行为依据的规范性文件不合法的,判决"不予支持"。⑥ 值得特别关注的是,最高人民法院在第 5 号指导案例,即《鲁潍(福建)盐业进出口有限公司苏州分公司诉江苏省苏州市盐务管理局盐业行政处罚案》中载明:"地方政府规章违反法律规定设定许可、处罚的,人民法院在行政审判中不予适用。"⑦根据第 5 号指导案例的裁判要旨,只要人民法院在规范性文件司法附带审查中确认了行政行为依据的规范性文件不合法的,其中包括行政法规、国务院部门规章以及地方政府规章不合法的,或者规范性文件不合法的,就应当明确地在裁判文书做出裁决:"不予适用"。

综上,人民法院依职权附带审查规范性文件的裁决类型:一是作为行政行为依据的规范性文件合法的,人民法院可以认定行政行为依据合法有效;二是作为行政行为依据的规范性文件不合法的,人民法院可以判定不予适用。

---

① 参见浙江省金华市婺城区人民法院(2016)浙 0702 行初 116 号行政判决书。
② 参见北京市第四中级人民法院(2019)京 04 行初 765 号行政裁定书,辽宁沈阳市沈河区人民法院(2016)辽 0103 行初 31 号行政判决书。
③ 参见福建省莆田市荔城区人民法院(2015)荔行初字第 126 号行政判决书。
④ 参见江苏省南京市中级人民法院(2017)苏 01 行终 238 号行政判决书。
⑤ 参见四川省广汉市人民法院(2017)川 0681 行初 7 号行政判决书。
⑥ 参见最高人民法院办公厅:《陈爱华诉南京市江宁区住房和城乡建设局不履行房屋登记法定职责案》,《最高人民法院公报》2014 年第 8 期。
⑦ 参见指导案例 5 号:鲁潍(福建)盐业进出口有限公司苏州分公司诉江苏省苏州市盐务管理局盐业行政处罚案,最高人民法院审判委员会讨论通过,2012 年 4 月 9 日公布。

人民法院应当事人诉请附带审查规范性文件的裁决类型，视不同情况可能是：1. 当事人请求不符合法定条件的，人民法院做出的裁决包括：不予支持、不予审查、不予受理或予以驳回等。2. 当事人请求满足启动条件，经审查规范性文件不合法的，个别人民法院确认被诉规范性文件违法，有的裁定不予支持；按最高人民法院发布的第 5 号指导案例公布的裁判基准，以及《行政诉讼法》第 64 条的规定，法定的方式是判定"不予适用"。3. 当事人请求满足启动条件，经审查规范性文件合法的，人民法院的裁决是被诉规范性文件并无不当，或者当事人的诉请没有事实和法律根据。

第二节　现有裁决类型的不足之处

人民法院享有的规范性文件司法附带审查权，及其中的规范性文件合法性判断权，在规范性文件附带审查制度实施后，仍然属于行政审判权中的法律适用权。相对于规范性文件制定机关的上级行政机关，以及规范性文件制定机关所在区域的人大及其常委会，在现行规范性文件附带审查制度下，人民法院并不享有完整的规范性文件合法性判断权。因人民法院的判断权仅限于行政审判权之法律适用权的维度，这就导致人民法院不能对外公开确认规范性文件无效，不能普遍宣告规范性文件违法无效。

即便作出生效裁判的人民法院按《行政诉讼法》第 64 条的规定，向规范性文件制定机关及其主管机关提出了处理建议或司法建议；由于人民法院的建议并不具有强制执行力，有关机关可以自主决定是否按人民法院的建议废除规范性文件不合法情形；除非不合法规范性文件的规范性文件制定机关或主管机关废止、改变撤销了该规范性文件，它在法律上依然有效。这就导致，人民法院在审判中认定成不合法、无效力，因而决定不予适用的规范性文件，在被有关机关废止、改变或撤销之前，却一直在法律上有效力；这显然是规范性文件附带审查制度中必须解决的不合法规范性文件的效力难题。①

一、有碍法治体系建设

在当前的规范性文件司法附带审查制度内,人民法院有可能会认知到某些被审规范性文件,存在重大且明显违法情形,或者存在应当被改变或撤销的不合法情形。规范性文件可能存在重大且明显违法情形包括:1. 立规主体没有主体资格;2. 立规主体的衷意活动不真诚、不真实、不明确;3. 立规主体的程序活动未依照程序规则;4. 立规主体成员的集体意向内容背离高阶限制规范。具有前列重大且明显情形的初显规范性文件,②都应当被确认无效。但现行规范性文件司法附带审查规则,包括规范性文件的依诉请附带审查规则,虽没有明确禁止,但也没有明确授予人民法院确认被审规范性文件无效的权力,也没有明确授权人民法院改变或撤销不合法规范性文件或其不合法部分的权力。

按照现行规范性文件司法附带审查制度的规定,人民法院在行政审判中确认被审规范性文件不合法的,可以在裁判文书中说明被审规范性文件不合法的依据和理由,但充其量只能做出"不予适用"的裁决;而后在现行政诉讼制度内,只能选择提出司法建议、报送上级人民法院备案、抄送被审规范性文件制定机关的上级主管机关等曲折的、间接的方式,仰仗其他具有领导权、监督权、监察权的机关采纳建议,而后再采取措施废除被人民法院认定的规范性文件。

人民法院这种采取曲折方式,依赖其他有权机关改变或废止不合法规范性文件或规范性文件内含不合法规定的做法,并不能直接起到改变、撤销或废

---

① 参见马得华:《我国行政诉讼规范性文件附带审查的模式与效力难题》,《政治与法律》2017 年第 8 期。

② 参见袁勇:《行政规范性文件的司法审查标准:梳理、评析及改进》,《法制与社会发展》2019 年第 5 期。

止不合法规范性文件或规范性文件内含不合法规定的有效作用。况且,在当前的社会体制中,并不是每家人民法院,事实上都享有能引起其他国家机关重视的足够司法权威。人民法院在规范性文件司法附带审查结束后采取的提出建议、报送备案和抄送建议方式,不易达到立法机关设想的效果。

前文已论述,规范性文件司法附带审查在我国法治体系建设中,并不是单纯地适用合法有效的规范性文件,解决行政争议。修订后的行政诉讼法设立的规范性文件附带审查制度,以及中共中央十八届四中全会的决定,均要求人民法院通过规范性文件司法附带审查中的规范性文件合法性判断,发挥维护国家法制统一、保障中央政令畅通、监督行政立规权力、保障相对人权益,以及预防大规模冲突的功能。

但因在当前的规范性文件司法附带审查制度中,人民法院并不享有完整的规范性文件监督判断权力,并不能直接地、有效地产生,人民法院在规范性文件司法附带审查中应当起到法治体系建设功能。这种情形同人民法院在我国法治体系建设中所担负的法制统一功能、保障中央政令畅通、监督行政功能、预防潜在大规模冲突的功能相背离。

二、背离法律体系阶层构造原理

所谓法律体系阶层构造论,是指法律体系设定了本体系内的规范性文件及其内含规范的创立、变更与消灭的主体、程序、方式及其他限定条件;高阶规范性文件是规定低阶规范性文件制定条件的规范,低阶规范性文件是按高阶规范性文件设定的条件制成的规范。就规范性文件内含的规范而言,低阶规范与高阶立规规范之间存在授权或效力传递关系,高阶立规规范的效力源于更高阶立规规范;如此递归,以至于各规范的效力最终都源于某一终极规范。[①]

---

① 参见[奥]汉斯·凯尔森:《法与国家的一般理论》,沈宗灵译,中国大百科全书出版社1996年版,第176—179页;雷磊:《适于法治的法律体系模式》,《法学研究》2015年第5期。

根据本书第二章划分的,规范性文件合法性的判断对象及其判断依据的类型,高阶立规规范分成四类:立规权能授予规范、立规表意活动规范、立规内容限制规范、立规程序规范。由于立规行为只有满足这四类规范设定的条件,才能制成有法律效力的文亠,所以前四类规范就是判断立规范性文件法律效力的判准。相应地,它们所设定的条件也就是规范性文件法律效力的确认要件。由于立规行为的合规四要件是规范性文件的充要构成条件,据之界定的四类法律效力确认要件,也是判断规范性文件法律效力的充要条件。

根据规范性文件法律效力的充要条件可以判断某规范性文件是不是病态规范性文件。按照规范性文件的构成要件,病态规范性文件的成因可分成四类:1.立规主体没有主体资格;2.立规主体的表意活动不真诚、不真实、不明确;3.立规主体的程序活动未依照程序规则;4.立规主体成员的集体意向内容背离高阶立规规范。另一方面,根据不合法成因的性质,病态规范性文件的不合法情形可分三级。

1.重大且明显不合法情形,包括立规主体表面上有但实际上没有立规主体资格,立规主体有主体资格但却对整个规范性文件所规定内容的无管辖权(例如公安机关制定了环保矾关主管的事务),以及立规主体立规意图不真诚,或者发布的并非立规主体成员想要发布的内容,以及违背表决、批准和公开等关键程序规则而制定规范性文件,等等。具有前列情形的所谓规范性文件,在理论上应当被确认无效。

2.一般不合法情形,包括违反立项、规划、起草、判断以及必须征求民众意见等程序规范行为发布的规范性文件;规范性文件内的某些内容不在规范性文件制定机关的管辖范围内,或者违背高阶立规规范的限制性规定,以及没有任何实质证据,就凭空臆造的规范性文件等。具有前列不合法情形的规范性文件,凡是被人民法院认定为具有明显或确定不合法情形的,人民法院就应当确认其无效。

3.轻微不合法情形,是指重大、明显或确定不合法情形以外的,规范性文件制定行为仅违背某些细枝末节的次要立规规范的情形。由于轻微的不合法情形不会导致规范性文件丧失足够重要的法律效力，所以，具有轻微不合法情形的所谓规范性文件，属于有瑕疵但有法律成员资格的规范性文件。

具有重大、明显或确定不合法情形的规范性文件，是不符合高阶立规规范的，无法律效力的，应当从法律体系中排除的病态规范性文件。这样主张是因为，存在重大且明显不合法情形的规范性文件，一方面，严重未满足法定条件的，不具有法律成员资格的规范性文件，是无法律效力的规范性文件；另一方面，重大、明显不合法的规范性文件，如同具有重大且明显不合法情形的具体行政决定一样，对人民法院并不具有作用力，人民法院也自始不应当承认这种行为或规范性文件。

但根据行政诉讼法定的规范性文件司法附带审查类型，人民法院在行政审判中，对不合法的规范性文件，至多在裁判中表述"不予适用"，并没有做出"确认无效"判决的权力。即便人民法院确认被审的规范性文件是重大且明显不合法的规范性文件，也仍然不能以司法机关及法律维护机关的名义，直接宣告这样的规范性文件无效；以至于此类重大且明显不合法的规范性文件，仍有可能被行政机关在后发案件中适用。这其实是对法律体系阶层构造论的严重忽视。据前所述，在法律体系的创造中，低阶层的规范性文件只有符合高阶立规规范设定的四类条件，才能被认为具有充足法律效力，才具法律体系的成员资格。

在行政法领域，行政相对人可以不承认具有重大且明显不合法情形的具体行政决定；如果行政主体执意执行此类决定的，行政相对人可以起诉至人民法院，请求人民法院确认其无效。人民法院比行政相对人更有资格和能力拒不承认具有重大且明显不合法情形规范性文件（即早年行政法中常称的静态抽象行政行为），因此应该明确人民法院有权废除重大且明显不合法的规范性文件无效。行政执法机关或规范性文件制定机关不服的确认无效判决的，可以向上一级人民法院提起上诉，向人大常委会申请裁决。

总之,若不准许人民法院对重大且明显不合法的规范性文件,做出确认无效判决,则从根本上违背法律体系阶层构造论,并不符合《立法法》第五章设定的法律阶层体系。如果坚持人民法院的判断权仅限于行政审判权之法律适用权的维度,就会导致人民法院不能对外公开确认、宣告违法无效规范性文件或内含违法规范,从而也不能解决不合法规范性文件或其决定的效力难题。这种情况同人民法院在我国法治体系建设中所担负的法制统一功能、监督行政功能相背离。是故,应当依据我国宪法及相关组织法规定,采用法教义学中的解释论与立法论方法,全面论证设计可能的解决方案,以期改变当前的不合理情形。

三、违背人民法院维护法律体系的责任

根据凯尔森的法律体系阶层构造论,以及哈特的法律由初级规则和次级规则构成的体系观,规范性文件及其内规范的法律效力无不来源于高阶规范,而高阶规范或更高阶观范的效力,则最终源于作为终极规则的基础规范或承认规则。① 而人民法院在承认规则的形成及维系中起着最后也是最低保障人的关键地位。这个观点的意思是,承认规则是法官们在社会实践中普遍承认并奉从的规律性、一致性行为模式,法官们在审判中承认或奉从什么样的承认规则,最终会决定形成该法律体系的广义规范性文件及其内的法律规范是什么。

哈特所主张的承认规则,还是判断某法律体系下的文本是否具有法律效力的判准。承认规则本身是一社会规则,它们只有被共同体成员承认和奉从,才能真实存在。不过,承认规则并不需要所有的共同体成员普遍接受,承认规则的相对人是官员而非平民;在初级规则和次级规则组成的法律体系中,如果

---

① 参见[英]哈特:《法律的概念》,许家馨、李冠宜译,法律出版社 2011 年版,第 96—97 页;[奥]汉斯·凯尔森:《法与国家的一般理论》,沈宗灵译,中国大百科全书出版社 1996 年版,第 176—179 页。

官员们,尤其是法官们,承认和奉从规则,即可以构成并维系某个法律体系。归根结底,承认规则是施加给官员们义务,尤其施加给法官们义务的规则,也就是法官们应该通过承认规则,识别并判定某个文本或行为是否具备承认规则设定的条件,是否具有充足法律效力,是否达到了具有法律成员资格的条件。[①]

据此观点,既定法律体系下的法官们,负有鉴别合法有效规范性文件与不合法规范性文件效力的责任。这种责任是法律体系之所以成为法律体系,而必须由法官们承担的法律上和道德上的义务或责任,可简称为维护法律体系的责任。或者说,社会道德要求法官们,必须在法律体系中鉴别某份规范性文件或某个规范是否具有法律成员资格,必须排斥不合法无效力的规范性文件和规定。[②] 在审判中,法官们不但需要通过某个承认规则来识别法律,而且他们还要对其他不遵守承认规则的法官提出批评,并且这些批评会被认为是正当的。当他们被问到,为何奉从承认规则? 为何偏离承认规则? 根据什么批评他人偏离承认规则? 他们会用"应当""应当不"等规范性话语,反思、证立或评价契合或背离承认规则的行为。[③] 如果某个法律体系内的法官们做不到,或不履行前列责任,那他们就不能起到形成、维系法律体系的责任。

根据前述"法官负有形成和维系法律体系的责任"观,法官们应当在自己的主要本职工作中,即在审判(包括行政审判)中,通过在裁判文书中明确表明某个规范性文件是否合法有效来形成并维系承认规则,来排斥不合法无效力的规范性文件或规则,来维护法律体系。否则,该法律体系将会混入不合法无效力的规范性文件或规则,而这将会毁坏法律体系作为合法有效的,即具有法律体系成员资格的规范构成之体系的性质。

---

① 参见[英]哈特:《法律的概念》,许家馨、李冠宜译,法律出版社 2011 年版,第 96 — 117 页。

② Scott J.Shapiro, *Legality*, Cambridge:Harvard University Press,2011,p. 155.

③ 参见范立波:《论法律规范性的概念与来源》,《法律科学》2010 年第 4 期。

对比来看,我国现行行政诉讼制度,虽然没有明确排除法官在行政审判中能确认不合法的规范性文件无效,也没有明确授权人民法院可以确认不合法的规范性文件无效。法官们在消极退避的态度下普遍认为,不能在行政裁判文书中直接表述"确认某规范性文件无效"的观点,只能通过司法建议的方式交由规范性文件制定机关,攻变或撤销不合法规范性文件的效力。然而,我国法官们的这种过度谦抑做法,违背了他们维系承认规则、维护法律体系的责任,其结果将不利于形成和维持一个刚性的、纯正的法律规范体系。

总而言之,在我国法律实践中,法官不能直接通过确认无效等方式,排除不合法规范性文件效力的制度与做法,同法官负有维系承认规则、维护法律体系的责任,在法理上相悖离。对于重大且明显不合法的规范性文件,即明显不具备基本法律效力要件的规范性文件或规范性文件内的规定,就不应当管住"法官的嘴",不让他们宣告不合法的规范性文件或规定无效,而应准许法官们在行政裁判中明确表达,自己作为法官应当履行的责任——确认重大且明显不合法的规范性文件或规范性文件内的规定无效。

第三节　司法附带审查裁决类型的改进建议

上一部分论述了人民法院在规范性文件司法附带审查中,发现某些规范性文件具有重大且明显违法情形的,如果仍然做出不予支持、不予适用的裁决类型,就会阻碍规范性文件司法附带审查的法治体系建设功能,背离法律体系阶层构造原理,违背人民法院维护法律体系的责任等不当情形。为了消解前述不当情形,应当改进现有的规范性文件司法附带审查的裁决类型。

一、肯定确认规范性文件无效的裁决

主要的改进建议是,无论是人民法院依职权主动进行的规范性文件司法附带审查,还是人民法院依诉请被动进行的规范性文件的合法性判断,只要人民法院认定作为行政行为依据的规范性文件,存在重大、明显、确定不合法情形的,就应当在裁判文书中表明:"确认本案行政行为所依据的某规范性文件或其规定无效",即应当明确人民法院有权做出确认无效类裁决类型。有学者反对这个观点,仍然坚持我国人民法院无权对外公开宣告某规范性文件无效。笔者在此持不同意见,主要理由如下。

（一）现行法律规定并未排除人民法院确认规范性文件无效的权力

有人曾撰文主张,我国人民法院的规范性文件合法性判断蕴含于规范性文件司法附带审查中,人民法院的合法性判断权是法律适用权的衍生形式,所以人民法院的合法性判断权不能超越人民法院的法律适用权。而这意味着,人民法院仅有质疑、判断、选择适用行政裁判依据的权力,但没有脱离具体案件,抽象地确认规范性文件无效的权力。因为确认无效权已经超出了法律适用权。[①] 前述观点存在偏颇之处,对宪法和人民法院组织法的解释也不准确,可谓既不符合我国法治体系建设的要求,也不符合现行人民法院组织法关于行政审判的功能定位。

我国现行宪法第 128 条规定,人民法院是国家的审判机关;《人民法院组织法》第 2 条第 1 款也规定,人民法院是国家的审判机关。从人民法院是审判机关的宪法地位中可以认为,人民法院只有通过审判案件才能行使审判权力。但这并没有明确排除人民法院可以在行政审判中,在规范性文件司法附带审查方面做出确认重大且明显不合法规范性文件无效的权力。尤其是 2018 年修订后的《人民法院组织法》第 2 条第 2 款规定:人民法院审判案件,是为了解决纠纷,保护当事人合法权益,监督国家机关依法行使职权,维护社会秩序和公平正义,维护国家法制统一、尊严和权威,保障中国特色社会主义建设的顺利进行。据此条款,人民法院在规范性文件司法附带审查中确认重大且明

---

① 参见袁勇:《论法院的行政规范审查权限》,《河南师范大学学报》(哲学社会科学版)2013 年第 4 期。

显不合法的规范性文件无效,并没有越出审判权的界限,而是人民法院在监督行政机关依法行使职权,在维护国家法制的统一、尊严和权威。

(二)人民法院理应享有确认规范性文件无效权

全面深入推进依法治国的首要环节是建立健全我国法律规范体系,其中的主要任务包括维护国家法制统一、排除各种不合法规范性文件的效力。我国法治体系建设的重要方面是依法行政,实现行政法治、建设法治政府,人民法院作为行政审判机关,正是通过行使审判权来监督行政权依法行使的法律机关。行政审判在行政法治和法治建设中起着以诉讼倒逼行政机关依法行政的重要功能。

而行政机关行使行政权力的主要方式,一是实施具体行政行为,做出具体行政决定;二是行使行政立规权力,制定和发布普遍规范性文件。根据《人民法院组织法》第2条第2款、《行政诉讼法》第53条和第64条中的规定,人民法院在行政审判中也应当通过规范性文件合法性判断,监督行政立规权力。这既是行政审判权监督行政权力的应有内容,也是维护国家法制统一、尊严和权威,监督行政机关依法履行职能,保障普遍相对人合法权益,预防大规模社会纠纷、维护社会秩序的法治建设要求。

就现有规范性文件司法附带审查裁决类型来看,因为人民法院不能在行政审判中确认重大且明显不合法的规范性文件无效,以至于人民法院监督行政立规权的功能较为软弱,不利于提高人民法院的权威地位,无助于发挥人民法院对乱发规范性文件行为的震慑作用,其结果也不利于人民法院产生监督行政权力、维护国家法制统一等法治体系建设功能。现行法并未排除人民法院享有规范性文件无效确认权,而且我国法治体系建设要求人民法院产生更大的维护国家法制统一、监督行政立规权力的功能,故建议全国人大常委会单独或联合最高人民法院,以发布规范性文件的方式,明确强调各级人民法院对重大且明显不合法的规范性文件,享有确认无效权;至少应当明确,各级人民法院对重大且明显不合法的规范性文件,享有确认无效权。

(三)重大、明显、确定不合法的规范性文件不应该被法官承认

《行政诉讼法》第 75 条规定,行政主体不具有行政主体资格、无法律依据等重大且明显违法情形的,相对人可诉请人民法院确认无效。《行诉解释》第 99 条将无效行政行为明释为下列情形:行政主体无行政主体资格、减损相对人权益无法律规范依据、行政行为的内容客观上不可行,以及其他且重大、明显违法情形。最高人民法院在"郭某某与淄博市博山区人民政府解除聘任关系案"中判明:无效行政行为自始无效,不能适用起诉期限的规定;当事人在适当期间提起的,就不应当视为超过法定期间或滥用诉权。①

从法理上讲,有重大且明显违法情形的行政行为之所以自始无效,是因为这类行政行为,不会得到行政相对人、其他正常人,包括国家机关工作人员的承认或支持。既然如此,具有重大、明显不合法性情形的规范性文件,作为行政立规行为的结果,因其不满足重大且明显的法律效力要件,也不应当得到行政相对人、不应当得到国家机关工作人员的承认或支持。法官在行政审判中发现重大且明显不合法规范性文件的,自然更不应当给予承认和支持。对于这类规范性文件,没必要硬让他们"揣着明白装糊涂",没必要限制他们只能裁决"不予适用",甚至让他们只能更委婉地裁决"不予支持"。

综上所述,人民法院有权确认重大、明显不合法规范性文件(至少是规章以下规范性文件)无效。对于重大且明显不合法的规范性文件,人民法院实在无须再费周折,通过向规范性文件制定机关提出司法建议或抄送规范性文件制定机关的主管机关,期待规范性文件制定机关自行解决,或者希望它们的主管机关介入解决。更何况,人民法院提出的司法解释对被建议机关并无强制执行力,被建议机关接受并照办的情况并不常见。

---

① 参见最高法行申(2016)2233 号行政裁定书。

二、被审规范性文件一般不合法的裁决类型

尽管可以类比无效具体行政行为,主张法官有权确认重大且明显不合法的规范性文件无效;但不能类比可撤销具体行政行为,主张法官有权变更或撤销具有一般不合法情形的规范性文件,更不能类推主张人民法院有权责令规范性文件制定机关重新制定规范性文件。对于仅有一般不合法情形的规范性文件,人民法院可以判定不予适用,对于具有明显且确定不合法情形的规范性文件,人民法院应当确认其无效;非此难以达到普遍宣告该类规范性文件无效力的法律效果。但普遍规范性文件毕竟不同于具体行政决定,普遍规范性文件通常是行政机关实施社会政策、采取重大裁量性社会治理措施的结果,其中涉及政策选择、价值权衡以及人民法院不大了解的社会治理情形与发展形势等情况或信息。人民法院确认一般不合法规范性文件无效的,不能不更加慎重。

在人民法院(具体是指法官们)缺乏充分社会信息、缺少足够科技能力,也不是直接执行党政机关之政策落实机关的情况下,不宜由人民法院代替规范性文件制定机关做出决定,所以人民法院不能越位行使规范性文件改变权;同理,在被审规范性文件有不合法情形,但不足以达到法官明确认定其具有明显且确定不合法情形,不足以让法官确认其无效的情况下,法官可以人民法院名义在个案中不予适用相关规范性文件,然后通过提出建议,供规范性文件制定机关参酌修改或废止不合法的普遍性规定。在人民法院有权确认重大、明显、确定不合法规范性文件无效的前提下,规范性文件制定机关通常会更加重视人民法院的意见。因为,如果不按人民法院的处理意见改变或撤销不合法的规范性文件或其不合法规定,在人民法院享有宣告无效权的情况下,当该规范性文件再次引发案件时,就极有可能会被人民法院确认无效。

三、依诉请附带审查裁决类型的改进建议

人民法院应当事人诉请附带审查,作为行政行为依据的规范性文件的合

法性的,属于现行《行政诉讼法》在规范性文件司法附带审查主干上增加的分支。由于《行政诉讼法》第53条赋予了当事人诉请人民法院附带审查规范性文件合法性的请求权,人民法院也就负有回应当事人附带审查请求的义务。特别是在最高人民法院要求在裁判中加强说理论证之要求的司法政策下,人民法院更应当较为充分明了回应当事人的附带审查请求。前文从诸多行政裁判文书提取了多种附带审查的裁决类型。其中有的符合行政诉讼法规定与行政诉权理论,有的也不符合。

人民法院在做出依诉请附带审查裁决时,应当明确意识到,它们是在履行应对当事人诉请的义务,应当明确针对当事人方的诉请做出裁决,不应当针对行政诉讼被告,视被告所依据之规范性文件合法或不合法,来间接地回应当事人,间接地履行告知当事人判断结论的义务。基于此观点,人民法院在规范性文件司法附带审查中依诉请附带审查裁决类型可作如下改进。

其一,当事人的附带审查请求不符合行政诉讼法定启动条件的,人民法院在陈明当事人诉请不符合的法定启动条件是什么之后,比如被诉行政行为不符合行政案件受理条件、被诉请规范性文件不是规范性文件、被诉行政行为与规范性文件无关联(或被诉规范性文件并非被诉行政行为依据)等,而后应当直接针对当事人明确做出裁决:当事人诉请附带审查某规范性文件合法性的请求,本院不予支持。由于当事人的附带审查请求附属于被诉行政行为,故人民法院不能做出驳回附带审查请求,或依法驳回的裁决;因为只要当事人起诉的行政行为可诉,人民法院事实上并不能单独驳回当事人附带提出的附带审查请求。只有经过审理后,做出不予支持,即不再进行合法性判断的决定。

其二,当事人诉请附带审查规范性文件的请求符合法定启动条件,但经人民法院判断被诉规范性文件是合法的,人民法院也应当直接针对当事人的诉请做出裁决,并说明判断依据与理由。其裁决类型应当正面且直接,即经审查,当事人诉请附带审查的某规范性文件合法。人民法院不应当间接地下裁决说,被诉规范性文件并无不当,因为当事人诉请的是合法性判断,不是正当性判断；人民法院也不应当间接地下裁决说，被诉规范性文件同上位文件规定不相抵触，因为规章以上规范性文件必须具有制定的法律依据，必须合法，而不像地方性法规那样，只要不抵触高阶法就能被推定成合法有效。

其三，当事人诉请附带审查规范性文件的请求符合法定启动条件，经审查规范性文件被诉规范性文仵确有不合法情形的，人民法院应当区分被诉规范性文件是具有重大且明显不合法情形，还是一般不合法情形，而后分别直接针对当事人做出裁决。

1. 如果被诉规范性文件存在重大且明显不合法情形的，人民法院应当向当事人表明：当事人诉请附带审查的某规范性文件存在某重大、明显不合法情形，本院确认该规范性文件无效，具体是因为存在某重大且明显不合法情形。

2. 如果被诉规范性文件存在一般不合法情形，人民法院应当向当事人表明：当事人诉请附带审查的某规范性文件存在某明显、确定的不合法情形，本院确认该规范性文件无效；或者选择不确认无效，仅表明某规范性文件存在一般合法情形，在本案不予适用；然后再向规范性文件制定机关提出建议。

3. 如果被诉规范性文件存在轻微不合法情形的，人民法院则可以向当事人表明：当事人诉请附带审查的某规范性文件存在某些轻微不合法情形，本院确认该规范性文件在某方面不合法，但该规范性文件仍具有充足法律效力或法律资格。

第四章　后续处理阶段的现状、
困境及其解除方案

　　规范性文件司法附带审查后续处理是指,人民法院在裁判中因规范性文件不合法而做出不予适用的裁决后,通过向被审规范性文件制定机关(简称规范性文件制定机关)提出建议、向上级人民法院报备、向规范性文件制定机关的主管机关抄送等方式,促使规范性文件制定机关或其主管机关废止、改变或撤销(合称废除)不合法规范性文件(含其内定不合法规定)的司法活动。现行法要求人民法院在规范性文件的司法附带审查结束后,向有关机关提出处理建议,是为了废除不合法规范性文件,达到维护国家法制统一、保障上位法权威和尊严等效果。就此来看,规范性文件司法附带审查后续处理方式,尤其是规范性文件附带审查制度中设置的后续处理机制,能够产生一定的法治体系建设功能,是值得探讨的规范性文件司法附带审查相关问题。

第一节　司法附带审查后续处理的法定方式

　　1990 年生效实施的《行政诉讼法》并未明确规定,人民法院在规范性文件司法附带审查中,认定被审规范性文件不合法的,可以向规范性文件制定机关提出司法建议等处理方式。2014 年修订的《行政诉讼法》第 64 条,则明确规定,人民法院在审理行政案件中,如果判断认定被诉行政行为所依据之规范性文件有不合法情形的,不能作为认定被诉行政行为合法的依据,并向规范性文件制定机关提出处理建议。《行诉解释》第149、150条做出了更详细的规定。综合前列规定来看,人民法院在规范性文件司法附带审查后可以向有关国家机关做出三种后续处理方式。

一、建议规范性文件制定机关处理

根据现行《行政诉讼法》第64条以及《行诉解释》第149条、第150条的规定,人民法院向被审规范性文件制定机关提出的处理建议,可分成下面几类。

1. 人民法院认定被审规范性文件有不合法情形的,应当(有责任)向该规范性文件制定机关提出处理建议。这条规则给各级人民法院明确设定了向规范性文件制定机关提出处理规范性文件不合法情形的责任。

2. 人民法院在裁判生效之日起三个月内,可以(有权力)向规范性文件制定机关提出修改或者废止不合法规范性文件的司法建议。相较于前述的"处理建议",此处的"司法建议"更加正式,其适用范围仅限于修改或者废止不合法规范性文件。《行诉解释》的规定同人民法院享有的司法建议权相一致,即人民法院"可以"向规范性文件制定机关提出,而非"应当"提出;该规则还规定,人民法院有权在裁判生效后三个月内提出,而不是在裁判后就应当提出。

3. 人民法院在"情况紧急的"条件下,可以针对不合法规范性文件,建议规范性文件制定机关立即停止执行。其功能类似于人民法院在行政诉讼中,经当事人申请或依职权,责令被告立即停止执行行政行为。由于"情况紧急"是一个高度不确定的法律概念,至于其所指是什么,还有待相关案例出现后加以界定。但可断言的是,"情况紧急"情形,应该蕴含重大且明显不合法的规范性文件。

二、抄送规范性文件制定机关的主管机关

《行诉解释》第 149 条规定,做出生效裁判的人民法院,应当向被审不合法规范性文件的规范性文件制定机关提出处理建议,可以抄送规范性文件制定机关的同级人民政府、上一级行政机关、监察机关以及规范性文件的备案审查机关。

有学者认为,此规则使得规范性文件司法附带审查中的规范性文件判断,成为我国整个规范性文件监督判断制度的中枢部分。人民法院通过向规范性文件制定机关提出处理建议,或抄送规范性文件制定机关的主管机关,特别是抄送监察机关,把处理建议传入了行政组织监管体制内,能够触发行政科层体制与国家监察体制的完整监督权,从而达到借助外部权力,有效废除规范性文件不合法情形的效果。[1]

根据《立法法》《法规规章备案》《各级人大常委会监督法》,以及各省级立法机关制定的规范性文件监督判断法,规章以下规范性文件制定机关的同级人民政府和上一级行政机关,通常既是规范性文件制定机关的上一级领导监督机关,也是它们所制定规范性文件的备案审查机关;规章规范性文件制定机关的上一级行政机关(上一级政府),以及接受县级以上政府备案的地方国家权力机关,即县级以上人大及其常委会,通常既是规范性文件制定机关的领导或监督机关,也是其备案审查机关。

国务院于 2004 年发布的《全面推进依法行政实施纲要》要求:"加强对规章和规范性文件的监督。规章和规范性文件应当依法报送备案。对报送备案的规章和规范性文件,政府法制机构应当依法严格判断,做到有件必备、有备必审、有错必纠。公民、法人和其他组织对规章和规范性文件提出异议的,规范性文件制定机关或者实施机关应当依法及时研究处理。"在该规范性文件

---

① 参见卢超:《规范性文件附带审查的司法困境及其枢纽功能》,《比较法研究》2020 年第 3 期。

要求之下,人民法院提出的废止、改变或撤销规范性文件的司法建议,应当会得到备案审查机关的更大重视。

人民法院通过向规范性文件制定机关的前几类主管机关抄送不合法规范性文件处理建议,一方面,能让前几类主管机关(包括监察机关)发现其下辖行政机关的不合法立规行为,从而促使它们启动调查;另一方面,前几类主管机关,除监察机关以外,通常还是规范性文件的备案审查机关,人民法院抄送的规范性文件处理建议,能提示它们在备案审查中存在的疏忽或错漏。规范性文件制定机关及其主管机关,或为了避免收到人民法院提出的处理建议或者抄送处理材料造成的被动局面,有的地方针对规范性文件判断事项,发文设立了关于规范性文件合法性判断的政府与人民法院衔接机制。

例如,浙江省建设法治政府(依法行政)工作领导小组办公室、浙江省高级人民法院与浙江省人民政府法制办公室联合发布了《关于建立健全规范性文件合法性判断"府院衔接"工作机制的指导意见》(浙依组办〔2017〕8号)。该文针对地方人民法院与行政机关之间就规范性文件合法性判断事项,确立了征求意见、信息共享、异议判断衔接以及研讨会商等协同机制;规范性文件制定机关收到人民法院提出的规范性文件处理建议的,应当研究处理;备案审查机关给予监督检查;备案审查机关认为有必要的,可以向相关人民法院征求规范性文件合法性判断意见。

再如,2018年1月,上海市法治政府建设工作领导小组办公室、上海市高级人民法院、上海市人民检察院联合制发了《规范性文件判断衔接工作机制的指导意见》。该文在上海市的人民法院、人民检察院以及制定规范性文件的行政机关之间建立了规范性文件合法性判断衔接机制。国务院办公厅发布的《关于加强规范性文件制定和监督管理工作的通知》(国办发〔2018〕37号)中指出,各级各地政府要探索与人民法院、人民检察院,建立规范性文件判断衔接工作机制,实现司法监督与行政监督的合力模式。

人民法院在规范性文件司法附带审查后,特别是在规范性文件附带审查后,做出的处理建议或司法建议,在前列规范性文件判断衔接协作机制中,或能借力其他有权机关废止、改变或撤销被审规范性文件的不合法情形。

三、报送上级人民法院备案

《行诉解释》第 150 条规定,人民法院认为规范性文件不合法的,应当(即有责任)在裁判生效后报送上一级人民法院备案;其中,涉及国务院部门所制定规范性文件的司法建议,应当层报最高人民法院备案;涉及省级行政机关(可理解成省级人民政府及其职能)所制定规范性文件的司法建议,应当层报高级人民法院备案。规范性不合法建议层报机制产生的效果有三个。

一是人民法院可以让上级人民法院知道某被诉规范性文件有不合法情形。上级人民法院在必要时可以同规范性文件制定机关或其主管机关沟通协调,以便运用上级人民法院的更高权威促进有关机关废止、改变或撤销规范性文件不合法情形的制度效果。①

二是按《行诉解释》第 151 条的规定,接收备案的上级人民法院可以通过审阅备案材料,发现有必要依法行使审级监督权情况。如果发现下级人民法院发生法律效力的判决、裁定,对规范性文件的合法性认定有错误的,上级人民法院有权依法提审或者指令下级人民法院再审。

三是人民法院把被审规范性文件不合法情形,层报到与规范性文件制定机关管辖区域相同的上级人民法院,也就是把国务院部门制定的规范性文件层报到最高人民法院,把省级行政机关制定的规范性文件层报到高级人民法院,可以由上级人民法院在人民法院系统内部通过审判智能辅助系统,及时推送给那些将要审理涉及同一不合法规范性文件的案件的本级或下级人民法院。各人民法院在收到信息后,对被认定为存在不合法情形的某规范性文件,也都应当将其认定成不合法,都不得再把该规范性文件作为行政裁判依据。

---

① 参见王春业:《实证视角下规范性文件一并审查制度研究》,中国政法大学出版社 2019 年版,第 149—154、147 页。

在某规范性文件已被人民法院认定不合法且不予适用,这种推送措施或能避免在有权机关废止、改变或撤销该文件之前,有其他人民法院适用,从而起到"同类案件同类裁判"的作用。如若有效运作起来,该机制可弥补人民法院无权对外宣告被审规范性文件无效的不足,能够强化规范性文件附带审查裁决的否定作用力。①

有学者认为,规范性文件的依申请附带审查后续处理,实质上是规范性文件判断的附加程序,并非通过解决行政纠纷保证当事人权益的主观诉讼范畴;人民法院在行政诉讼中,原本并不必须就不合法规范性文件提出处理建议。② 规范性文件依申请附带审查,只是在规范性文件司法附带审查主干上衍生的分支,并不是行政诉讼在概念上或事物本质上必不可少的构成部分。

立法者在 2014 年的《行政诉讼法》修正案中,增设规范性文件附带审查制度的目的可以作两种解释。其一,从主观解释上看,应该是为了治理各级各类行政机关乱发"红头文件"的乱象,从而准许当事人启动规范性文件附带审查,将可能不合法的规范性文件带入行政诉讼之中,以此借助人民法院审判权中的法律选择适用权,来达到整治不合法规范性文件的目标。其二,从实施效果上看,规范性文件附带审查是由主审人民法院发动的,不合法规范性文件治理机制。该机制的增设及运作,客观上增强了规范性文件司法附带审查可能产生的法治体系建设功能,即维护法制统一、监督行政立规、保障相对人权益——即废除不合法规范性文件潜在地、大规模地侵害普遍相对人权益的功能。

---

① 参见夏雨:《行政诉讼中规范性文件附带审查结论的效力研究》,《浙江学刊》2016 年第 5 期。

② 参见马得华:《我国行政诉讼规范性文件附带审查的模式与效力难题》,《政治与法律》2017 年第 8 期。

第二节　司法附带审查后续处理的情境及困境

《行诉解释》中设立的三种规范性文件司法附带审查后续处理方式,与现行宪法和行政诉讼法的规定相兼容,符合人民法院在我国国家机关组织体系中的现实地位。从三类后续处理方式的涉及面与精细度上可看出,最高人民法院试图运用法律体系和政治体制允许的方式,争取废除不合法规范性文件的可适用性。这显现出最高人民法院维护国家法制统一、尊严和权威的立场。然而,在下列因素构成的整体情境中,地方人民法院在规范性文件司法附带审查后续处理工作中,仍然存在若干难题。

一、后续处理的当下情境

规范性文件司法附带审查后续处理涉及的主体分别是,制作建议的承办法官,提出建议的主审人民法院,被建议的规范性文件制定机关,被抄送的相应主管机关,以及上级人民法院。由于上级人民法院只是接收材料备案,现行法并未规定它们有采取相应措施的权力或责任,故本部分仅根据工作经验、调研经历,并参考其他实务工作者和理论研究者的见解,分析其他后续处理主体的处境。

(一)建议制作人员(承办法官)的当下处境

人民法院是后续处理建议(含司法建议)的法定提出主体,但人民法院是机关法人,制作处理建议的只能是作为自然人的法官,通常是承办案件的法官(以下概称为承办法官)。承办法官在当下的社会体制中处于什么样的情境?他们对制作处理建议有什么想法,持什么态度? 这些问题属于规范性文件司法附带审查后续处理活动的初始动力问题,也是不易厘清的法官工作情境问题。下面尝试粗线条地勾勒承办法官制定规范性文件处理建议的情境。

1. 行政审判结束后的附加工作。按照现行《行政诉讼法》第 64 条的规定,法官们在规范性文件司法附带审查中认定,作为被诉行政行为依据的规范性文件不合法的,应当向规范性文件制定机关提出处理建议,并可以抄送规范性文件制定机关的主管机关。这种工作很显然是在行政审判结束后,另外附加给承办法官的工作。尽管规范性文件处理建议具有重要的法治体系建设功能,但从一般情理来看,多一项工作和责任,对于工作较为繁忙的基层法官来说,并不总是一件令人感到轻松的事。毕竟,从常人角度看,在行政审判中,多一份工作也就多一份责任。从《最高人民法院公报》多年间刊载的 14 个行政案例中可看到,其中涉及的 20 多份规范性文件,只有 6 份规范性文件得到了判断;余下的 14 份规范性文件并未显示出是否经过了判断,但却被直接予以适用了。①

2. 需要更高专业技术能力的工作。按司法三段论或法学三段论模式,规范性文件司法适用的大前提——行政裁判依据——会涉及数不胜数的、门类繁多的、遍布各行各业的规范性文件。法官们不大可能全都熟悉门类众多的规范性文件。更何况,不少规范性文件规定的是高深的行政专业技术事项,如环境保护事项。其结果是,尽管法官们擅长法律解释与法律推断,但在面临精深的专业技术性概念、恢宏的政策裁量空间等行政专业技术事务,或政治经济决策事项时,他们很难在较短的行政审判期限(如 6 个月)内,就搞清楚涉案的规范性文件规定的都是什么。以至于他们也难以全面、准确地检索、获取必需的上位法或高阶法规定,作为判断依据。

甚至于,即使他们认定了被审规范性文件规定的是什么,也找到了相应的合法性判断依据,当他们遇到常见的不确定法律概念、概括性条款,以及裁量空间较大的政策选择和价值判断等情形时,他们仍然很难确凿地得出规范性文件合法性判断结论。这是从事行政审判业务的专业型法官难以克服的难

---

① 参见余军、张文:《行政规范性文件司法审查权的实效性考察》,《法学研究》2016 年第 2 期。

题。考虑到,在我国基层人民法院或中级人民法院中,行政审判庭的法官与其他审判业务庭的法官,在同一人民法院内的岗位交流较为容易,也较为频繁。这就导致,有一定比例的法官,称不上是业务水平高的专业型法官。让非专业型法官,判断认定规范性文件的合法性,就更难上加难。

这或许能让人理解,为什么前文统计分析的行政裁判文书,显示出不少法官采取了消极退避的策略。其实在规范性文件附带审制正式入法之前,上海市人民法院审结的 30 个行政案件中,涉及了 54 份规范性文件。其中,这些人民法院仅选择性地对 9 份规范性文件做出了判断,对其他 45 份规范性文件避而不审,不加评价。① 从前文列举的,人民法院不支持当事人诉请一并审查案件的偏高比例来看,承办法官更多地把规范性文件合法性判断当作不易胜任的困难工作。

3. 可能危及职业安全的工作。如果只是工作重、工作难,那也就算了。由于承办法官认定某规范性文件不合法,不同于判定某具体行政行为不合法;后者的影响面仅及于一个案件,前者的后果则波及整个地方,乃至全国的某个行政管理事项,可谓影响广泛而深远。承办法官如果认定某规范性文件不合法,特别是国务院部门或省级人民政府等,高级别行政机关制定的规范性文件不合法,就容易引发高级别规范性文件制定机关的否定评价。

例如在 2003 年发生的"种子案事件"中,某中院的李法官,因在民事判决中写明,某地方性法规"其与《种子法》相冲突的条文自然无效……",结果导致某省人大常委会及其工作机构的强烈反映,以至于她所在的中院党组,撤销了李法官的审判长职务,并免去她助理审判员的资格,同时撤销了当时受委托签发判决书的一位副庭长的职务,此事曾在全国范围内引起轩然大波。② 虽然在上个事件中,发生问题的并不是行政案件,而且被认定为"自然无效"的,

---

① 参见王庆廷:《"隐形的法律"——行政诉讼中其他规范性文件的异化及其纠正》,《现代法学》2011 年第 2 期。

② 参见谢远东:《种子官司的意外绽放》,《法制日报》2003 年 11 月 26 日。

是地方性法规,而不是规范性文件,但就现行体制在法律上和事实上对法官们产生的权威与压力而言,并无行政审判工作者与民事审判工作者的不同。

在此情境下,法官向有权机关提出处理不合法规范性文件的建议,可能引发人民法院与行政机关之间的矛盾,承办法官也可能会因这种矛盾而危及自己的职业安全。他们"可能会采取对策规避规范性文件的判断,也可能只选择适用上位法。"①曾有法官调研发现,在上海市的40位法官中,有24位(60%)表示,他们在规范性文件合法性判断中,有行政级别方面的顾虑,规范性文件制定机关的级别越高,他们的顾虑也就越大,随之也就越倾向于不判断高级别规范性文件的合法性,而是直接推定高级别的规范性文件合法。②

(二)建议提出机关(人民法院)的当下处境

法官不能以自己名义向规范性文件制定机关及其主管机关发出处理建议。只有承办法官所在的人民法院(通常是行政案件的第一审人民法院,主要是县和市辖区级别的基层人民法院),才能向规范性文件制定机关及其主管机关提出建议。

1.有权机关与义务主体的双重地位。现行《行政诉讼法》第53条通过赋予行政相对人诉请人民法院一并判断相关规范性文件的权利,明确了人民法院原本蕴含在规范性文件司法附带审查权中的规范性文件合法性判断权。该法第64条又规定,人民法院经审理认为,规范性文件不合法的,有权不作为认定行政行为合法的依据。这就更加明确地规定,人民法院有判定规范性文件不合法的权力,以及不适用不合法规范性文件的权力。另一方面,从现行《行政诉讼法》第53条中还可以解释出,人民法院的规范性文件

① 参见马得华:《我国行政诉讼规范性文件附带审查的模式与效力难题》,《政治与法律》2017年第8期。

② 参见王庆廷:《隐形的"法律"——行政诉讼中其他规范性文件的异化及其矫正》,《现代法学》2011年第2期。

合法性判断权,是为了应对当事人的规范性文件合法性判断请求,而必须赋予人民法院的权力。该权力对应着人民法院负有的,依诉请判断规范性文件合法性的义务。是故,人民法院相对于规范性文件制定机关处于权力地位,但相对于提出一并判断诉请的行政诉讼当事人,则处于义务地位。由于规范性文件司法附带审查后续处理中,仅涉及人民法院以判断权力机关的身份向其他机关提出处理建议,故下面仅分析人民法院作为规范性文件合法性审查权力机关所处的情境。

2. 人民法院的建议权是受限的软权力。首先从权力性质上看,人民法院行使判断权,认定某规范性文件不合法后,应当向规范性文件制定机关或其主管机关提出处理建议;对应当被修改或废止的规范性文件,可以向规范性文件制定机关提出司法建议。无论是一般的处理建议,还是针对人民法院认为需修改或废止规范性文件而提出的司法建议。这种建议权力,仅是人民法院提出的关于"建议"的权力。建议权本身的性质不是命令权;它根本不同于上级机关对下级机关的命令权。命令权是具有令行禁止属性的强制执行力,凡是不服从合法命令的行为主体,通常都面临相应的法律制裁。

由于司法建议权不具有命令权的强制执行力,也不具有决定权排除异议的法律确定力,人民法院的司法建议就不具有强制执行力。行政机关不按司法建议作为的,既然不会构成违法行为,自然也不会面临法定的制裁。[①] 由于现行法没有规定被建议机关不按司法建议采取行动的制裁措施,司法建议在法律上并不具有强制执行力。有法官撰文表明,人民法院提出司法建议后,被建议机关很少有反馈处理结果的;即使个别机关反馈意见的,也是坚持认为本机关原本做出的行为或制定的规范性文件,不存在人民法院所指出的不合法情形;这使得人民法院的处境非常尴尬。[②]

---

①　参见何海波:《行政诉讼法》(第 2 版),法律出版社 2016 年版,第 520 页。

②　参见魏培培:《司法建议制度的现状、定位与完善——以人民法院参与社会治理创新实践为视角》,《山东审判》2016 年第 4 期。

3. 人民法院的法律地位与事实权威不相称。被建议机关之所以对人民法院提出的处理建议或司法建议不太重视，除了人民法院司法建议权不是强制性的硬权力，仅是软权力之外，还与人民法院在现实社会中的地位有关。根据现行《宪法》《人民法院组织法》以及《行政诉讼法》等法的规定，人民法院是审判机关，是有权最终确定社会纠纷如何解决的裁判机关；法律规定蕴含着，人民法院是法律争议问题有最后发言权的机关，人民法院理应受到民众、行政相对人以及行政主体的尊重。

但事实上，我国法治建设时间并不算长，人民法院还未树立足够强大的司法权威。在中央与地方的国家机关排位中，人民法院通常排在人民政府、公安机关、人民检察院之后。这么说，不是主张反对此情形，只是在举例说明，人民法院的法律地位虽然较高，但在政治社会现实中，人民法院的实际权威仍然有待提高。如果人民法院所处的这种现实情境不改善，在配套制度不健全的情况下，不少地方的规范性文件制定机关工作人员，可能倾向于不太重视人民法院提出的处理建议或司法建议。

更何况，按照行政诉讼法规定的级别管辖规则，判断规范性文件的部门通常设在县（区）基层人民法院，而被审规范性文件的规范性文件制定机关大多是设区的市级以上人民政府或其职能部门，以及省级以上人民政府的部门。这意味着，人民法院要向比本机关级别高若干级别的规范性文件制定机关提出处理建议或司法建议。在做出建议的人民法院级别低，而且整个人民法院实际权威相对较低的情况下，低级别的人民法院向高级别的规范性文件制定机关提建议，一般不大会得到高级别规范性文件制定机关的应有重视。如此就会导致人民法院提出的建议，并没有立法设计的那样，会得到规范性文件制定机关充分、有效的配合。①

---

① 参见王春业：《论行政规范性文件附带审查的后续处理》，《法学论坛》2019 年第 5 期。

(三)被建议机关(规范性文件制定机关)的当下处境

规范性文件司法附带审查后续处理建议的被建议机关,即被人民法院认为不合法的规范性文件之规范性文件制定机关;它们在国家机关系统中的级别,大多高于或远高于提出建议的人民法院。相较于人民法院擅长的法律解释、法律适用,规范性文件制定机关的行政机关(含人民政府),首先是国家法律(广义)和上级政策的执行机关,其次是了解掌握本行政区划内专门性或综合性政治、经济和文化等实情,是掌握最丰富、最翔实社会信息的执法机关,[①]最后它们在适用和执行法律,贯彻和落实政策的过程中,享有法律留给的较大判断余地与裁量空间,即行政裁量权。

有的行政机关制定的规范性文件,并非仅在本机关内部"闭门造车"式制定的,诸如行政法规和规章,是规范性文件制定机关分别按照《行政法规制定程序条例》和《规章制定程序条例》,采取较严格的立法程序制定的;有的还是采取公开听取民众意见,召开座谈会、听证会、论证会等参政议政方式制定的;这样制定的规范性文件具有较大的民主属性,而这恰是人民法院的裁判并不直接具有的属性。综上可见,相对于人民法院而言,规范性文件制定机关除了在法律问题上没有最终发言权,除了行政行为要受制于人民法院的司法审查,它们在社会实情信息、科学技术能力,甚至民意代表程度上,都远远优胜于人民法院。

正因在现代社会的复杂治理活动中,行政机关处于多方面的优势地位,而人民法院基本上是依据法律、结合个案裁决纠纷的专业化机关。以至于人民法院在规范性文件合法性判断工作中,通常并不拥有规范性文件制定机关的多种优势与能力。人民法院在规范性文件合法性判断中得出的不合法裁决,很可能是规范性文件制定机关未曾注意到的,或者是为了落实

---

① 参见卢超:《规范性文件附带审查的司法困境及其枢纽功能》,《比较法研究》2020年第3期。

政策、创新治理,而有意制定的"创新性"或"突破性"规定。人民法院在规范性文件合法性判断中,严格恪守形式法治的做法,在某些情况下可能会被规范性文件制定机关认为是"小题大做""鸡蛋里挑骨头",或者是不讲社会效果与政治效果的表现,是在不当限制或约束规范性文件制定机关的重大决策。

前述情况是人民法院的法官与行政机关的公务人员,所处工作环境不同、面对任务和事务不同,造成的两类部门的"地方性知识",是两类工作人员固有的"前见"。法官与行政公务人员对同一规范性文件存在认知上的偏差,实属正常现象。正因规范性文件制定机关公务人员持有本机关的成见,再加上人民法院的建议权,并非命令权,除非人民法院的司法建议说理论证充分,值得他们重视;否则,他们出于公心而非私利,在不少个案中通常都不大会重视人民法院的处理建议或司法建议。

（四）被抄送国家机关的当下处境

按照《行诉解释》第 149 条的规定,可能被人民法院抄送司法建议的国家机关,是规范性文件制定机关的同级人民政府(如中级人民法院抄送设区的市政府),上一级行政机关、监察机关,以及规范性文件的备案审查机关(如负责接收某县政府报备的县人大常委会)。前列被抄送的国家机关,在我国法制中同规范性文件制定机关的法律关系不尽相同。

1. 规范性文件制定机关与同级人民政府、上一级行政机关之间,存在着上级对下级行政机关的全面领导与监督关系。由上级行政机关领导与监督下级行政机关的事项众多,下级机关制定的规范性文件不合法,如果不违反或抵触本机关所制定规范性文件的话,那就可能被认为非紧迫且重要的事项。而且,规范性文件制定机关通常会把影响较大的规范性文件,向上一级主管机关或所属人民政府请示汇报过,并且得到过上级主管机关的批准或同意。在这种情况下,人民法院的抄送基本上不会再让它们重视,很难再产生如期效果。①

2. 规范性文件制定机关与监察机关之间，按《国家监察法》的规定，是监察与被监察的关系。规范性文件制定机关的行政公务人员，在行政立规行为中实施违法行为，符合《国家监察法》所规定之追责条件的，国家监察机关有权追究相关公务人员的责任。这是一种法定的监察与被监察关系。除非明显是在对抗上级政府或党委的规范性文件、政策，且造成了不良社会影响，现在并不明确，国家监察机关在什么情况下，因为规范性文件不合法，而追究规范性文件制定机关工作人员的法律责任。

3. 规范性文件制定机关同其规范性文件备案审查机关的关系，是依据《立法法》《各级人民代表大会常务委员会监督法》《法规规章备案条例》等备案审查法的规定，专项监督规范性文件合法性工作中的关系。备案审查机关收到人民法院抄送的不合法规范性文件处理建议后，首先应该会想到本机关的备案审查工作出现了错漏。这是因为，在当前的备案审查制度下，"有件必备、有备必审、有错必纠"是各级各类备案审查机关应当履行的职责。既然通过本机关备案审查的规范性文件，被人民法院发现不合法了，那本机关的备案审查工作极可能出现了错漏。如果人民法院抄送的建议中，指出了某规范性文件的不合法之处，并且说理论证充分，备案审查机关应当会要求规范性文件制定机关修改或撤销，或者依法决定给予改变或撤销。

二、后续处理中的规范性文件效力废除困境

综合前四方面的情境或能看出，人民法院提出处理建议的最终目的，是建议相关机关废除不合法规范性文件的法律效力。但从理性"经济人"角度看，承办不合法规范性文件处理建议的法官，在一定程度上处于加重工作任务、提高工作难度和增加职业风险的情境中。这会导致他们采取消极退避的策略来

---

① 参见王春业:《实证视角下规范性文件一并审查制度研究》，中国政法大学出版社 2019 年版，第 149—154 页。

对待行政诉讼中的规范性文件合法性判断。

即使法官们依法制成了关于不合法规范性文件的处理建议,由于提出或抄送建议的人民法院,相对于规范性文件制定机关及其主管机关的级别与权威相对较低,再加上人民法院的建议权并无强制执行力,相关国家机关收到人民法院的处理建议或司法建议后,在当下的法律和政治规范性文件环境中,通常不会采取积极配合的姿态。在前述令人难以乐观的规范性文件后续处理情境中,可能会出现一个根本困境:不合法规范性文件效力的废除困境。

(一)规范性文件效力的废除困境

人民法院在规范性文件司法附带审查中,有权判断认定规范性文件的合法性,但无权废止、改变或撤销不合法规范性文件的法律效力,只能建议规范性文件制定机关或其主管机关废除相关规范性文件的法律效力;由于收到建议的有权机关,并不必须按照人民法院的建议行为,这就导致人民法院认定的不合法性规范性文件,在被有权机关废除效力之前,仍然具有法律效力,而且是争议性的,不确定状态的法律效力情形。①

例如在"陈爱华案"中,一审法院于 2013 年 7 月 24 日判定:司法部、建设部《关于房产登记管理中加强公证的联合通知》,要求当事人必须持遗嘱公证书办理房屋转移登记的规定,是没有上位法依据但增加相对人义务的规定,因此不予支持;二审法院于 2013 年 10 月 8 日裁定:准许上诉人(一审被告)撤回上诉;一审判决于该日生效。② 该案中的"不予支持"判决仅否定了该文件在"陈爱华案"中的可适用性。但因该规范性文件的制定机关并未及时废除被

---

① 参见马得华:《我国行政诉讼规范性文件附带审查的模式与效力难题》,《政治与法律》2017 年第 8 期。

② 参见最高人民法院办公厅主编:《陈爱华诉南京市江宁区住房和城乡建设局不履行房屋登记法定职责案》,《最高人民法院公报》2014 年第 8 期。

法院认定为不合法的规定,以致它在法律上续存了两年多,直到 2016 年 7 月 5 日才被司法部的司发通〔2016〕63 号文件废止。① 这是有权不予适用,但不能废除,只能提出建议造成的典型废除困境。从该案中可看出,只要在裁判生效后,有权机关不按法院建议及时废止不合法文件的(或法律成员资格),就必定导致下列冲突情形的若干或全部。

第一,提出废除建议的法院与规范性文件制定机关之间的矛盾。规范性文件制定机关收到废除建议后,可能采取下列行动之一:一是按照法院建议及时废除不合法规范性文件效力;二是知道本机关制定的规范性文件不合法,但不明示废止规范性文件,只在内部通知下属执法主体不再执行该规范性文件;三是拒不承认该规范性文件不合法,要求下属执法主体继续执行。规范性文件制定机关采取第二、三种行动的,不合法规范性文件在被公开废除前仍有效力,而且是有争议的,处于不确定状态的效力。这就导致法院否定某规范性文件效力但其他国家机关肯定该规范性文件效力的矛盾或悖论。

第二,不合法规范性文件的执行主体与相对人和后审法院的对立。废除情境的持续存在,会导致不合法规范性文件仍有效力,仍然具备法律成员资格。这类规范性文件仍然能要求相应执法主体继续执行,并要求相对人继续承认和服从。② 在相对人得知已有法院判定某规范性文件不合法的情况下,通常会拒绝其实施行为。在相对人诉至法院后,后审法院在同类案件同类裁判原则约束下,通常都应当再判定该文件不合法,并再次否定该规范性文件在同类案件中的可适用性,即同先审法院一样,仍然判定不予适用。于是就造成了,执法主体与相对人、后审法院的对立。

第三,法院对同一类规范性文件规定可能作出相对立的判决。先审法院

① 该文全称是《关于废止〈司法部、建设部关于房产登记管理中加强公证的联合通知〉的通知》。
② 参见章剑生:《论行政诉讼中规范性文件的合法性审查》,《福建行政学院学报》2016 年第 3 期。

判定某规范性文件不合法的判决,其直接法律效果仅限于个案;后审法院可能针对同一类规范性文件作出与之相反的判决。例如,关于外嫁女不享受本村集体土地征收补偿权的文件,浙江省的某法院认定其合法,①但河南省的某法院却认定其不符合《妇女权益保障法》。② 亦有法官发现,否认规范性文件附带审查判决具有阻断重复判断的既判力,就会出现不同法院对相同规范性文件重复判断,但后审判决截然不同于先前判决的情况。③ 这类相对立判决,违背了同类案件同类裁判的公平原则,破坏了先审判决的既判力,使得相关规范性文件的效力更不确定。

总体上看,一方面,人民法院在规范性文件司法附带审查中得出规范性文件不合法裁决,在生效裁判文书中具既判力,其他人民法院不应当再判同一规范性文件合法;但另一方面,未被有权机关废止的不合法规范性文件,仍然法律上具有公定力、执行力和拘束力,它仍然要求相关行政机关作为执行依据,并且要求其管辖下的普遍行政相对人遵从。职是之故,人民法院对某规范性文件效力的否定,以及有权机关在收到建议后,拒不给予废止而对规范性文件效力的肯定之间,就存在了冲突,造成了难题或悖论。④ 这种规范性文件法律效力上的困境(以下简称规范性文件效力废除困境),更易成为行政相对人不服行政主体执法依据,从而激发行政争议的理由。

(二)效力废除困境的成因分析

规范性文件效力废除困境起源于现行行政诉讼法规定的规范性文件合法

---

① 参见浙江省丽水市中级人民法院(2018)浙11行终29号行政判决书。

② 参见河南省潢川县人民法院(2017)豫1526行初33号行政判决书,河南省信阳市中级人民法院(2018)豫15行终69号行政判决书。

③ 参见霍振宇:《规范性文件一并审查行政案件的调查研究——以新行政诉讼法实施后北京法院审理的案件为样本》,《法律适用》2018年第20期。

④ 参见袁辉根:《我国规范性文件附带审查的实践检视与修正》,《山东科技大学学报》(社会科学版)2017年第4期;马得华:《我国行政诉讼规范性文件附带审查的模式与效力难题》,《政治与法律》2017年第8期。

性审查机关,与规范性文件废止机关的分离或者说首要起因是有权判定规范性文件不合法的人民法院,只能在个案中不予适用不合法规范性文件,却无权废止不合法规范性文件。后续成因是接收人民法院处理建议的机关,并不必然按人民法院建议处理,甚至时常不按人民法院的意见废止相关不合法规范性文件。

尽管不少学者认为,在当前政法体制内,法院向有权机关提出司法建议是重要的行政诉讼工具之一;[1]司法建议是一种节约与朴素的中国司法方式。[2]有的还认为,法院通过向有权机关传递文件合法性判断信号,可以在整个文件监督判断制度中发挥枢纽功能。[3] 他们并未注意到,法院废除文件的司法建议,不同于法院撤销具体行政行为的建议,因而并未预料到前者会导致废除困境。实际上,从前文分析的情境中,可以看出有权机关受到下列因素的交互阻滞。它们通常不按法院建议废除不合法文件,以至于经常会造成废除困境。

其一,法院附带审查建议的作用力弱。1.法院的废除建议权是软权力,被建议机关不采纳的,并不构成违法,不会受到制裁。由于法院的权威在法律与事实上不比同层级行政机关高。它们提出的建议不易引起重视,大多会石沉大海。2.法院建议缺乏专业说服力。法官是法律专家,但不是所有领域的专家。行政案件门类众多,法官难以在数月内,就能完全理解案件所涉规范性文件中的科技或管理事项,因此难以获取必要的依据来判断规范性文件的合法性。规范性文件制定机关公务人员的科技能力、信息收集能力等,却远胜于法官。法官制作的废除建议内容,在专业事项上难以让行政公务人员信服和照

---

[1] 参见卢超:《行政诉讼司法建议制度的功能衍化》,《法学研究》2015 年第 3 期。

[2] 参见李红勃:《在裁判与教谕之间:当代中国的司法建议制度》,《法制与社会发展》2013 年第 3 期。

[3] 参见卢超:《规范性文件附带审查的司法困境及其枢纽功能》,《比较法研究》2020 年第 3 期。最高立法机关仅需要法院向有权机关通报文件合法性讯号的,可以采用复议附带审查制中的转送处理模式。这样既能向有关机关及时报告文件不合法讯号,还能根除不合法文件效力废除困境。但此做法会降低行政审判效率,减损法院法律适用权力,还会在很大程度上减弱法院的司法功能。相关论点,参见程洁:《司法提请的宪法反思》,《法学家》2007 年第 4 期。

办。3. 法院的建议权是软权力,不是强制性的命令权;被建议机关不照办的,并不构成违法,也不会受到制裁。法院提出建议后,被建议机关很少反馈结果;即使有反馈,也多主张己方的行为或文件,不存在法院建议处理的情形。①

其二,规范性文件制定机关的首要任务不同于法院。在当前政法体制内,行政机关首先是党政主管机关决定和政策的贯彻执行机关。虽然党中央、国务院一再要求依法行政,反复要求加强文件合法性判断,②但同依法制定文件(法治)相比,行政机关的首要任务是贯彻党政主管机关决策(政治),促进本地经济发展(经济),维持当地社会稳定。由于行政审判能否得到行政机关的理解和支持,对行政审判的开展至关重要,③所以法院促进依法行政的效果,在较大程度上取决于党委和政府的首要任务和工作大局。如果法院的废除建议,被看成是在约束党政机关自上而下的运动式管理,④是在干扰工作大局,那它就得不到当地党政机关的认同和支持,就很难发挥作用。⑤

其三,其他有权机关同法院的立场不尽一致。1. 规范性文件大多是在上级机关要求下制定的,即便行政机关自主制定的,也通常向上级机关请示过,得到过上级批准。法院抄送给上级机关的废除建议,很难引起它们的回应。2. 现行备案审查制度要求备案审查机关"有件必备、有备必审、有错必纠"。法院的废除建议对它们来说,相当于"挑错函"。备案审查机关缺乏采纳废除建议的积极性。3. 监察机关享有查处非法文件制定行为的概括权力。但按《监察法》《公职人员政务处分法》的规定,当前还不易确定监察机关查处非法

---

① 参见魏培培:《司法建议制度的现状、定位与完善——以人民法院参与社会治理创新实践为视角》,《山东审判》2016 年第 4 期。

② 参见《关于全面推进依法治国若干重大问题的决定》《法治政府建设实施纲要(2015—2020 年)》,以及《关于全面推行行政规范性文件合法性审核机制的指导意见》(2018)等。

③ 参见曹建明:《当前行政审判工作中的几个问题》,《法律适用》2007 年第 5 期。

④ 参见周雪光:《权威体制与有效治理:当代中国国家治理的制度逻辑》,《开放时代》2011 年第 10 期。

⑤ 参见贺欣:《法院推动的司法创新实践及其意涵——以 T 市中级人民法院的行政诉讼为例》,《法学家》2012 年第 5 期。

文件制定行为的依据、条件和程序等。

前文概述了,有权废除规范性文件效力的机关,并不总会按照人民法院的建议,废除人民法院所认定不合法规范性文件的情境。在前述情境中,即使承办人民法院官制成了建议,其所在人民法院也依法发出了建议,但规范性文件制定机关、规范性文件制定机关的主管机关,以及国家监察机关以及备案审查机关,在各自的处境之中,也并不总会每次都按人民法院的建议,不会每次都废除人民法院所认定的不合法规范性文件。

(三)效力废除困境的不良后果

法律效力是规范性文件等由于充分满足法定的效力标准,从而具有的应当被承认,不应被否定的法律成员资格。① 如果人民法院认定的不合法规范性文件,属于重大且明显不合法情形的,普通民众从人民法院的裁判文书也能看出,也不会承认此类规范性文件的法律成员资格。如果规范性文件制定机关或其主管机关,不废除此类规范性文件,该规范性文件也很难再得到行政公务人员以及普通民众的信服。如此一来,在人民法院建议废除而有权机关不予废除之际,不合法规范性文件的效力困境难免会导致不良后果。

其一,有关机关未按人民法院的处理建议,废除不合法规范性文件的法律效力,是对人民法院司法权威的否定;在人民法院所提处理建议屡屡不被有关国家机关采纳之后,民众也随之会丧失对人民法院建议权的信任,久而久之甚至会降低人民法院原本需要提高的司法权威。

其二,在有权机关未废除不合法规范性文件之前,此类规范性文件的效力,一方面在主审人民法院以及整个人民法院系统都不应当,也很难再得到法官们的支持,它们在个案中不会再具有被承认的力量;另一方面,此类规范性文件仍然应当被规范性文件制定机关及其下属机关作为行政执法依据,即仍

---

① See Stephen Munzer, *Legal Validity*, Hague: Martinus Nijhoff Publishers, 1972, pp.38-41.

然要被有关行政执法人员遵照执行。然而,只要行政相对人不服依据不合法规范性文件做出的行政行为,该规范性文件通常就会在新的行政案件中被人民法院否定具有法律效力;就又会被建议有权机关废除。这就使得因为系争中的不合法规范性文件的法律效力问题,使行政执法机关面临应不应该再次执行该规范性文件的不确定性难题,使相对人面临应不应该接受该规范性文件的合法有效的法律效力存在条件的问题等。

其三,人民法院启动了规范性文件司法附带审查后续处理机制,但被建议或被告知的有权国家机关,却不按人民法院的司法建议处理,以至于不合法规范性文件的法律效力处于高度不确定、不可预期的非正常状态。① 这显然未能实现立法机关设置规范性文件司法附带审查后续处理机制的直接立法意图。相应地,该机制承载的维护法制统一、监督行政立规、预防和避免大规模行政纠纷的法治建设功能,也随之不能被实现。

其四,法律体系的纯正度遭到污损。每一个法律体系都由一条承认规则,以及所有那些满足它所规定之条件的法律规范共同组成。② 按照哈特的法律理论,每个法律体系至少都有一条承认规则,它通过对法官们施加识别义务,要求他们只适用那些满足承认规则所设定条件的法律。法律体系的其他规范由于满足承认规则设定的条件而有效。③ 判断某规范性文件是否具有法律上的效力,就必须运用承认规则或其衍生规则提供的效力判准。④ 逻辑上,每个法律体系都有一条终极的承认规则,如"凡英女王议会制定者均是法律","中华人民共和国全国人大或其常委会正式制定的规范性文件都是法律",等等。前文已论述,基于终极承认规则,可以分化出立规主体资格规范、立规表意活

---

① 参见周汉华:《规范性文件在〈行政诉讼法〉修改中的定位》,《法学》2014 年第 8 期。

② 参见[英]约瑟夫·拉兹:《法律原则与法律的界限》,雷磊译,《比较法研究》2009 年第 6 期。

③ 参见[英]约瑟夫·拉兹:《法律原则与法律的界限》,雷磊译,《比较法研究》2009 年第 6 期。

④ 参见[英]哈特:《法律的概念》,许家馨、李冠宜译,法律出版社 2011 年第 2 版,第 96 页。

动规范、立规程序活动规范以及立规意向内容限制规范等较为明确的法律效力确认规范类型。

根据前列观点,只有充分满足既定法律体系,如我国现行法律体系之承认规则的规范性文件,才能有法律成员资格,才能称为是在该体系内存在的、有效力的规范性文件。但在规范性文件司法附带审查后续处理导致的规范性文件效力困境中,人民法院的法官认定某规范性文件不合法,不承认或不支持该规范性文件,也就是认为该规范性文件不具有法律成员资格,至少在个案中无法律效力。当法官们认为该规范性文件的不合法情形导致其不应当再具有法律效力之后,他们有责任依法向有权机关提出废除该不合法规范性文件法律效力的建议。

但据前所述,规范性文件制定机关等有权废除不合法规范性文件效力的机关,可能不同意人民法院认定的本机关所制定规范性文件不合法的裁决,从而不按人民法院建议废止该规范性文件。在此情况下,人民法院认定的不合法规范性文件,依然具有法律效力或不能被取消其法律成员资格的情况。这就使得在概念上,原本只应当有合法有效规范性文件或规范构成的法律体系,却因混入了法律效力或法律成员资格不确定的"不合法"规范性文件而污损。如果不采取有效措施废除这种不纯正的、法律成员资格存在极大争议的规范性文件,那么整个法律体系的纯正度,整个法律体系内合法有效的规范性文件或法律规范的效力,将会受到污损。这种不良后果积聚起来,会导致这个受到污损的法律体系,得到民众承认和奉从的质量和程度慢慢地降低。在理论上,民众最终有可能会整体上否定这种含有大量不合法规范性文件的法律体系。

第三节 规范性文件效力废除困境的解除方案

综合前两节的结论可知,现行法设立规范性文件司法附带审查后续处理机制的目的,是在法官主导下废止不合法规范性文件,但在规范性文件制定机关及其主管机关不理会人民法院处理建议或司法建议的情况下，就会造成规范性文件的法律效力处于争议和不确定状态的困境。在逻辑上，有两个解除这种困境的根本方式：一个是规范性文件制定机关等有权机关在适当期间内废止人民法院建议中的不合法规范性文件；另一个是，规范性文件制定机关等通过某种途径撤销了人民法院的处理建议或司法建议。简而言之，只要人民法院的建议被采纳了，即被建议的不合法规范性文件被改变或撤销了，人民法院与有关机关之间关于否定与肯定，某规范性文件法律效力的困境也就消失了。

一、现有困境解除建议述评

学者们虽未言明前述逻辑关系，但在前述两个方向上，提出了多种多样的解决建议。建议的目的是废除不合法规范性文件，解除规范性文件效力废除困境。下面按两类基准，从两大方面述评现有规范性文件效力废除困境的解除建议。

第一个方面的评价基准是法律容许度基准，其意是指学者们提出的解除建议，是否被现行宪法、法律和政治体制容许；那些依靠创设或修改制度，才有可能的建议，将被认为无法律容许度。凡人皆可轻松提出立法建议，说几句话或打几行字就可以了，但建议能否被采纳并制定成法律，那就相当复杂难办了。

第二个方面的评价基准是现实可行性基准，其意是指学者们提出的解除建议，是否适合当下规范性文件司法附带审查后续处理的现实情境？是否能为有权机关及其工作人员采用？采用后是否简单易行？能否在较大程度上为各方面所接受？凡能达到前述要求的建议，即可认为是具有现实可行性的效力困境解除建议，否则就是有关机关工作人员不予理会，无现实可行性的建议。

（一）仍由原裁判人民法院解除困境的改进方案

规范性文件司法附带审查后续处理中的不合法规范性文件效力废止困

境,根源于人民法院建议废除某不合法规范性文件,而规范性文件制定机关等有权机关却不予废止。前文已析出造成这种困境的多方面因素,其中之一是人民法院的处理建议或司法建议,仅是无强制执行力的软权力。有学者建议,把人民法院关于不合法规范性文件处理建议或司法建议的"司法建议权",更改成"司法命令权",以赋予人民法院处理意见的强制执行力。① 如果该建议成为有效的立法规则,再配置规范性文件制定机关不执行人民法院处理意见的制裁措施,该建议应该能达到强令规范性文件制定机关废止不合法规范性文件的效果。

但该建议面临的最大难题是,在现代民主国家的代议制架构中,几乎没有哪个国家的宪法准许人民法院对行政机关(或执法机关)直接享有司法命令权,尤其是干预行政机关规范性文件制定权的司法命令权。因为这种规定,严重违反了国家权力之间的分工与制约或分工与协作关系,背离了现代宪法的基本原则。更何况,根据我国现行宪法和人民法院组织法的规定,人民法院仅是享有审判权的司法机关,既不是行政立规机关的上级主管机关,也不是它们的监督监察机关;人民法院只有通过审理行政案件,通过规范性文件的司法附带审查,才能在司法权或审判权的范围内,监督行政机关的规范性文件制定权。综上,关于把"司法建议权"改成"司法命令权"的建议,看上去很有力度,但我国现行宪法和法律并不容许这样的建议。当前还看不出立法机关采纳此类建议的可能性。

(二)求助于上级人民法院的方案

学者们提出的解除效力废除困境的建议,大多都有求助于上级人民法院的内容。他们有的建议提升后续处理人民法院的级别,有的建议提高规范性文件附带审查案件的管辖级别,有的建议最高人民法院采取发布规范性文件、

---

① 参见王春业:《论行政规范性文件附带审查的后续处理》,《法学论坛》2019 年第 5 期。

公布案例等方式,改良或强化现行的规范性文件司法附带审查后续处理方式。已有建议可分成两类:其一是在现行制度内,无须立法就有可能被施行的建议;其二是必需制定新的规范性文件审查制度,才有可能被施行的建议。

1. 在现行制度内求助于上级人民法院。学者们认知到,在现行行政案件级别管辖制度下,在规范性文件司法适用中附带审查规范性文件的人民法院,通常是基层人民法院;据前所述,基层人民法院事实上的权威、基层法官的专业能力等,不太有利于这项工作的有效进行。于是,学者们便将视角转向了上级人民法院,尝试释放上级人民法院潜在的制度能力。

(1)搭建不合法规范性文件的内部通报系统。在《行政诉讼法》修订之前,有人提出了若干强化人民法院规范性文件合法性判断权的建议。其中包括,建议由高级别的人民法院在本行政区域内,以不合法规范性文件通报的方式,统一发布所辖区域内的,各级人民法院认定的不合法规范性文件。[1] 有学者认为,若要实现从规范性文件判断结论的个案效力,向普遍"不予适用"扩张,对策之一便是在人民法院系统内部建立司法内部通报机制。具体是指,由最高人民法院发文创设一个不合法规范性文件公告机制,再运用现代信息技术,在各省(直辖市等)人民法院系统内或全国人民法院系统内设置一个信息公布平台,及时将人民法院在规范性文件司法附带审查中认定的不合法规范性文件予以公布;以便达到各人民法院统一地、普遍地,"不予适用"不合法规范性文件的效果。[2]

这种方式并不违反现行法规定,而且没有什么技术障碍,可以搭建在人民法院系统内部早已运用的审判辅助系统之上。在操作中,各级人民法院的承办法官只要将判断结论稍作整理,即可上传到公告系统中,因增加的工作量极

---

① 参见袁勇:《我国法院的规范审查权及其强化对策》,《山西师大学报》(社会科学版)2014 年第 2 期。

② 参见夏雨:《行政诉讼中规范性文件附带审查结论的效力研究》,《浙江学刊》2016 年第5 期;程琥:《新〈行政诉讼法〉中规范性文件附带审查制度研究》,《法律适用》2015 年第 7 期。

小,承办法官应该没有大的反对理由或不情愿态度;各级人民法院也没什么理由反对,自会按照最高人民法院设立的公告机制组织开展工作。毕竟这种例行公事的内部公告,也不会开罪当地的规范性文件制定机关。在调研中了解到,最高人民法院已经拟设立类似的内部公告机制。不过,该机制至本章撰写时,仍没有正式建立;在人民法院行政审判辅助系统内,还没有投入使用不合法规范性文件内部公告平台。考虑到人民法院的当前处境,该机制能否设立并运作起来,取决于最高人民法院愿不愿意采取这种强化手段。

为了达到更好的法治体系建设效果,除了在人民法院系统内公开告知不合法规范性文件,最好能把那些重大且明显不合法的规范性文件,经过严格判断之后向全社会公开告知。理由在于,仅在人民法院系统内部广而告之还达不到应有效果,不合法规范性文件仍有可能未被有权机关废除效力。如果再被行政机关作为执法依据,就将不合法影响相对人权益;只有行政相对人到人民法院起诉该行政行为时,受理人民法院才会从人民法院内部系统中得知,被诉行政行为的依据是某不合法规范性文件。人民法院只有再次判定该规范性文件不合法,并不予适用。在此过程中,原来被人民法院认定不合法的规范性文件,其法律效力仍然未被废除,它仍然应当被执行,它仍然会对相对人造成损害。换言之,规范性文件司法附带审查仍然未能发挥维护法制统一,预防社会纠纷的法治体系建设功能。

综上,仅在人民法院系统内部公开不合法规范性文件,并不能产生足够的法治建设功能。如果选择性地对外公开重大且明显不合法的规范性文件,则能给规范性文件制定机关以及后续的行政立规活动提供反面警示教材,也能更有效地阻止不合法规范性文件被执行,更有效地保护相对人权益,更有效地维护法制统一、预防和避免社会纠纷。

(2)发布司法规范性文件。前文曾分析了规范性文件司法附带审查启动的现状,析出了其中的三个难题:行政案件受理难、规范性文件属性鉴定难、被诉行政行为与规范性文件的关联性认定难,并且显示了法官消极退避的判断态度,以及把"裁量利益归于被告"的潜在规则。为了解决前述难题,前文曾提出建议,最高人民法院可以通过发布规范性文件,公布更加明确、细化且可操作的启动要件判断标准,宣传规范性文件司法附带审查的法治建设功能,引导法官们采取更加积极进取的判断态度。

前文还提出,最高人民法院可以采取发布规范性文件解决下列问题。第一,明确党政联合公文属于规范性文件附带审查范围,但只能在行政行为所依据之规范性文件的名义下判断。第二,释明被诉规范性文件与行为关联性的裁判基准——实质依据标准和产生实际影响标准。第三,推介更加健全严整的规范性文件合法性判断标准,比如本书第二章论证的规范性文件合法性判断"四联锁标准"。

(3)公布附带审查指导案例。最高人民法院公布规范性文件司法适用中的附带审查结论或基准等,可以强化判断结论的效力,指导和调整附带审查基准等。① 不过,有学者注意到,只有裁判理由充分正当的附带审查案件,才有可能被最高人民法院遴选为指导案例,也才有可能产生被其他人民法院参照适用的效力。这就要求主审法官具有较高的说理论证能力。②

最高人民法院在个案以外,引导和调整各级人民法院审判工作的方式主要有两种:司法解释与指导案例。前者适用于架构程序机制,列明较为成熟的标准等;后者则依托具体案例,能更详细地表明,最高人民法院所认可的裁判要旨或基准等。相对于司法解释,指导案例具有适用情境明朗、类推适用信息充分,所以更适于公布较为疑难的裁判基准、裁判要旨、司法价值取向等。前文提出的相关建议包括:一是建议最高人民法院遴选规范性文件司法适用中的附带审查指导案例,通过指导案例的方式表明规范性文件司法附带审查启

---

① 参见夏雨:《行政诉讼中规范性文件附带审查结论的效力研究》,《浙江学刊》2016 年第5 期。

② 参见马得华:《我国行政诉讼规范性文件附带审查的模式与效力难题》,《政治与法律》2017 年第 8 期。

动要件的裁判标准、基准与要旨;二是建议通过指导案例来确认规范性文件合
法性判断的"四联锁要件体系",即由立规主体、立规表意、立规内容与立规程
序构成的四要件体系;三是建议通过指导案例的方式,明确人民法院有权确认
重大且明显不合法的规范性文件无效;等等。

(4)提升附带审查案件的管辖级别。从审查官员(法官)角度看,规范性
文件附带审查是一个专业技术性、政策抉择性与价值衡量性较强,对说理论证
要求也较高的法律思维活动;另一方面,基层人民法院与规范性文件制定机关
的权威相差较大,基层人民法院的法官在专业能力上,相对弱于高级别人民法
院的法官。有学者主张,根据《行政诉讼法》规定级别管辖规则,基层人民法
院辖区内的重大、复杂的案件,由中级以上人民法院管辖;规范性文件附带审
查案件就属于影响重大、内容复杂、难以审理的案件,因此建议以中级人民法
院管辖为宜。①

还有学者建议,建立最高人民法院和省高级人民法院的相对集中撤销机
制;具体的集中方法是,第一,国务院部门发布的规范性文件被当事人成功诉
请一并判断的,受理人民法院应当中止审理,并将其中的规范性文件合法性判
断问题,转交由最高人民法院判断,等到最高人民法院做出判断结论之后,再
继续审理;第二,地方各级政府及其职能部门的规范性文件,被当事人成功诉
请一并判断的,人民法院应当中止案件审理,而后将其中的规范性文件合法性
判断问题,转交集中到受理人民法院所在的省(直辖市等)高级人民法院审
理,等到高级人民法院得出判断结论后,再继续审理。②

诸如前述的建议或想法,符合我国现行法,特别是行政诉讼法的规定,因
此是法律容许的建议。只不过,在实践操作中,并不是每个上级人民法院,包

---

① 参见袁辉根:《我国规范性文件附带审查的实践检视与修正》,《山东科技大学学报》(社
会科学版)2017 年第 4 期。
② 参见马得华:《我国行政诉讼规范性文件附带审查的模式与效力难题》,《政治与法律》
2017 年第 8 期。

括最高人民法院,全都愿意任由下级人民法院把所有规范性文件司法适用中的规范性文件附带审查问题,全都上交给本院审理。换言之,前述建议虽然并不需要通过立法,但现实中各级人民法院的任务划分、工作量平衡、人民法院功能定位,仍是个较为复杂的问题。从一般情理上看,除非由最高人民法院或高级人民法院发布规范性文件,建立规范性文件提级审查或集中审查机制,基层人民法院的上级人民法院,特别是高级和最高人民法院的法官们,并不具有积极接收下级人民法院案件的意愿或动机。

(5)直接转交上级人民法院提出废止建议。相较于把规范性文件附带审查问题全交给上级人民法院,或者集中到高级或最高人民法院审查;另一种建议是不增加上级人民法院的审查工作,而是仅由上级人民法院向规范性文件制定机关及其主管机关提交处理建议或司法建议。目的是借助同被审规范性文件制定机关级别对等之上级人民法院的司法权威,达到引起规范性文件制定机关或其主管机关重视,从而采纳人民法院建议,并按建议废止不合法规范性文件的效果。有学者甚至建议,为了免除建议人民法院级别低,建议不被重视的弊端,凡是人民法院认定为不合法的所有规范性文件,在裁决生效后,都要将审查结论上报到最高人民法院,然后统一由最高人民法院作为司法建议提出机关,直接向规范性文件制定机关提出司法建议。①

这种建议在现实中不是不可能,但是,根据现行《行政诉讼法》第64条以及《行诉解释》第149条的规定,法定地向规范性文件制定机关提处理建议或司法建议的人民法院,仅是审理行政案件的或做出生效裁判的人民法院。换言之,除审理行政案件或做出生效裁判的人民法院以外,现行法并未授权其他上级人民法院建议规范性文件制定机关处理的权力。是故,本部分提出的不增加上级人民法院审查负担,又由上级人民法院送交司法建议的做法,在法律容许度上,还不如之前提出的直接集中到高级或最高级人民法院的建议。

---

① 参见王春业:《论行政规范性文件附带审查的后续处理》,《法学论坛》2019年第5期。

有一种折中做法是,基层人民法院或下级人民法院,可以在充分说理论证后得出"初步"判断结论,然后再按照法定的级别管辖或司法提请制度,集中到上级人民法院,并由上级人民法院法官"过目"后,再送交规范性文件制定机关及其主管机关。这样既符合现行法的规定,也不会过多增加上级人民法院的负担。

(6)通过司法请示机制把附带审查案件转移给上级人民法院集中审查。最高人民法院《关于审理行政案件适用法律规范问题的座谈会纪要》(法〔2004〕96号)中规定,人民法院在行政案件中发现,两个或两个以上的法律规范相冲突的,或者同位阶的法规与规章、规章与规章之间不一致的,应当中止行政案件的审理,逐级上报最高人民法院处理。最高人民法院《关于加强和改进行政审判工作的意见》(法发〔2007〕19号)要求,人民法院向上级人民法院请示法律适用中疑难问题,请示的内容应当严格限于法律适用问题,不得全案请示;请示应当经过审判委员会讨论,并提出倾向性意见,而后再逐级上报,且不得越级请示。按此司法请示(或提请)机制,人民法院在规范性文件司法附带审查中发现,难以判断某规范性文件合法性的,可以先交由本院审判委员会提出倾向性意见,而后再逐级上报到同规范性文件制定机关管辖区域相同的人民法院。比如,对国务院部门制定的规范性文件不服的,逐级上报到最高人民法院处理,并由最高人民法院得出审查结论。

前述司法请示机制,主要用于解决法律适用中的规范冲突问题,并不完全适用于规范性文件司法附带审查后续处理。但如前所述,为了借助高级别人民法院的权威,解除规范性文件处理建议导致的规范性文件效力废除困境,人民法院可以用此机制,将规范性文件附带审查结论,交由高级或最高人民法院,而后它们可以对外用"关于某请示的答复"的方式,公开发布规范性文件合法性判断结论。此举可以提高审查结论的权威性,达到促使规范性文件制定机关废止不合法规范性文件的效果。

但有学者反对在人民法院内部施行司法请示(提请)机制;该学者主张,

司法请示机制有不合宪、不合法之处,人民法院不应当就法律适用问题请示上级人民法院;理由是:司法请示会导致人民法院审判权的部分外部化,即交由了其他有权机关决定在个案中如何适用法律的问题。况且,由一审人民法院的上一级人民法院做出的法律适用结论,实质上剥夺了当事人的上诉权益。[①]此种观点值得认真对待。

2. 建议制定由上级人民法院审查的新制度。除了前述较为保守的建议之外,从比较法的角度看,可以提出更"理想"的规范性文件附带审查制度。

(1)规范性文件合法性审查诉讼。在 2014 年《行政诉讼法》修正案生效之前,有学者主张,公民、法人或非法人组织对规范性文件不服的,应该有权直接向人民法院提出规范性文件合法性审查之诉。[②] 人民法院不必基于具体行政案件,仅能附带审查规范性文件的合法性。这种立法建议显然更利于广大民众监督规范性文件制定权,也更有利于人民法院通过规范性文件司法附带审查来实现法治建设功能。

不过,规范性文件制定涉及复杂的行政管理专业事务,包括重大的政策抉择与价值取向问题,会影响社会各方面的利益,一般民众似乎并不具有优胜于规范性文件制定机关的判断和决策能力。况且,此举会使得原本反对某规范性文件的民众,把规范性文件制定过程中的民主参与、民主监督、利益平衡事项,再次借规范性文件合法性判断诉讼,转移给并不擅长政策抉择与利益分配权衡的人民法院。是故,这类建议在理论上说得通,但不被法律容许,也缺乏现实可行性。

(2)规范性文件事前禁止诉讼。在美国的司法审查中,非立法性的规范性文件只要产生了充分的拘束力,就具备了可审查的最终性或成熟度;美国的当事人可以在行政规章或行政规则被执行之前,就向法院提起诉讼;条件是,

---

① 参见程洁:《司法提请的宪法反思》,《法学家》2007 年第 4 期。

② 参见姜明安:《扩大受案范围是行政诉讼法修改的重头戏》,《广东社会科学》2013 年第 1 期。

只要当事人面临已经迫近特定损害的威胁;美国法官会考虑当事人的事前诉讼是否需要更多的事实条件,以及推迟司法审查会导致当事人承受的损失。①美国法院的做法值得一提。但在我国当前的规范性文件附带审查制度中,一是人民法院在启动阶段,通常会严格判断被诉行政行为与规范性文件的关联性,我国当事人在规范性文件被执行之前提起诉讼,则肯定会被认为因案件中无具体行政行为,故当事人起诉不符合行政案件受理条件。二是可能执行涉案规范性文件的行为尚未施行,故并未对当事人权益产生实际影响,当事人不适格。这些是关于行政诉讼受理条件的基本知识。

此处并非是主张美国当事人在规范性文件被执行前起诉的条件,也应当在我国行政诉讼中有所规定;更不是说,在当前制度下,我国当事人也可以提起针对规范性文件的"事前"合法性审查。在此只想提示一下,美国法院准许当事人提起"事前"之诉的做法,是相当务实理性的做法。在德国行政诉讼中,当事人受到规范或其被适用造成的权利侵害,已经出现或者构成威胁的,当事人就具备了在事后或事前启动规范性文件合法性判断程序的一个必要条件。②美国和德国的这种做法值得参考。

(3)规范性文件附带审查集中诉讼。有学者认为,人民法院行使对规范性文件的违法判断权,涉及宪法和政体层面的问题;即便解决了前列层面的问题,还需要重新定位行政诉讼制度的性质与功能,需对《行政诉讼法》进行比较全面的配套修改;比如,还需要借鉴美德等国的经验,适当集中规范性文件司法审查权力,不宜采用当前的分散判断模式,而应集中到较高级别的人民法院行使审查权,以避免可能出现审查结论相矛盾或相冲突的情形,维护人民法

---

① 参见[美]约翰·D.贝茨:《毛爱梅、祝洪兴诉浙江省江山市贺村镇人民政府行政强制及行政赔偿案——美国法官的视角》,载浙江大学公法与比较法研究所等主编:《规范性文件附带审查中美研讨会会议论文集》,2019 年,第 48—66 页。
② 参见[德]弗里德赫尔穆·胡芬:《行政诉讼法》,莫光华译,刘飞校,法律出版社 2003 年版,第 351 页。

院的司法权威。① 比如,在德国的行政诉讼中,规范性文件合法性审查之诉就只有高等(或高级)行政法院在其审判管辖权范围内进行裁判。② 这种设想所基于的原理,对于提高我国规范性文件附带审查的审级,具有重要的参考意义。不过,只能期待有朝一日能够出现相应的法律规定与现实条件。

(三)取决于其他有权机关解除困境的方案

从逻辑上看,解除不合法规范性文件效力废除困境的根本方式有两个:一个是人民法院废除建议被实现;另一个人民法院的废除建议被废除。上部分从人民法院方面,探讨了实现人民法院废除建议的方案。本部分拟从人民法院外的其他有权机关方面,探讨如何让它们实现人民法院建议或废除人民法院建议的方案。该部分采用的评价基准仍然是法律容许度与现实可行性基准。

1. 促使规范性文件制定机关自行废除不合法规范性文件效力。规范性文件制定机关负有保障规范性文件合法的首要责任。在此意义上,规范性文件制定机关负有建设我国法治体系的首要责任。只有在行政立规中做到科学立规、民主立规与依法立规,才能最有效地预防不合法规范性文件出台,也才能最有效地避免行政执法后出现的行政争议。③ 在规范性文件附带审查制度实施后,在人民法院发布不合法规范性文件处理建议的推动作用下,规范性文件制定机关应当顺势而为,以建立健全规范性文件立改废的内部工作机制,加强规范性文件草案合法性判断与规范性文件发布的清理工作。④ 从法治建设角

---

① 参见周汉华:《规范性文件在〈行政诉讼法〉修改中的定位》,《法学》2014 年第 8 期。

② 参见[德]弗里德赫尔穆·胡芬:《行政诉讼法》,莫光华译,刘飞校,法律出版社 2003 年版,第 341 页。

③ 参见马得华:《我国行政诉讼规范性文件附带审查的模式与效力难题》,《政治与法律》2017 年第 8 期。

④ 参见夏雨:《行政诉讼中规范性文件附带审查结论的效力研究》,《浙江学刊》2016 年第 5 期。

度看,非常有必要促使规范性文件制定机关,自行确保规范性文件合法有效。

前文也述评了若干能推动规范性文件制定机关作为的建议。如果相关立法明确设定了,规范性文件制定机关应当对其不合法规范性文件导致的损害承担行政赔偿责任,①或者在行政机关工作考核体系中加强加重规范性文件制定工作的考核分量,②那么类似规定同人民法院的处理建议或司法建议相结合,也会促使规范性文件制定机关更有效地废止重大且明显不合法规范性文件。由于规范性文件制定机关如何保障规范性文件合法有效的问题,已在规范性文件司法附带审查后续处理范围之外,本书不再追加讨论。

2. 人民法院通过规范性文件监督判断机制交由相应国家权力机关处理。根据《立法法》第 99 条的规定,人民法院认为行政法规或地方性法规同宪法或法律相抵触的,可以向全国人大常委会提出进行审查的要求或请求。全国人大常委会发布的《法规、司法解释备案审查工作办法》(2019)规定了较为详细的程序规则,各省级人大常委会或人民政府发布的"规范性文件备案审查办法",通常也准许人民法院向本级人大常委会提出判断规范性文件。

有学者主张,解决后续处理难题的最经济的方案之一,是激活现有的立法监督启动机制;人民法院要利用这一规范性文件监督判断机制,在规范性文件制定机关没有采纳本方处理意见的情况下,可以直接向本级人大常委会书面提审查要求;相关人大常委会按照监督程序,经审查认为相关规范性文件不合法的,可以对不接受人民法院处理意见的规范性文件制定机关科以法律责任。③

另外,接收人民法院请求的人大常委会也可能是规范性文件制定机关的备案审查机关,在规范性文件制定机关是一级人民政府的情况下通常就会如

---

① 参见孙首灿:《行政规范性文件的处理建议研究》,《重庆理工大学学报》(社会科学版),2019 年第 10 期。

② 参见王春业:《论行政规范性文件附带审查的后续处理》,《法学论坛》2019 年第 5 期。

③ 参见王春业:《实证视角下规范性文件一并审查制度研究》,中国政法大学出版社 2019 年版,第 160—161 页。

此。所以即使人民法院不参照立法监督机制启动人大常委会的规范性文件监督审查机制,也可以按《行诉解释》第149条第1款的规定,抄送作为政府规范性文件备案审查机关的人大常委会。在人大常委会未及时处理的情况下,人民法院也有必要启动规范性文件监督审查机制,以促使人大常委会机关工作人员及时做出处理。

3.规范性文件制定机关把处理争议交由相应人大常委会裁决。在我国现行行政诉讼与规范性文件备案审查制度内,规范性文件制定机关不服一审人民法院判定本机关规范性文件不合法的,有两种争取裁判的途径。一个是,规范性文件制定机关可以按照行政诉讼法的规定,决定由被诉行政行为机关向上一级人民法院上诉;规范性文件制定机关可以把自己的反对意见传递给二审人民法院;另一个是,规范性文件制定机关可以交由相应的人大常委会裁决,人大常委会是国家权力机关,其裁决在法律上对人民法院与规范性文件制定机关均具有法律上的作用力。[1]

在实践中可分两种情况操作。其一,规范性文件制定机关与人民法院在同一层级的,前者可以向两者同一层级的人大常委会申请裁决;比如,某县人民法院判定该县政府或其职能部门的规范性文件不合法的,该县政府或其职能部门可以向该县人大常委会申请裁决。其二,规范性文件制定机关高于或低于做出生效裁判人民法院的,按照"就高不就低"的原则确定受理裁决的人大常委会,包括下面两种情形。

(1)规范性文件制定机关的层级高于裁判人民法院的,由规范性文件制定机关向本级人大常委会申请裁决;做出生效裁判的人民法院将引起争议的处理意见上交到与规范性文件制定机关同级的人民法院,再由该高级别人民法院参加本级人大常委会的裁决活动,做出生效裁判的人民法院可以参加活动。比如,某县人民法院判定省政府发布的规范性文件不合法的,省政府可以

---

[1] 参见马得华:《我国行政诉讼规范性文件附带审查的模式与效力难题》,《政治与法律》2017年第8期。

向本省人大常委会申请裁决;县人民法院应当将处理意见交由本省高级人民法院,由高级人民法院出面参加裁决活动。本省人大常委会否定人民法院已生效裁判中的规范性文件不合法裁决的,由高级人民法院按《行政诉讼法》的规定启动审判监督程序重审案件。

(2)规范性文件制定机关的层级低于裁判人民法院的,由规范性文件制定机关直接向与人民法院同层级的人大常委会申请裁决;受理申请的人大常委会做出否定人民法院已生效裁判中的规范性文件不合法裁决的,可以按照人大常委会监督权的行使规则,促使做出生效裁判的人民法院启动审判监督程序重审案件。比如,某县政府发布的规范性文件被其所在设区的市中级人民法院认定为不合法的,该县政府可以向与该中级人民法院同层级的市人大常委会申请裁决。受理申请的人大常委会做出否定人民法院已生效裁判中的规范性文件不合法裁决的,由该中级人民法院启动审判监督程序重审。人民法院重审前述案件的,通常情况下,应该是撤销原判或依法改判。

二、规范性文件效力废除困境的分层解除方案

前述旨在解决规范性文件效力废除困境的多种建议,要么是在我国法律容许的空间内改良现行处理制度的,要么是主张"改革"我国现行规范性文件监督审查制度,寄希望于立法者建章立制的立法建议;前类建议具有现实可行性但效果并不完满,后者若被采纳效果则较为理想,但不被现行法律容许,难以被实现。

其实,针对规范性文件附带审查,除了展开法教义学、法政策学研究,还有其他能化解规范性文件效力废除困境的研究方向,那就是在法理上,厘清规范性文件合法性判断的层面,分清规范性文件不合法的不同层级,并且为承办法官提供精致实用的判断方法、判断标准与论证方法等,通过增强承办法官的判断能力与论证水平,来增强他们的判断结论与处理建议的专业性、权威性与影响力。承办法官的专业权威增强了,人民法院的司法权威也会随之增强,人民

法院的处理意见被规范性文件制定机关及其主管机关接受并办理的概率也会随之增大。

（一）规范性文件效力困境的两层三级化解方案

下文把规范性文件不合法情形细分成两层三级，并且逐层阐明，只要法院按照规范性文件合法性与有效性的正相关论，就能够分层级判断裁决规范性文件，就能从根本上化解废除困境。

1. 规范性文件不合法情形的两个层面：形式不合法与实质不合法。近年来，合法性常被二分成形式合法性与实质合法性。① 规范性文件合法性属于合法性范畴，也可分成形式合法性与实质合法性两大类。根据前文所述的规范性文件构成要件及其同相应高阶规范的关系，规范性文件合法性情形中的不合法情形可进一步细化成：抽象—客观—形式要件层面的不合法情形、具体—主观—实质依据层面的不合法情形。

所谓抽象—客观—形式要件层面的不合法情形，其"抽象"是指脱离具体案件情境；"客观"是指"客观法"意义上的客观，即法律文本内的语句表示的普遍规范性意义；"形式要件"是指构成规范性文件的一般要件，也就是规范性文件的四类构成要件——主体资格、表意活动、程序活动以及规范性文件内容。抽象—客观—形式要件（简称形式）层面的不合法情形，是指规范性文件的四类构成要件，在脱离具体案件的情境中，在语义与逻辑上不符合高阶规范语义、不满足高阶规范在语义上所设效力要件的情形。凡有规范性文件在形式不合法层面，在语义与逻辑上被判定为不合法的，正常人（尤其是法官）通常都能看出它们存在明显的不合法情形。这层不合法情形具有客观公认性。凡是这层不合法情形达到重大程度的规范性文件，正常人都不会承认它们具有充足法律效力、具备法律成员资格。

---

① 参见江必新：《论实质法治主义背景下的司法审查》，《法律科学》2011 年第 6 期；程琥：《行政诉讼合法性审查原则新探》，《法律适用》2019 年第 19 期。

　　所谓具体—主观—实质依据(简称实质)层面的不合法情形,其"具体"是指真实的具体个案;"主观"是指个人或组织在具体个案中享有的法定权利—义务、权力—责任等法律地位;"实质依据"是指规范性文件规定在具体个案中是行政行为的切实依据。法院在形式层面判定某规范性文件不合法的,既可以直接在个案中不予适用该规范性文件,也应当根据该规范性文件的不合法程度,裁决是否对外宣布将其废除。但实质不合法情形有个案依赖性,缺乏认知上的客观性,以至于主体间不易达成共识。即使法院认定某规范性文件规定明显不当的,其他正常人也会在判断对象的确定、判断依据的获取以及判断标准的适用上,对法院的判断提出异议;故实质不合法情形通常是不明确的不合法情形。虽然不能说,法院无权宣告重大实质不合法(相当于明显不当)的规范性文件无效,但法院应当更加慎重地宣告实质不合法规范性文件无效。

　　形式层面合法的规范性文件在具体个案中并不一定总是合法有效的裁判依据。因为形式合法的规范性文件在具体个案中被适用时,有可能违背比例原则、公正原则、正当程序原则、信赖保护原则等行政法原则,或者背离上位法的立法目的、精神或基本法律价值,以至于构成"明显不当"情形。在具体个案中造成明显不当的规范性文件,也就是在实质层面不合法的规范性文件。这种实质不合法的规范性文件具有个案依赖性,法院通常仅在个案中不予适用,通常只能废除它们的个案适用性。

　　2. 规范性文件不合法情形的三个等级:重大、一般与轻微。现行《行政诉讼法》第70、74、75条区分了行政行为的三级违法情形——重大且明显违法、轻微违法以及介于两者间的一般违法。根据规范性文件构成要件不合法的性质及程度,规范性文件的形式与实质不合法情形也能细分成三级:重大不合法、一般不合法与轻微不合法。

　　首先,按照《行政诉讼法》第75条及《行诉解释》第99条的规定,可认为规范性文件具有下列情形之一的,属于在形式层面具有重大且明显不合法情形:一是规范性文件制定机关无法定主体资格;二是规范性文件内容并非规范性文件制定机关真诚、真实和明确的意思表示；三是规范性文件规定的内容认知上不可辨识、实际上不能实行；四是规范性文件制定行为违背集体表决、上级批准或公开发布等关键程序。①

其次，参照《行政诉讼法》第70条的规定，可认为规范性文件具有下列情形之一的，属于具有一般不合法情形：一是规范性文件制定行为违背非关键规范性文件制定程序规则；二是规范性文件内容超越了规范性文件制定机关的组织法定管辖范围；三是规范性文件内容背离了专项的高阶限制性规范；四是规范性文件制定机关在没有实质事实根据的情况下滥用权力制定了规范性文件；五是规范性文件内容在具体个案中构成明显不当等。

最后，轻微不合法情形是指除前两种不合法情形以外，规范性文件制定行为违背某些细枝末节高阶规范的情形。所谓瑕不掩瑜，轻微不合法情形并不妨碍规范性文件具有法律资格。参考《行诉解释》第96条的规定，可认为规范性文件轻微不合法情形包括：制定程序有轻微瑕疵的；座谈会、听证会等制定活动，民众参与度不太充分的；文中存在不影响解释的错别字的；规范性文件格式不完全合格但具备规范性文件生效要件的，等等。

3. 法院认定两层三级不合法规范性文件后的裁决类型。《行政诉讼法》第64条以及《行诉解释》第149条仅笼统地概括规定，法院发现被审规范性文件不合法的，一是不作为行政裁判依据（即否定其个案效力），二是向规范性文件制定机关等提出处理建议。根据法律效力实质上是规范性文件或行为等在法律上被承认的可支持大度或不可推翻力度，并且结合规范性文件两层三级不合法情形分类法可知，现行法仅准许法院提出处理建议的做法，缺乏理论基础、过于笼统模糊。法院认定规范性文件具有某种不合法情形之后，应当

①　学者们在行政行为无效情形的分类上存在较大争议。参见梁君瑜：《论行政诉讼中的确认无效判决》，《清华法学》2016年第4期；王贵松：《行政行为无效的认定》，《法学研究》2018年第6期；张青波：《拒绝权视角下的无效行政行为》，《环球法律评论》2019年第3期。本书重在论证废除困境的化解方案，为此仅在最低限度上简要划分文件的重大不合法情形。

针对该不合法情形的不合法程度分别裁决。

第一,重大不合法规范性文件的裁决类型。规范性文件的重大不合法情形包括,制定主体无法定资格,制定程序违背关键程序规则,规范性文件内容非制定主体真诚、真实和明确的意思表示,规范性文件内容客观上不可行等。这类情形大多属于形式不合法层面的情形,具有认识上客观、主体间易于达成共识、不易产生分歧等特性。法官经审查认定某规范性文件有重大且明显不合法情形的,应当直接裁决相应规范性文件无效,不必建议其他机关废除。因为正常人发现某规范性文件具有重大且明显不合法情形的,就会否定该规范性文件的法律资格,法官更应该如此;而且,法院径直宣告重大且明显不合法的规范性文件无效的,规范性文件制定机关公务人员也很难提出反对意见。

例如,在"罗某诉某县住房和城乡建设局注销网签案"中,被诉行政行为依据的是《某县问题楼盘推进工作意见》的规定:"对问题楼盘中三套(含三套)以上网签在个人或施工企业名下的,无首付无发票无备案的,网签价格明显低于市场价格……直接变更在某集团名下"。一审法院认定:"从文件的主要内容来看,文件要求对价格不合理的房源直接予以清理并注销网签,明显没有法律法规授权,也属于减损公民、法人和其他组织合法权益的条款。因此,应当确认该规范性文件不合法,不能作为本院认定被诉行政行为合法的依据。"①

稍有法律知识的正常人都能看出,县政府无资格(或无权力)发文注销商品房交易网签。法官也认为,该规范性文件"明显无法律法规授权",而且属于减损公民权益的重要规定。经查证,被告服判未提起上诉;该案一审判决生效后也未见该县公开废止此规范性文件。若真如此,该规范性文件仍然有效。对于这类已构成重大且明显不合法的规范性文件,法院不仅在个案中不予适用,还应当在裁判文书中公开宣告它非法无效。否则,就会造成诸如该案的不

---

① 参见江苏省淮安市淮阴区人民法院(2018)苏 0804 行初 23 号行政判决书。

合法规范性文件效力的废除困境。

第二，一般不合法规范性文件的裁决类型。一般不合法规范性文件是制定行为没有满足一般高阶规范——基本性、关键性高阶规范的次级规范所设条件而制成的规范性文件。参照《行政诉讼法》规定的撤销判决条件，法院可以先在个案中不予适用一般不合法规范性文件，然后分两种情况作出裁决。

其一，对于一般不合法且明显的规范性文件规定，法院应当在裁决文书中宣告其无效。例如在前述"陈爱华案"中，必经遗嘱公证规定并非房地产管理事务或公证管理事务中的重大情形，而是前两者中关于遗嘱继承房产公证的一般事项。法律人在系统分析相关上位法后，应该都能明确该规定的不合法情形——在无上位法依据的前提下增加了普遍相对人义务。对于此类一般不合法且明显的规范性文件规定，法院不应当采取"不予适用并建议处理"的模式，因为该模式并不能废除不合法规范性文件规定的效力，反而会造成废除困境。

有法官发现，"陈爱华案"的裁判文书在2013年10月生效后，上个不合法规范性文件不但依然有效，还出现在2014年的《司法部现行有效规范性文件目录（截至2013年底）》中；这反映出，现行审查模式对规范性文件的司法监督过于薄弱。① 据此可见，不通过法院直接宣告不合法规范性文件无效，就不能及时有效地废除一般且明显不合法规范性文件的效力。法院理应有权直接宣告重大、一般（合称严重）且明显不合法的规范性文件无效。

其二，对于有一般不合法情形但尚未达到明显程度的不合法规范性文件，法院可以在个案中不予适用，然后向规范性文件制定机关提出改变或撤销的建议。这是在规范性文件不明显不合法情况下作出的，尊重规范性文件制定机关裁量权的真正建议。这种建议不会像废除建议那样，导致规范性文件效力的废除困境。

---

① 参见阎巍:《从"陈爱华案"反思我国规范性文件的规制与监督》,《法律适用》2015年第4期。

首先,对于有一般不合法情形但不明显的规范性文件,法院并没有废除它们的意图;它们提出的建议只是提醒规范性文件制定机关酌情处理。这种尊重规范性文件制定机关裁量权的态度,并不会造成废除困境中的第一种冲突:提出建议的法院与规范性文件制定机关否定效力与肯定效力的矛盾态度。①其次,同样由于规范性文件存在一般不合法情形但不明显,并不会导致正常相对人、后审法院直接拒绝承认此类规范性文件。这就不会引起废除困境中的第二种冲突:执法主体与相对人、后审法院的冲突。最后,由于规范性文件存在一般不合法情形但不明显,先审法院废除此类规范性文件个案效力的条件,后审法院通常并不会做出同样认定。即使后判断法院依据同样的规范性文件规定作出不一样的裁决,也不至于被看成是明显相对立的裁决。

第三,轻微不合法规范性文件的裁决类型。参照《行政诉讼法》第 74 条的规定,法院认定某规范性文件存在轻微不合法情形,可以确认该情形不合法,但不否定该规范性文件的效力。然后进一步判断该规范性文件规定在个案中有无实质不合法情形。如果该规范性文件的规定在个案中是实质合法的,则应当把它的规定作为认定行政行为合法的依据。不过,为了维护国法尊严,做出生效裁决的法院,应当就错别字、文件格式等轻微但明显不合法之处,向规范性文件制定机关提出处理意见,由规范性文件制定机关予以订正。

三、两层三级化解方案的检讨与优化

为了化解废除困境,消除不良后果,前文主张:规范性文件的合法性与有效性可分成两层三级情形;法院可针对三级不合法情形分层级作出裁决,包括宣告严重且明显不合法的规范性文件无效(即宣告不合法规范性文件无效),建议规范性文件制定机关酌情处理一般不合法但不明显的规范性文件,以及

---

①　在法院享有宣告文件无效权后,如果规范性文件制定机关不按法院的建议废除一般不合法文件的,该文件再次引发案件时,仍有可能被法院宣告无效。在法院宣告文件无效权的威慑下,规范性文件制定机关通常会认真对待法院的处理建议,从而降低废除困境的发生率。

确认轻微不合法的规范性文件有效。

（一）检讨反对观点及其理由

法院建议规范性文件制定机关酌情处理一般不合法但不明显的规范性文件，以及确认轻微不合法的规范性文件有效，并未突破现行法的规定，应该不会受到什么非议。但对法院宣告不合法规范性文件无效的裁决，则有人在法律规定上、实施效果上持反对意见。

1.法律规定上的反对观点及其理由。有学者认为，法院审理后直接宣告规范性文件违法（无效）会引起合宪性问题；①法院宣告不合法规范性文件无效，超出了法律适用权范围，不再属于宪法规定的审判权。② 有的学者言外之意是，法院宣告不合法规范性文件无效，侵犯备案审查机关的撤销权或改变权。③ 现行《宪法》《各级人民代表大会常务委员会监督法》《法规规章备案条例》《地方组织法》仅规定，作为备案机关的人大常委会或行政机关，有权改变或撤销不适当（含不合法）规范性文件。而且，《行政诉讼法》第64条与《行诉解释》第149条仅规定，法院有权"不予适用并建议处理"；但未规定法院有权通过宣告无效来废除不合法规范性文件的效力。总之，法院并无宣告不合法规范性文件无效的明确权力，法院宣告不合法规范性文件无效，既不合宪也不合法。

然而，现行法并未排除法院宣告不合法规范性文件无效的可能。现行《宪法》第5条第2款规定："国家维护社会主义法制的统一和尊严。"2018年修订的《人民法院组织法》第2条第2款规定，法院通过审判行政案件，解决行政纠纷，保护个人和组织的合法权益，监督行政机关依法行使职权，维护国

---

① 参见周汉华：《规范性文件在〈行政诉讼法〉修改中的定位》，《法学》2014年第8期。

② 参见袁勇：《论法院的行政规范审查权限》，《河南师范大学学报》（哲学社会科学版）2013年第4期。

③ 参见马得华：《论"不予适用"：一种消极的司法审查》，《环球法律评论》2016年第4期。

家法制统一、尊严和权威。其中明确规定,法院要维护国家法制统一、尊严和权威。应该无人反对法院维护国家法制统一、尊严和权威的法定职责。但有人反对法院超出个案纠纷解决权限,公开宣告不合法规范性文件普遍无效。[①]

既然赞同法院维护法制统一,试问法院怎样才能维护法制统一? 现行的附带审查模式能让法院尽到维护法制统一的职责吗? 据前所论,现行判断模式只准法院建议处理但不准法院宣告规范性文件无效,难免会造成废除困境,反而会妨碍法院维护法制统一。在法理上,维护法律体系同解决个案纠纷一样,都是法院承担的责任,都是法院存在的道德基础;说白了,法院原本就应该干这个。不准法院宣告不合法规范性文件无效,只许法院提出废除建议的模式,无视正常人都不承认(法官更不该承认)重大且明显不合法规范性文件有效的社会事实,忽略法院维护法律体系的责任,其后果是妨害法院通过整治不合法规范性文件而维护国家法制统一。

再问,在现行法律体系内,除了"不予适用并建议处理"模式,还有其他的,能让法院维护法制统一的法定机制吗? 答案应该是:没有。接下来的问题是,什么样的模式,既能让法院尽到维护法制统一的职责,又能得到我国法律体系的最大容许?

据前所论,法院"鉴别情形且分类裁决"的分层级判断模式,不仅能释放法院维护法制统一所需的制度空间与能力,而且同前文提及的其他化解废除困境的建议相比,该模式的设立并不需要大修大改现行法规定。它只需法律人共认,采用扩张解释、目的解释和体系解释等方法,可以从《行政诉讼法》第75条中解释出:法院经审查认定抽象行政行为有重大且明显违法情形的,判决宣告该行为制成的规范性文件(文件)无效;或者,由全国人大常委会单独发布或授权最高人民法院发布一份规范性文件;或者把《行政诉讼法》第64条修改为:"人民法院在审理行政案件中,经审查认为本法第五十三条规定的

① 参见郭百顺:《抽象行政行为司法审查之实然状况与应然构造——兼论对行政规范性文件的司法监控》,《行政法学研究》2012年第3期。

规范性文件明显不合法的,不作为认定行政行为合法的依据,并在裁判文书中宣告严重且明显不合法的规范性文件无效"。

除了现行《宪法》与《人民法院组织法》要求法院维护法制统一之外,根据党的十八届四中全会《关于全面推进依法治国若干重大问题的决定》,法院通过附带审查规范性文件,应当发挥四类法治体系建设功能——监督行政权力、增强司法能力、保护相对人权益、维护法制统一。按照党的十九届四中全会关于推进国家治理体系和治理能力现代化若干重大问题的要求,规范性文件治理现代化是国家治理现代化的组成部分。法院的附带审查有助于加强中央宏观事务管理,防止地方治理乱象,保障中央政令统一,推进中央对地方治理的现代化。

鉴于当前实施的法院"不予适用并建议处理"模式常会造成废除困境,妨害法院推进法治体系建设和国家治理现代化的功能,而法院"鉴别情形且分类裁决"的分层级判断模式,则能充分释放法院的判断能力,能化解废除困境、消除不良后果。为了构建系统完备、科学规范、运行有效的规范性文件司法审查体系,建议设立由法院分层级判断和裁决规范性文件的"鉴别情形且分类裁决"模式;尤其是要确立,法院有权宣告严重且明显不合法规范性文件无效的规则。

2. 实施效果上的反对意见及其理由。即使在法理和法律上应该设立"鉴别情形且分类裁决"的模式,或有人仍然顾忌法院宣告规范性文件无效引发的大规模制度风险。在行政国家时代,行政机关最常用的主要行政措施就是发布规范性文件。或有人主张,规范性文件不同于具体行政行为,法院废除具体行政行为的直接影响仅限于个案;规范性文件通常是为了贯彻党政主管机关政策所发布的普遍性治理措施;法院宣告规范性文件无效的并不限于个案,而是会产生广泛而深远的影响。所以,法院不能像确认具体行政行为无效那样宣告规范性文件无效。前列三张值得重视,但它仅提示法院应当慎重谦抑地裁决规范性文件,并不构成反对法院"鉴别情形且分类裁决"的充分理由。

法院的确不能像确认具体行政行为无效那样,宣告不合法规范性文件无效。

有人还可能认为,法院享有宣告不合法规范性文件无效的权力,将过度限制行政机关的规范性文件制定权。法院"鉴别情形且分类裁决"的判断模式,肯定会在一定程度上限制规范性文件制定权,但不必然过度限制规范性文件制定权。

首先,法院分层级判断规范性文件,并不等于法院一概宣告所有不合法规范性文件无效。只有那些正常人都能看出或者稍加注意就能看清的,严重且明显不合法的规范性文件,才适于被法院宣告无效。其次,地方法院的人财物,当前仍受制于当地党政主管机关。即使法院有权宣告规范性文件无效,它们也缺少扩张行使权力的条件,不会动辄宣告某规范性文件无效。① 最后,假设司法改革的去地方化进展顺利,各地法院不再受地方牵制,而是真正意义上的"国家设在地方代表国家行使审判权的法院",②独立于地方牵制的法院,仍然是依法裁判、以理服人的审判机关。在我国政法体制内,法院没有滥用宣告规范性文件无效权力,搞独大专断的可能。

更何况,规范性文件制定机关至少能从两方面限制法院的宣告无效权:一方面,规范性文件制定机关对宣告无效裁决不服的,可以请求上级法院或相应的人大常委会废除法院的裁决;另一方面,规范性文件制定机关对法院认定某规范性文件明显不合法无异议,但该规范性文件是为了重大改革而实施的政治性、试验性规范性文件,因此认为不宜被法院宣告无效。对于这类违反或抵触现行法律但又必须推行的改革性规范性文件,就必须启动立法程序进行相应法律的立改废释,以实现改革政策与法律制度的协调。③ 按此思路,为了维

---

① 法院享有宣告不合法文件无效权后,能增强司法威慑力,可改变法院同规范性文件制定机关的博弈格局。为了避免文件在后发案件中被宣告无效,规范性文件制定机关理应会认真对待法院的废除建议,从而会提高它们采纳法院废除建议的概率。

② 人民日报评论员:《加快深化司法体制改革——五论学习贯彻习近平同志在中央政法工作会议重要讲话》,《人民日报》2014 年 1 月 22 日。

③ 参见陈甦:《构建法治引领和规范改革的新常态》,《法学研究》2014 年第 6 期。

护法律权威、实现行政法治,前述被宣告不合法的规范性文件制定机关,可以请求相应的人大常委会或上级行政机关,改变法院认定该规范性文件不合法的依据,然后(或同时)请求相应人大常委会撤销法院的无效宣告。

(二)分层级判断模式的优化

根据规范性文件合法性与有效性正相关论、法律体系阶层构造论、法官维护法律体系的责任观,以及规范性文件的两层三级不合法情形等论据,现行法设定的"不予适用并建议处理"判断模式,可改成:法院"鉴别情形且分类裁决"的两层三级判断模式。为了更好地发挥该模式化解废除困境的功能,建议在判断中采取下列策略、建立相关配套机制。

首先,法院仍需采取慎重谦抑的判断策略。法院在适用该模式的过程中需要考虑,我国中央与地方的治权尚未完全理顺,各地经济社会变迁较快但不均衡,行政机关在社会治理中始终处于强势主导地位。在很长一段时期内,法院的司法权威与制度能力仍会较低,法院可能只适于在形式合法性层面认定规范性文件不合法,只会宣告严重且明显形式不合法的规范性文件无效。毕竟,正常人都会不承认严重且明显不合法的规范性文件,规范性文件制定机关也缺乏推翻法院此类裁决的理由。待到多方面条件准许后,法院方有可能在附带审查中全面灵活地适用两层三级判断模式。

其次,设立宣告无效裁决效力的保障机制。一是实行不合法规范性文件通报机制。为了防止后审法院作出相对立的裁决,首先各法院必须把本院判断认定的严重且明显不合法的规范性文件,全都输入全国法院共用的审判辅助系统内,并由它自动推送到各院使用的终端设备上,以便各承办法官及时得知;然后,为了公开通知执法主体、相对人等,不得承认已被法院宣告无效的不合法规范性文件,还需要最高人民法院汇集各级法院宣告无效的不合法规范性文件,单独或联合司法部对外公布无效规范性文件目录。二是强化对藐视法院无效裁决的制裁机制。规范性文件制定机关或其下属执法主体公然继续实施或执行,已被法院宣告无效之不合法规范性文件的,由法院按《行政诉讼法》第96条之规定追责、由监察机关依法追究规范性文件制定机关及其负责人的法律责任,从而杜绝发生规范性文件制定机关公务人员拒不服从法院宣告规范性文件无效裁决的情形。

最后,健全法院宣告无效权的监督机制。缺少监督制约的权力,均有遭到滥用的可能。为了防范某些法院滥用宣告规范性文件无效权,同时也给予规范性文件制定机关提出异议和申辩的机会,一是规范性文件制定机关可以通过附带审查案中的被告机关,向上一级法院提起上诉,或者申请再审;二是参考《各级人民代表大会常务委员会监督法》第2章的规定,可以准许规范性文件制定机关或其授权机关,请求相应人大常委会听取法院宣告规范性文件无效裁决的专项工作报告。具体规则是:规范性文件制定机关同作出生效裁决的法院同级的,直接向本级人大常委会申请;规范性文件制定机关低于法院的,交由与法院同级的上级主管机关,向其同级人大常委会申请;规范性文件制定机关高于法院的,由规范性文件制定机关命令与法院同层级的下属机关,向其本级人大常委会申请。相应人大常委会听取法院的报告后,可以作出维持决定、撤销决定或者责令法院再审的决定。

结　　论

　　规范性文件司法附带审查是行政诉讼的重要组成部分。相对于行政诉讼中的案件事实认定等活动,规范性文件司法附带审查能直接产生监督行政立规权力、维护法制统一、保障宪法法律权威的法治体系建设功能。该活动在整个规范性文件监督判断制度中,处于倒逼行政机关依法制定规范性文件,并且告知备案机关工作疏漏的中枢环节。2014年增设的规范性文件附带审查制度,旨在加强规范性文件司法附带审查监督行政立规、防治乱发规范性文件、维护法制统一的功能。法定的规范性文件司法附带审查环节,大体上可分成四个阶段,即启动、判断、裁决与后续处理。前文采用案例实证分析、规范实证分析与社会实证分析方法,描述了前四个阶段的现状,揭示了其中的难题,并探讨了解决难题或解除困境的方案。

　　首先是规范性文件司法附带审查的启动阶段。现行法定的规范性文件司法附带审查启动条件有三个:一是被诉行政行为符合行政案件受理条件。二是被审规范性文件必须是规范性文件,特别是在人民法院依诉请审查案件中,当事人诉请附带审查的必须是规章以下的规范性文件。三是被审规范性文件必须是被诉行政行为依据,同被诉行政行为相关联。

　　群案分析数据显示,人民法院裁决当事人附带审查诉请,不符合法定条件的比例较高。规范实证分析结果表明,人民法院享有较大的行政案件受理裁量权,法官们缺少健全的规范性文件属性鉴定标准,缺乏明确的行为与规范性文件关联性认定基准;从人民法院与法官们的处境可推断,在规范性文件附带审查制度实施之后,人民法院在当事人诉请审查案件中,失去了规范性文件司法附带审查特权,法官们的工作加重、工作难度增大、工作的职业风险升高。又由于他们在工作中缺少实用的法律原理与判断技术,他们作为理性"经济人",很可能采取了消极退避的态度。这种态度的表现便是,法官针对当事人的诉请,采取了严格审查基准,并把"裁量利益归于被告"。在此现状之中,规范性文件司法附带审查启动阶段出现了难题。

其一,当事人诉请附带审查规范性文件合法性的,人民法院会从严适用行政案件受理条件,以驳回当事人起诉;其二,由于理论研究滞后,行政机关公文类型庞杂,法官仍然缺少健全实用的规范性文件鉴别标准和技术,以至于他们难以鉴别规范性文件。他们还拒绝判断党政联合发文、一般行政处分文件;其三,在依诉请规范性文件司法附带审查中,法官们倾向于从严认定被诉行政行为与被审诉请规范性文件的关联性。其表现是,在不少案件中,人民法院均以无关联性为由,判定不支持当事人诉请。

若要解决规范性文件司法附带审查的启动难问题,总体上看,有必要提高人民法院事实上的权威、增强法官的职业安全感。否则,就难以扭转法官的消极退避态度。在法官享有极大裁量权的情况下,态度甚至能决定一切。如果法官能积极进取地判断,许多规则制度和技术上的难题就可以大大缓解。在此现状难以改变的前提下,可以致力于为法官们提供精致实用的概念、标准或方法,以提高法官,以及当事人或其代理律师的专业技术能力,从而达到提升规范性文件司法附带审查应有的法治建设功能。本书采取的具体对策是:其一,界定更加精准的规范性文件定义,划分更详细的规范性文件分类方法;其二,提出认定关联性的基准,并建议最高人民法院在司法解释或指导案例中,细化和明确认定行政行为及其依据关联性的裁判基准;其三,总结和细化行政案件受理条件,限缩行政案件受理裁量权。

其次是规范性文件司法附带审查的判断阶段。规范性文件合法性判断属于法律思维范畴。在我国现行法规定以及行政裁判中，法官们仍难厘清规范性文件合法性的判断对象，也没有区分规范性文件合法性的判断依据；法律人普遍采取的"五情形"判断标准，仍存在分类混乱不清、含义模糊不明、缺失理论基础、缺乏严格论证的缺陷。由于没有精准实用的判断标准，法官们在规范性文件合法性判断中，既不能做到同案同判、统一裁决，更不能准确到位地阐明判断理由。法官们往往将规范性文件合法性判断，限缩成规范性文件部分合法性判断，即对规范性文件规定内容语义合法性的判断。这使得法定的规范性文件合法性判断大打折扣。从而在很大程度上，消解了规范性文件司法附带审查应有的法制统一功能。

当前的相关研究大体上仍处于总结经验、概括表象，但没有原理基础，难成理论体系的实践摸索阶段。这么说的原因之一是，学者们在理论上仍未厘清规范性文件合法性判断的概念结构、理论框架。前文根据"规范性文件合法性"的基本概念结构，把规范性文件合法性判断分成了四大方面：判断对象、判断依据、判断标准以及判断顺序。

其一，前文基于规范理论和言语行为理论，论证了规范性文件合法性判断的准确对象是立规主体地位、立规表意活动、立规实体内容与立规程序活动的四要件观，并提出了立规行为单向决定规范性文件合法性的原理，主张法官应当通过判断前四个要件的合法性，来完整地判断规范性文件的合法性。

其二，根据构成性规范理论、权力规范理论，以及立规行为要件观，提出规范性文件合法性的判断依据，可以分成立规主体资格规定、立规程序规则、立规表意活动规范以及立规内容限制规范四类，并根据前述理论框架梳理了我国《宪法》《立法法》等法中，能作为规范性文件合法性判断依据的规范类型。

其三，采取规范实证分析和案例实证分方法，详细梳理了我国现有的规范性文件合法性判断标准，并详细揭示了它们存在的分类混乱、含义模糊、缺乏实用性的弊端，并根据言语行为和意向性理论，论证了更加健全的"四联锁标准"立规主体资格、立规表意活动、立规意向内容与立规程序活动共同构成的判断标准,并提出了规范性文件合法性判断的六步法。

其四,前文界分了规范性文件合法性判断的四种类型,论证了运用它们的先后顺序,主张在规范性文件合法性判断中,应当先整体合法性判断后部分合法性判断,先有效性判断后兼容性判断,先抽象形式合法性判断后具体实质合法性判断。按此顺序进行审查,可以做到判断工作不重复,判断标的无遗漏。

再次是规范性文件司法附带审查的裁决阶段。按规范性文件司法附带审查的两大类型——人民法院依职权主动适用与人民法院依诉请被判断适用,规范性文件司法附带审查中关于规范性文件的裁决,包括人民法院依职权审查裁决与人民法院依诉请判断裁决。大量行政裁决结果显示,一方面,法官们依职权做出的规范性文件司法附带审查裁决类型并不统一,特别是关于不合法规范性的裁决类型,不少法官选择不做任何评价,直接适用相应高阶法规定;有的仅表明"不予支持",而非按照最高人民法院第 5 号指导案例载明的"不予适用"类型明确裁决"不予适用"。另一方面,法官在做出依诉请规范性文件司法附带审查裁决时,不少人可能并没有清醒地意识到,在当事人诉请规范性文件附带审查的案件中,人民法院负有应对当事人诉请的法定义务,因而他们在不少行政裁判文书中,并未直接针对当事人的诉请做出裁决。

为了建立健全规范性文件司法附带审查的裁决类型,前文着重论证了现行《宪法》《人民法院组织法》以及《行政诉讼法》,并未排除法官在规范性文件司法附带审查中,确认重大、明显与确定不合法规范性文件无效的权力;人民法院不行使这种权力,既妨碍规范性文件司法附带审查产生法治体系建设功能,又背离法律体系阶层构造原理,还违背人民法院维护法律体系的责任。在我国全面深入推进法治国家建设,建设社会主义法治体系的进程中,人民法院在规范性文件司法附带审查中,直接确认重大、明显与确定不合法的规范性文件无效,就能发挥更多作用,裁决也更正当合理,也更符合《人民法院组织法》第 2 条之规定。

　　最后是规范性文件司法附带审查的后续处理阶段。为了起到维护国家法制统一、保障宪法和法律权威、尊严的效果,现行法要求人民法院在规范性文件司法附带审查之后,向规范性文件制定机关等提出处理意见,以便确认不合规范性文件无效。是故,规范性文件司法附带审查后续处理方式,尤其是人民法院依诉请判断适用的后续处理机制,能够直接产生法治体系建设功能。

　　根据《行政诉讼法》第64条、《行诉解释》第149条及第150条之规定,法定的规范性文件司法附带审查后续处理方式有三种:其一,向规范性文件制定机关提出修改或者废止该规范性文件的司法建议;其二,抄送规范性文件制定机关的上级主管监督机关以及规范性文件的备案审查机关;其三,报送上级人民法院进行备案。前三种方式的作用效果是,维护法制统一、深入推进依法行政、保护将来不特定相对人的权益保障。

　　规范性文件司法附带审查后续处理的情境实际上是,承办法官身处工作加重、工作难办、提出建议可能带来职业风险的不利情境;而人民法院享有的司法建议权无强制执行力;规范性文件制定机关承认和遵从人民法院建议的程度不高;抄送规范性文件制定机关的上级主管监督机关,通常是批准或同意被审规范性文件的上级机关或备案审查机关;它们也没有积极处理人民法院送来的否定自己工作的建议。在这种情况下,人民法院的抄送难以产生如期效果。是故,现行法定的后续处理方式,虽然有助于发挥规范性文件司法附带审查的法治体系建设功能,但就现状来看,其运作并不良好。

　　前述处理方式会导致不合法规范性文件的效力废除困境。在人民法院主张规范性文件制定机关等废止不合法规范性文件,但在后者不予废止的情况下,就会导致人民法院否定某规范性文件效力但有权机关仍肯定某规范性文件效力的矛盾情境。学者们从法教义学、法政策学角度,提出了诸多解除困境的建议;其中包括,把司法建议权改成司法命令权、建立不合法规范性文件人民法院内部公告制、提升规范性文件附带审查案件的管辖人民法院级别、交由上级人民法院提出处理建议或司法建议、交由与规范性文件制定机关同级的人大常委会处理,等等。按照法律容许度与现实可行性基准,现有建议要么不能从根本上解除困境,要么在理论上成立但难以被立法机关采纳。

现有研究忽略了或未能进行法律理论与法律方法研究,未能给法官们提供理论技术支持。若不增强法官的专业技术能力,即便判断制度已健全,他们仍然难以有效认定,并做出说理论证充分、令人信服的裁决。前文主张,应当深化和细化规范性文件合法性判断的层面与情形。人民法院在抽象—客观—形式要件层面的合法性判断中认定被审规范性文件存在重大、明显或确定不合法情形,人民法院就应该直接确认该规范性文件无效;但在具体—主观—实质依据层面的合法性判断中,人民法院认定被审规范性文件中被作为行政行为依据的规定,在被审个案中实质上不合法的,则仅能提出处理建议,提示规范性文件制定机关做出调整,以免再出现实质不合法案件。是故,建议全国人大常委会和(或)最高人民法院发布规范性文件或公布指导案例,明确规定人民法院对重大、明显且确定不合法的规范性文件,应当直接做出确认无效的裁决。确认无效的规范性文件制定机关不服人民法院裁决的,可以向与人民法院同级的人大常委会申请裁决。

综上,本书研究了我国规范性文件司法附带审查在启动、判断、裁决与后续阶段的现状、难题及其解决方案。鉴于规范性文件司法附带审查通常较为特殊、复杂且疑难,而且是社会影响较大的行政诉讼活动;该活动内嵌于我国当前的社会制度之中,深受社会大环境影响。那些深度左右规范性文件司法附带审查,持续影响其法治体系建设的社会难题,既非本书所能完全厘清,也非本书所能全部解决。本书在阐明规范性文件司法附带审查四阶段的现状后,揭示了各阶段存在的难题,论述了相应的解决方案,论证了实用的法理、标准和方法等。希冀本书论述的建议与方案、论证的原理和技术,能推进规范性文件司法附带审查实务工作。期待本书论证的对策与法理,能改进规范性文件司法附带审查机制增强规范性文件司法附带审查的法治体系建设功能。

参 考 文 献

一、中文著作

1. 沈宗灵:《法理学研究》,上海人民出版社 1990 年版。

2. 梁慧星:《民法解释学》,中国政法大学出版社 1995 年版。

3. 李步云、汪永清:《中国立法的基本理论和制度》,中国法制出版社 1998 年版。

4. 许宗力:《宪法与法治国行政》,元照出版公司 1999 年版。

5. 张春生:《中华人民共和国立法法释义》,法律出版社 2000 年版。

6. 张文显:《法哲学范畴研究》,中国政法大学出版社 2001 年版。

7. 吴庚:《行政法之理论与实用》(增订八版),中国人民大学出版社 2005 年版。

8. 孔祥俊:《法律规范的选择与适用》(《法律方法论》第一卷),人民法院出版社 2006 年版。

9. 何永红:《基本权利限制的宪法审查——以审查基准及其类型化为焦点》,法律出版社 2007 年版。

10. 舒国滢等:《法学方法论问题研究》,中国政法大学出版社 2007 年版。

11. 林来梵:《宪法审查的原理与技术》,法律出版社 2009 年版。

12. 雷磊:《规范理论与法律论证》,中国政法大学出版社 2012 年版。

13. 韩林合:《分析的形而上学》,商务印书馆 2013 年版。

14. 袁勇:《法律规范冲突研究》,中国社会科学出版社 2016 年版。

15. 何海波:《行政诉讼法》(第 2 版),法律出版社 2016 年版。

16. 张文显:《法理学》,高等教育出版社 2018 年第 5 版。

17. 俞祺:《行政规则的司法审查强度——基于法律效力的区分》,法律出版社 2018 年版。

18. 王春业:《实证视角下规范性文件一并审查制度研究》,中国政法大学出版社 2019 年版。

二、中文译著

1. [日]末木刚博等:《逻辑学——知识的基础》,孙中原、王凤琴译,中国人民大学出版社 1984 年版。

2. [奥]汉斯·凯尔森:《法与国家的一般理论》,沈宗灵译,中国大百科全书出版社 1995 年版。

3. [英]哈特:《法律的概念》,张文显等译,中国大百科全书出版社 1996 年版。

4. [德]哈特穆特·毛雷尔:《行政法学总论》,高家伟译,法律出版社 2000 年版。

5. [英]约瑟夫·拉兹:《法律体系的概念》,吴玉章译,中国法制出版社 2003 年版。

6. [德]考夫曼:《法律哲学》,刘幸义等译,法律出版社 2003 年版。

7. [德]弗里德赫尔穆·胡芬:《行政诉讼法》,莫光华译、刘飞校,法律出版社 2003 年版。

8. [德]卡尔·拉伦茨:《法学方法论》,陈爱娥译,商务印书馆 2003 年版。

9. [美]托马斯·库恩:《科学革命的结构》,金吾伦、胡新和译,北京大学出版社 2003 年版。

10. [英]P.S.阿蒂亚、[美]R.S.萨默斯:《英美法中的形式与实质——法律推理、法律理论和法律制度的比较研究》,金敏、陈林林、王笑红译,中国政法大学出版社 2005 年版。

11. [德]康拉德·黑塞:《联邦德国宪法纲要》,李辉译,商务印书馆 2007 年版。

12. [美]约翰·R.塞尔:《意向性:论心灵哲学》,刘叶涛译,上海人民出版社 2007 年版。

13. [美]约翰·R·塞尔:《社会实在的建构》,李步楼译,上海人民出版社 2008 年版。

14. [英]哈特:《法律的概念》,许家馨、李冠宜译,法律出版社 2011 年版。

15. [丹麦]阿尔夫·罗斯:《指令与规范》,雷磊译,中国法制出版社 2013 年版。

16. [德]维尔纳·弗卢梅:《法律行为论》,迟颖译,法律出版社 2013 年版。

三、中文文章（含译文）

1. 苗连营：《论地方立法工作中"不抵触"标准的认定》，《法学家》1996 年第 3 期。

2. 胡锦光：《婚检规定宜引入合宪性审查》，《法学》2005 年第 9 期。

3. 陈景辉：《合规范性：规范基础上的合法概念——兼论违法、不法与合法的关系》，《政法论坛》2006 年第 2 期。

4. 高秦伟：《政策形成与司法审查——美国谢弗林案之启示》，《浙江学刊》2006 年第 6 期。

5. 曹建明：《当前行政审判工作中的几个问题》，《法律适用》2007 年第 5 期。

6. 程洁：《司法提请的宪法反思》，《法学家》2007 年第 4 期。

7. 刘莘：《论一般行政处分》，《公法研究》2009 年卷。

8. 何海波：《行政行为的合法要件——兼议行政行为司法审查根据的重构》，《中国法学》2009 年第 4 期。

9. [英]约瑟夫·拉兹：《法律原则与法律的界限》，雷磊译，《比较法研究》2009 年第 6 期。

10. 林来梵：《中国的"违宪审查"：特色及生成实态——从三个有关用语的变化策略来看》，《浙江社会科学》2010 年第 5 期。

11. 范立波：《论法律规范性的概念与来源》，《法律科学》2010 年第 4 期。

12. 王庆廷：《隐形的"法律"——行政诉讼中其他规范性文件的异化及其矫正》，《现代法学》2011 年第 2 期。

13. 江必新：《论实质法治主义背景下的司法审查》，《法律科学》2011 年第 6 期。

14. 周雪光：《权威体制与有效治理：当代中国国家治理的制度逻辑》，《开放时代》2011 年第 10 期。

15. 江必新：《司法对法律体系的完善》，《法学研究》2012 年第 1 期。

16. 章剑生：《依法审判中的"行政法规"——以〈行政诉讼法〉第 52 条第 1 句为分析对象》，《华东政法大学学报》2012 年第 2 期。

17. 郭百顺：《抽象行政行为司法审查之实然状况与应然构造——兼论对行政规范性文件的司法监控》，《行政法学研究》2012 年第 3 期。

18. 耿宝建、姚宝华：《指导案例 5 号〈鲁潍（福建）盐业进出口有限公司苏州分公司诉江苏省苏州市盐务管理局盐业处罚案〉的理解与适用》，《人民司法》2012 年第

15 期。

　　19. 贺欣:《法院推动的司法创新实践及其意涵——以 T 市中级人民法院的行政诉讼为例》,《法学家》2012 年第 5 期。

　　20. 姜明安:《扩大受案范围是行政诉讼法修改的重头戏》,《广东社会科学》2013 年第 1 期。

　　21. 李红勃:《在裁判与教谕之间:当代中国的司法建议制度》,《法制与社会发展》2013 年第 3 期。

　　22. 袁勇:《论法院的行政规范审查权限》,《河南师范大学学报》(哲学社会科学版)2013 年第 4 期。

　　23. 袁勇:《我国法院的规范审查权及其强化对策》,《山西师大学报》(社会科学版)2014 年第 2 期。

　　24. 余凌云:《论行政诉讼法的修改》,《清华法学》2014 年第 3 期。

　　25. 黄金荣:《"规范性文件"的法律界定及其效力》,《法学》2014 年第 7 期。

　　26. 周汉华:《规范性文件在〈行政诉讼法〉修改中的定位》,《法学》2014 年第 8 期。

　　27. 李云霖:《论人大监督规范性文件之审查基准》,《政治与法律》2014 年第 12 期。

　　28. 陈甦:《构建法治引领和规范改革的新常态》,《法学研究》2014 年第 6 期。

　　29. 阎巍:《从"陈爱华案"反思我国规范性文件的规制与监督》,《法律适用》2015 年第 4 期。

　　30. 程琥:《新〈行政诉讼法〉中规范性文件附带审查制度研究》,《法律适用》2015 年第 7 期。

　　31. 郑智航:《司法建议制度设计的认识偏差及校正——以法院参与社会管理创新为背景》,《法学》2015 年第 2 期。

　　32. 贺海仁:《我国合法性审查制度的规范研究》,《新疆师范大学学报》(哲学社会科学版)2015 年第 3 期。

　　33. 王红卫、廖希飞:《行政诉讼中规范性文件附带审查制度研究》,《行政法学研究》2015 年第 6 期。

　　34. 卢超:《行政诉讼司法建议制度的功能衍化》,《法学研究》2015 年第 3 期。

　　35. 关保英:《法治体系形成指标的法理研究》,《中国法学》2015 年第 5 期。

　　36. 雷磊:《适于法治的法律体系模式》,《法学研究》2015 年第 5 期。

　　37. 余军、张文:《行政规范性文件司法审查权的实效性考察》,《法学研究》2016 年第 2 期。

38. 章剑生：《论行政诉讼中规范性文件的合法性审查》，《福建行政学院学报》2016年第3期。

39. 胡建淼：《法律规范之间抵触标准研究》，《中国法学》2016年第3期。

40. 魏培培：《司法建议制度的现状、定位与完善——以人民法院参与社会治理创新实践为视角》，《山东审判》2016年第4期。

41. 梁君瑜：《论行政诉讼中的确认无效判决》，《清华法学》2016年第4期。

42. 马得华：《论"不予适用"：一种消极的司法审查》，《环球法律评论》2016年第4期。

43. 雷磊：《为涵摄模式辩护》，《中外法学》2016年第5期。

44. 夏雨：《行政诉讼中规范性文件附带审查结论的效力研究》，《浙江学刊》2016年第5期。

45. 朱芒：《规范性文件的合法性要件——首例附带性司法审查判决书评析》，《法学》2016年第11期。

46. 袁勇：《法的违反情形与抵触情形之界分》，《法制与社会发展》2017年第3期。

47. 孙首灿：《论行政规范性文件的司法审查标准》，《清华法学》2017年第2期。

48. 袁辉根：《我国规范性文件附带审查的实践检视与修正》，《山东科技大学学报》（社会科学版）2017年第4期。

49. 马得华：《我国行政诉讼规范性文件附带审查的模式与效力难题》，《政治与法律》2017年第8期。

50. 王留一：《论行政规范性文件司法审查标准体系的建构》，《政治与法律》2017年第9期。

51. 王春业：《从全国首案看行政规范性文件附带审查制度完善》，《行政法学研究》2018年第2期。

52. 袁勇：《论作为规范合法性审查标的的不法规范》，《浙江社会科学》2018年第2期。

53. 李成：《行政规范性文件附带审查进路的司法建构》，《法学家》2018年第2期。

54. 林来梵：《合宪性审查的宪法政策论思考》，《法律科学》2018年第2期。

55. 林彦：《法规审查制度运行的双重悖论》，《中外法学》2018年第4期。

56. 刘松山：《备案审查、合宪性审查和宪法监督需要研究解决的若干重要问题》，《中国法律评论》2018年第4期。

57. 霍振宇：《规范性文件一并审查行政案件的调查研究——以新行政诉讼法实施后北京法院审理的案件为样本》，《法律适用》2018年第20期。

58. 王贵松:《行政行为无效的认定》,《法学研究》2018 年第 6 期。

59. 张志坡:《法律适用的二阶构造——概念与类型的和鸣》,《东南大学学报》(哲学社会科学版)2019 年第 2 期。

60. 袁勇:《规范性文件合法性审查的准确对象探析》,《政治与法律》2019 年第 7 期。

61. 程琥:《行政诉讼合法性审查原则新探》,《法律适用》2019 年第 19 期。

62. 张青波:《拒绝权视角下的无效行政行为》,《环球法律评论》2019 年第 3 期。

63. 袁勇:《行政规范性文件的司法审查标准:梳理、评析及改进》,《法制与社会发展》2019 年第 5 期。

64. 王春业:《论行政规范性文件附带审查的后续处理》,《法学论坛》2019 年第 5 期。

65. 孙首灿:《行政规范性文件的处理建议研究》,《重庆理工大学学报》(社会科学版)2019 年第 10 期。

66. 江国华、易清清:《行政规范性文件附带审查的实证分析——以 947 份裁判文书为样本》,《法治现代化研究》2019 第 5 期。

67. 陈运生:《规范性文件附带审查的启动要件——基于 1738 份裁判文书样本的实证考察》,《法学》2019 年第 11 期。

68. 王春业:《论规范性文件一并审查中的“内容”审查标准》,《江汉论坛》2020 年第 1 期。

69. 耿宝建:《主观公权利与当事人主体资格——保护规范理论的中国式表述与运用》,《行政法学研究》2020 年第 2 期。

70. 黄先雄:《党政合设合署与行政诉讼制度的回应》,《中外法学》2020 年第 2 期。

71. 谢宇:《最高人民法院在合宪性审查中的现状、困境与出路——兼对我国〈立法法〉第 99 条第 1 款解释》,《政治与法律》2020 年第 5 期。

72. 卢超:《规范性文件附带审查的司法困境及其枢纽功能》,《比较法研究》2020 年第 3 期。

73. 人民日报评论员:《加快深化司法体制改革——五论学习贯彻习近平同志在中央政法工作会议重要讲话》,《人民日报》2014 年 1 月 22 日。

74. 姜明安:《重构不同等级规范性文件在行政诉讼中的地位》,《法制日报》2014 年 1 月 15 日。

75. 谢远东:《种子官司的意外绽放》,《法制日报》2003 年 11 月 26 日。

76. 马利民、简华:《成都率先探索推行规范性文件合法性审查标准体系》,《法制日报》2016 年 8 月 22 日。

77.［美］约翰·D.贝茨:《毛爱梅、祝洪兴诉浙江省江山市贺村镇人民政府行政强制及行政赔偿案——美国法官的视角》,浙江大学公法与比较法研究所编:《规范性文件附带审查中美研讨会会议论文集》,2019 年。

四、英文原著

1. Wesley Newcomb Hohfeld, Fundamental Legal Conceptions as Applied in Judicial Reasoning, New Haven: Yale University Press, 1923.

2. J.L.Austin, How to Do Things With words, Oxford: Oxford University Press, 1962.

3. G.H.Von Wright, Norm and Action: a Logic Enquiry, London: Routledge & Kegan Paul Ltd, 1963.

4. Hans Kelsen, Pure Theory of Law, Max Knight (trans.), Berkeley: University of California Press, 1967.

5. Alf Ross, Directives and Norms, London: Routledge and Kegan Paul Ltd. 1968.

6. John R.Searle, Speech Acts: An essay in the Philosophy of Language, New York: Oxford University press, 1969.

7. Stephen Munzer, Legal Validity, Hague: Martinus Nijhoff, 1972.

8. Alvin Plantinga, The Nature of Necessity, Oxford: Oxford University Press, 1974.

9. John R.Searle, Expression and Meaning: Studies in the Theory of Speech Acts, England: Cambridge University Press, 1979.

10. Karl R.Popper, Objective Knowledge: An Evolutionary Approach, New York: Oxford University Press, 1979.

11. Stephen C.Levinson, Pragmatics, England: Cambridge University Press, 1983.

12. John R. Searle & Daniel Vanderveken, Foundations of Illocutionary Logic, Cambridge: Cambridge University Press, 1985.

13. Neil MacCormick & Ota Weinberger, An Institutional Theory of Law: New Approaches to Legal Positivism, Dordrecht: D.Reidel Publishing Company, 1986.

14. Aulis Aarnio, the Rational as Reasonable: A treatise on Legal Justification, Dordrecht: D.Reiedal Publishing Company, 1986.

15. Hans Kelsen, General Theory of Norms, Michael Hartney (trans.), Oxford: Claren-

don Press，1991.

16. George Yule，Pragmatics，Oxford：Oxford University Press，1996.

17. Manuel Atienza & Juan Ruiz Manero，A Theory of Legal Sentences，Ruth Zimmerling（trans.），Dordrecht：Kluwer Academic Publishers，1998.

18. Joseph Raz，Practical Reason and Norms，Oxford：Oxford University，1999.

19. Robert Alexy，A Theory of Constitutional Rights，Julian Rivers（trans.），Oxford：Oxford University press，2002.

20. J.C.Hage & D.von der Pforten（eds.），Concepts in Law，Dordrecht：Springer，2009.

21. Scott J.Shapiro，Legality，Cambridge：Harvard University Press，2011.

22. H.L.A.Hart，The Concept of Law，third edition，Oxford：Oxford University Press，2012.

23. Pablo E.Navarro & Jorge L.Rodríguez，Deontic Logic and Legal System，New York：Cambridge University Press，2014.

24. Eugenio Bulygin，Essays In Legal Philosophy，Carlos Bernal et.al.（eds.），Oxford：Oxford University Press，2015.

25. Eugino Bulygin，Normativity and Norms：Critical Perspectives On Kelsenian Themes，Stanley L.Paulson，Bonnie Litschewski（eds.），Oxford：Oxford University Press，1998.

五、英文论文

1. Hans Kelsen，"Causality and Imputation"，Ethics，Vol.61，No.1，Oct.，1950.

2. G.H.Von Wright，Deontic Logic，Mind，1951，VoL.LX，No.237.

3. Carlos E.Alchourrón & Eugenio Bulygin，"the Expressive Conception of Norms"，In Deontic logic：Norms，Actions and the Foundations of Ethics，Risto Hilpinen（ed.），Dordrecht：Reidel Publishing Company，1981.

4. Ota Weinberger，"On The Meaning of Norm Sentences，Normative Inconsistency，And Normative Entailment：A Reply To Carlos E.Alchourron and Eugenio Bulygin"，Rechtstheorie 15，1984.

5. Ota Weinberger，"The Expressive Conception of Norms-An Impasse for the Logic of Norms"，Law and Philosophy 4，1985.

6. Carlos E.Alchourrón，"Conflicts of Norms and the Revision of Normative Systems"，

Law and Philosophy, Vol. 10, No. 4, Nov., 1991.

7. Eugenio Bulygin, "Norms and Logic: Kelsen and Weinberger on the ontology of norms", In Legal Reasoning, Vol. I, Aulis Aarnio & Neil MacCormick（eds.）, England: Dartmouth Publishing Co., 1992.

8. Giovanni Sartor, "Normative Conflicts in Legal Reasoning", Artificial Intelligence and Law, 1992.

9. Eugenio Bulygin, "On Norms of Competence", Law and Philosophy, Vol. 11, No. 3,（1992）

10. G. H. Von Wright, "Deontic Logic: A personal View", Ratio Juris, Vol. 12 No. 1 March 1999.

11. Torben Spaak, "Norms that confer competence", Ration Juris, Vol. 16 No. 1, March 2003.

12. Paul McNamara, "Deontic Logic", in Handbook of the History of Logic（Volume 7）, Dov M.Gabbay & John Woods（Eds.）, North Holland: Elsevier, 2015.

六、人民法院裁判文书

1. 指导案例 5 号:鲁潍(福建)盐业进出口有限公司苏州分公司诉江苏省苏州市盐务管理局盐业行政处罚案,最高人民法院审判委员会讨论通过,2012 年 4 月 9 日公布。

2.《陈爱华诉南京市江宁区住房和城乡建设局不履行房屋登记法定职责案》,《最高人民法院公报》2014 年第 8 期。

3. 最高法行申(2016)2233 号行政裁定书。

4. 最高人民法院(2017)最高法行申 5919 号行政裁定书。

5. 最高人民法院(2017)最高法行申 1846 号行政裁定书。

6. 最高人民法院(2017)最高法行申 6805 号行政裁定书。

7. 最高人民法院(2018)最高法行申 9963 号行政裁定书。

8. 最高人民法院(2018)最高法行申 11124 号行政裁定书。

9. 最高人民法院(2018)最高法行申 1127 号行政裁定书。

10. 最高人民法院(2019)最高法行申 129 号行政裁定书。

11. 安徽省芜湖市鸠江区人民法院(2016)皖 0207 行初 17 号行政判决书。

12. 北京市高级人民法院(2001)高行终字第 39 号行政判决书。

13. 北京市第一中级人民法院行政判决书(2016)京 01 行终 291 号行政判决书。

14. 北京市第四中级人民法院(2019)京 04 行初 765 号行政裁定书。

15. 北京市知识产权人民法院(2015)京知行初字第 177 号行政判决书。

16. 福建省厦门市中级人民法院(2020)闽 02 行终 28 号行政判决书。

17. 福建省连城县人民法院(2018)闽 0825 行初 29 号行政判决书。

18. 福建省莆田市荔城区人民法院(2015)荔行初字第 126 号行政判决书。

19. 广东省高级人民法院(2018)粤行终 422 号行政判决书。

20. 广东省广州铁路运输第一人民法院(2016)粤 7101 行初 2420 号行政判决书。

21. 广东省东莞市第一人民法院(2015)东一法行初字第 184 号行政判决书。

22. 广西壮族自治区南宁铁路运输人民法院(2018)桂 7102 行初 100 号行政判决书。

23. 河南省信阳市潢川县人民法院(2017)豫 1526 行初 33 号行政判决书。

24. 河南省信阳市中级人民法院(2018)豫 15 行终 69 号行政判决书。

25. 浙江省高级人民法院(2019)浙行终 788 号行政判决书。

26. 浙江省杭州市淳安县(2015)杭淳行初字第 18 号行政判决书。

27. 浙江省金华市婺城区人民法院(2016)浙 0702 行初 116 号行政判决书。

28. 浙江省丽水市中级人民法院(2018)浙 11 行终 29 号行政判决书。

29. 浙江省丽水市中级人民法院(2020)浙 11 行终 10 号行政判决书。

30. 江苏省高级人民法院(2017)苏行终 310 号行政判决书。

31. 江苏省南京市中级人民法院(2017)苏 01 行终 238 号行政判决书。

32. 江苏省淮安市淮阴区人民法院(2018)苏 0804 行初 23 号行政判决书。

33. 江苏省南通市中级人民法院(2019)苏 06 行终 19 号行政判决书。

34. 辽宁省沈阳市沈河区人民法院(2016)辽 0103 行初 31 号行政判决书。

35. 青海省海东市中级人民法院(2018)青 02 行初 71 号行政判决书。

36. 山东省济南铁路运输人民法院(2019)鲁 7101 行初 36 号行政判决书。

37. 山东省青岛市中级人民法院(2017)鲁 02 行终 656 号行政判决书。

38. 山东省菏泽市中级人民法院(2017)鲁 17 行终 195 号行政判决书。

39. 上海市第二中级人民法院(2004)沪二中行终字第 169 号行政判决书。

40. 上海市奉贤区人民法院(2016)沪 0120 行初 40 号行政判决书。

41. 四川省成都市中级人民法院(2015)成行初字第 719 号行政裁定书。

42. 四川省高级人民法院(2016)川行终 247 号行政裁定书。

43. 四川省高级人民法院(2017)川行申 614 号行政裁定书。

44. 四川省成都市中级人民法院(2015)成行初字第 719 号行政裁定书。

45. 四川省峨眉山市人民法院(2016)川 1181 行初 18 号行政判决书。

46. 四川省广汉市人民法院(2017)川 0681 行初 7 号行政判决书。

47. 四川省内江市东兴区人民法院(2016)川 1011 行初 10 号行政判决书。

48. 四川省内江市中级人民法院(2016)川 10 行终 42 号行政判决书。

七、其他文献

1.《中共中央关于全面深化改革若干重大问题的决定》(2013)。

2.《中共中央关于全面推进依法治国若干重大问题的决定》(2014)。

3.《中共中央 国务院印发〈法治政府建设实施纲要(2015-2020 年)〉》(2015)。

4.《习近平在中国共产党第十九次全国代表大会上的报告》(2017)。

5.《中华人民共和国各级人民代表大会常务委员会监督法》(2006)。

6.《行政诉讼法》(2014 年修订)。

7. 最高人民法院《关于适用〈中华人民共和国行政诉讼法〉的解释》(法释〔2018〕1号)。

8. 国务院办公厅《关于加强规范性文件制定和监督管理工作的通知》(国办发〔2018〕37 号)。

9. 最高人民法院《关于审理行政案件适用法律规范若干问题座谈会纪要》(法〔2004〕第 96 号)。

10. 最高人民法院《关于加强和规范裁判文书释法说理的指导意见》(法发〔2018〕第 10 号)。

11. 最高人民法院《关于公安交警部门能否以交通违章行为未处理为由不予核发机动车检验合格标志问题的答复》(〔2007〕行他字第 20 号)。

12. 司法部、建设部《关于废止〈司法部、建设部关于房产登记管理中加强公证的联合通知〉的通知》(司发通〔2016〕63 号)。

责任编辑：王怡石
封面设计：石笑梦
版式设计：胡欣欣

图书在版编目（CIP）数据

规范性文件的司法附带审查/袁勇 著. —北京：人民出版社,2021.9
ISBN 978－7－01－023732－9

Ⅰ.①规⋯　Ⅱ.①袁⋯　Ⅲ.①行政诉讼法-法律规范-文件-研究-中国
　Ⅳ.①D925.304

中国版本图书馆 CIP 数据核字（2021）第 177687 号

规范性文件的司法附带审查
GUIFANXING WENJIAN DE SIFA FUDAI SHENCHA

袁　勇　著

人民出版社 出版发行
（100706　北京市东城区隆福寺街 99 号）

北京汇林印务有限公司印刷　新华书店经销

2021 年 9 月第 1 版　2021 年 9 月北京第 1 次印刷
开本：710 毫米×1000 毫米 1/16　印张：16.25
字数：265 千字

ISBN 978－7－01－023732－9　定价：88.00 元

邮购地址 100706　北京市东城区隆福寺街 99 号
人民东方图书销售中心　电话（010）65250042　65289539